家庭培育浅谈

周予奋 著

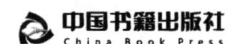

中国书籍出版社

图书在版编目（CIP）数据

家庭培育浅谈 / 周予奋著. —北京：中国书籍出版社，2022.9
ISBN 978-7-5068-9127-1

Ⅰ.①家… Ⅱ.①周… Ⅲ.①家庭教育 Ⅳ.①G78

中国版本图书馆CIP数据核字（2022）第155037号

家庭培育浅谈

周予奋 著

责任编辑	马丽雅
责任印制	孙马飞　马　芝
封面设计	中尚图
出版发行	中国书籍出版社
地　　址	北京市丰台区三路居路97号（邮编：100073）
电　　话	（010）52257143（总编室）（010）52257140（发行部）
电子邮箱	eo@chinabp.com.cn
经　　销	全国新华书店
印　　刷	天津中印联印务有限公司
开　　本	710毫米×1000毫米　1/16
字　　数	260千字
印　　张	19
版　　次	2022年9月第1版
印　　次	2022年9月第1次印刷
书　　号	ISBN 978-7-5068-9127-1
定　　价	59.00元

版权所有　翻印必究

写给我的女儿、外孙、外孙女，及其他晚辈们。

写给那些关爱孩子成长且能务实思索的家长们。

写给将来也有育儿任务且易接受新思路的大学生们。

目 录

写在前面 001

第一部分
家庭培育工作"总说"

【总说1】 家庭培育工作的"基本特征" 005

- 家庭育儿的"两种内涵" 005
- 家庭培育工作的"基本任务" 005
- 家庭培育工作的"重要性" 006
- 家庭培育工作的"艰难性" 007
- 家庭培育工作的"渐进性" 008
- 相关问题 009

【总说2】 家庭培育工作的"五大方式" 011

- "五大方式"是什么？ 011
- "五大方式"所对应的培育工作的"层面性" 011
- 从五大方式，看家庭培育工作的"常见问题" 012

【总说 3】 家庭培育工作的"十五个主要培育点" 012

- "五大方式"与"十五个主要培育点"一览表 012
- 家庭培育工作的"细化线" 013
- 家庭培育工作的"侧重点" 014
- 相关问题 015

【总说 4】 家庭培育工作的"四大要务" 016

- "四大要务"是什么？ 016
- 对"四大要务"的基本认知 017
- 对家庭培育工作的"四点简式评价" 020
- 估测孩子发展前景的"六点简式评价" 020

【总说 5】 家庭培育工作的关键理念一："过程理念" 021

- 什么是"过程理念"？ 021
- 为什么说"培育是一个过程"？ 021
- 例说"培育是一个过程" 022
- 落实"过程理念"的三个关键点 026

【总说 6】 家庭培育工作的关键理念二："激励理念" 028

- 关于"激励理念" 028
- 激励方法一：正视和强化孩子的"积极自我" 030
- 激励方法二：对孩子"正面形象"的肯定 031
- 激励方法三：对孩子"基本素质"的肯定 032
- 激励方法四：对孩子"细微进步"的肯定 034
- 激励方法五：褒贬时的说法要有辩证性 035
- 例说"让孩子自己战胜自己" 036
- 例说"两个自我" 037

【总说 7】 家庭培育工作的重要方法一："客在性分析" 038

- 现实中的"主观性归因泛化" 038
- 例说"原因"的"多面性" 039
- 家长最容易忽视的"四类原因" 040
- 例说"客在性分析" 043
- 客在性分析后"顿然理解的感觉" 046
- 相关问题 047

【总说 8】 家庭培育工作的重要方法二："平等谈话" 049

- 关于"平等谈话" 049
- 无训责询问——"了解孩子问题"的关键方法 049
- 讨论性交流——"引导孩子认知"的关键方法 052
- 贴近性倾听——"安抚孩子情绪"的关键方法 054
- 平等谈话的特殊方式——"平等性家庭会议" 055
- 开展平等谈话的关键点——"把自己放平" 056

【总说 9】 爱孩子，家长就要做到"四个到位" 057

- 爱孩子，就要"不断学习"，把"提升自己"做到位 057
- 爱孩子，就要"抛却虚荣"，把"贴近孩子"做到位 058
- 爱孩子，就要"抛却虚理"，把"理解孩子"做到位 060
- 爱孩子，就要"明辨缓急"，把"早期培育"做到位 062

【总说 10】 对"家庭培育工作"的"恰当评估" 063

- 评估家庭培育工作的"常见误区" 063
- 评估家庭培育工作的"恰当标准" 065
- 家庭培育工作的"损之容易，优之难" 066
- 优化心理素质的重点工作："补短" 067

- 家庭培育工作的"不可比性" 068
- 分析优化成效时，不能忽略"隐性素质"的变化 069
- 要准确把握孩子"学业水平"的"变化情况" 069

【总说 11】 对部分"素质"概念的基本认知 071

- 对"心态"的基本认知 071
- 对"习惯"的基本认知 075
- 对"好感觉"的基本认知 078
- 对"思路"的基本认知 082

【总说 12】 对部分"活动"概念的基本认知 085

- 关于"活动" 085
- 对"认知活动"的基本认知 086
- 对"情绪反应"的基本认知 086
- 对"决策性思维"的基本认知 087
- 关于"心绪活动"与"心绪状态" 089

【总说 13】 对部分"情景"概念的基本认知 090

- 关于"情景" 090
- 对"认知情景"的基本认知 091
- 对"语音情景"和"语义情景"的基本认知 093
- 对"效应情景"的基本认知 094
- 对"可模仿情景"的基本认知 095

第二部分
"十五个主要培育点"的"六十九项主要培育事宜"

【培育点1】"防止不安全心态"的"主要培育事宜" 100
- 基本认知 100
- 事宜1 妈妈要"多陪伴孩子" 100
- 事宜2 防止"陌生人"给孩子带来安全感危机 101
- 事宜3 防止"陌生环境"给孩子带来安全感危机 102
- 事宜4 防止"被遗弃感"给孩子带来安全感危机 105
- 事宜5 防止"夫妻关系恶化"给孩子带来安全感危机 108
- 事宜6 防止"恐怖情景"给孩子带来安全感危机 110
- 相关问题 111

【培育点2】"防止不自信心态"的"主要培育事宜" 112
- 基本认知 112
- 事宜7 让孩子在"玩耍活动"中多获得"成功感" 112
- 事宜8 让孩子在"学习活动"中多获得"成功感" 114
- 事宜9 当成绩"难以提升"时,要做好相应工作 117
- 事宜10 用"非主要活动"的"成功感"支撑孩子 122
- 事宜11 要正确面对孩子的"发怵" 122
- 相关问题 125

【培育点3】"防止自卑心态和失衡心态"的"主要培育事宜" 128
- 基本认知 128
- 事宜12 让孩子在"亲属成员"方面有"更多"拥有感 129

- 事宜13　让孩子在"生活"方面有"适量"拥有感　　131
- 事宜14　让孩子在"外貌"方面有"适量"拥有感　　133
- 事宜15　让孩子在"自身才干"方面有"更多"拥有感　　134
- 事宜16　让孩子在"家庭地位"方面有"恰当"拥有感　　135
- 事宜17　要关注并化解孩子的"纠结"　　137
- 相关问题　　138

【培育点4】"管教出适当放弃意识"的"主要培育事宜"　　139

- 基本认知　　139
- 事宜18　做好一岁前"起步期"的管教工作　　140
- 事宜19　做好一至三岁"关键期"的管教工作　　141
- 事宜20　抓好三岁后"后续期"的管教工作　　146
- 相关问题　　151

【培育点5】"管教出适当听话意识"的"主要培育事宜"　　153

- 基本认知　　153
- 事宜21　家长的"指令"要有"坚定性"　　154
- 事宜22　优化"亲子关系",防止孩子的对抗情绪　　155
- 事宜23　优化"自身形象",获得孩子的更多认可　　158

【培育点6】"培养承受能力"的"主要培育事宜"　　159

- 基本认知　　159
- 事宜24　借助孩子的"活动兴致",培养"吃苦能力"　　160
- 事宜25　别让孩子生活得"太好",培养"吃苦能力"　　162
- 事宜26　利用"做事不顺",培养"抗挫能力"　　163
- 事宜27　利用各种"委屈",培养"涵容能力"　　164

【培育点 7】"培养任务意识和责任意识"的"主要培育事宜"   166
- 基本认知   166
- 事宜28 促使孩子形成"任务意识"   167
- 事宜29 在"晓以利害、做好获益"中，强化责任意识   168
- 事宜30 在"大处肯定、小处促进"中，强化责任意识   169
- 事宜31 在"尊重协商、惩罚担当"中，强化责任意识   171
- 事宜32 在"情感感化、希望寄托"中，强化责任意识   173
- 相关问题   174

【培育点 8】"培养踏实认真习惯"的"主要培育事宜"   175
- 基本认知   175
- 事宜33 要认清孩子身上的"三大先天素质"   176
- 事宜34 抓好对踏实认真习惯的"早期培养"   178
- 事宜35 努力让孩子学习时能"坐稳"   179
- 事宜36 努力让孩子学习时能"专心"   182
- 事宜37 努力让孩子学习时能"用心"   185
- 事宜38 要恰当面对踏实认真状态方面的"老大难"   187

【培育点 9】"引导正向思路"的"主要培育事宜"   195
- 基本认知   195
- 事宜39 促进孩子的"长大意识"   196
- 事宜40 促进孩子的"上进意识"   198
- 事宜41 保护孩子的"趋正意识"   202

【培育点10】"引导宏观发展思路"的"主要培育事宜"   206
- 基本认知   206
- 事宜42 引导孩子要"扬长避短"   207

- 事宜43　引导孩子兼顾"兴趣"　　　　　　　　　　208
- 事宜44　引导孩子兼顾"经济收益"　　　　　　　209
- 事宜45　引导孩子"为国家为社会多做贡献"　　210
- 相关问题　　　　　　　　　　　　　　　　　　211

【培育点11】"培养自主谋划能力"的"主要培育事宜"　211

- 基本认知　　　　　　　　　　　　　　　　　　211
- 事宜46　让孩子从小就学会"操心"　　　　　　212
- 事宜47　让孩子有较好的"自主学习力"　　　　214
- 事宜48　让孩子有较强的"谋划力"　　　　　　219

【培育点12】"优化学习动力"的"主要培育事宜"　224

- 基本认知　　　　　　　　　　　　　　　　　　224
- 事宜49　抓"踏实认真习惯",强化"习惯性基础动力"　225
- 事宜50　抓"学习感觉优化",增强"兴致性基础动力"　226
- 事宜51　抓"主动性目标动力"　　　　　　　　227
- 事宜52　谨慎地使用"逼迫性目标动力"　　　　230
- 事宜53　恰当地利用"压抑性目标动力"　　　　231
- 事宜54　让孩子形成"恰当的""好感觉构成"　232

【培育点13】"优化学习方法"的"主要培育事宜"　234

- 基本认知　　　　　　　　　　　　　　　　　　234
- 事宜55　让孩子学会"计划"　　　　　　　　　235
- 事宜56　让孩子学会"记忆"　　　　　　　　　237
- 事宜57　让孩子学会"理解"　　　　　　　　　239
- 事宜58　让孩子学会"整理"　　　　　　　　　244

【培育点14】"优化学习条件"的"主要培育事宜"   248

- 基本认知   248
- 事宜59   为孩子选择适宜的"学校和老师"   248
- 事宜60   为孩子选择适宜的"校外辅导"   250
- 事宜61   为孩子提供适宜的"家庭辅导"   251

【培育点15】"引导应对思路"的"主要培育事宜"   260

- 基本认知   260
- 事宜62   引导"整体思路"   260
- 事宜63   引导"明因思路"   262
- 事宜64   引导"规则思路"   264
- 事宜65   引导"策略思路"   266
- 事宜66   引导"辩证思路"   267
- 事宜67   引导"应考思路"   268
- 事宜68   引导"择偶思路"   272
- 事宜69   引导对那一位的"包容思路"   277

写在后面   285

写在前面

△ 我的初衷

我退休前是一名从事基础教育的教师。

高中毕业时,我就在本村的学校当民办教师,教过小学,也教过初中。后来,我成为我们乡恢复高考后第一个达到一本分数线的考生,但由于志愿填报了"不同意调剂",结果被补录到一所二本院校。一九八二年我大学毕业后,被分配到一所厂矿子弟中学任教,在那里工作了三十多年,直到退休。

在教学期间,我常思考学生在学习中出现各种问题的原因,而思考的结论常常指向"幼儿时期"孩子所形成的一些东西,于是,我开始关注幼儿教育。从学校工作岗位上退下来后,我拒绝私立学校的聘请,全力思考家庭教育的问题,这一想又是十来年。但是,至今也没有完全想明白。

我寻思着,自己从事了一辈子教育工作,总得给孩子们留下点东西吧,于是萌发了把自己思索的问题整理出来的念头。既然整理了,那就印成一本书吧,也便于孩子们保存。

这就是我写这本书的初衷。

△ 关于本书的内容

本书意在让大家明白三点:

1. 育儿"**育什么**"?

2. 育儿"**怎么育**"?

3. 育儿过程中"**应该注意哪些问题**"?

行文的时候,我是紧扣这三点去写的,但我清楚,要让大家完全明白这些,不是本书能达到的,如果本书能让大家多明白一些,我就知足了。

△ 关于书中的概念

　　本书中，有许多我自己定义的概念，这些定义有些会准确些，有些未必准确。但是，我只有先定义出这些概念，然后才能更好地去讨论培育工作中的具体问题。

　　我希望大家能谅解这一点。

　　我更希望在这方面有才能的人，能因为我这块有毛病的"砖"，而献出你的"玉"来，指导大家更好地育儿。

△ 关于本书的阅读

　　书中有一些概念家长可能比较陌生，且概念间的关系也比较复杂，所以家长在阅读第一遍的时候，可能会一头雾水，但如果再看第二遍的话，很多东西就会逐渐变得清晰起来。

　　因此，建议一头雾水的家长，在耐心看完第一遍之后，尝试着去看看第二遍。

△ 我的期望

　　"生儿"和"育儿"，是一个人对自己、对家庭、对国家、对社会的责任。

　　人要尽好这个责任，不但"生"好儿女，还要"育"好儿女。

　　为此，我期望大家：

　　1. 要"**明白**"家庭培育工作的相关道理。

　　2. 要"**思索**"适宜自家孩子的育儿之路。

　　3. 要"**走好**"适宜自家孩子的育儿之路。

第一部分
家庭培育工作"总说"

【总说1】家庭培育工作的"基本特征"

● 家庭育儿的"两种内涵"

家庭育儿的内涵分两个方面：**"养育"**和**"培育"**。

以**"优化身体素质"**为主的叫**"养育"**。

以**"优化心理素质"**为主的叫**"培育"**。

医生谈育儿，多以养育为主。教师谈育儿，多以培育为主。

本书主要谈"家庭培育"方面的育儿工作。

为什么这里要说成是"家庭培育"，而不是"家庭教育"呢？主要是想突出以"培养素质"为主的工作内涵。在家庭培育工作中，工作的主打面是"培"，而不是"教"。

● 家庭培育工作的"基本任务"

家庭培育工作的基本任务是**"优化孩子的心理素质"**。就是让孩子的心理素质**"更有利于发展""更有利于生活"**，进而让孩子的人生**"更快乐""更充实""更幸福"**。

人是群体生存的动物，群体好了，个体才能生存得好。人要活得充实，活得幸福，就要做对群体有益的事情。所以，"为国家、为社会做贡献"也应该是一个人发展规划的主要内涵。

令人尊敬的钟南山院士被采访时说："一个人要在这个世界上留下一点东西，那么他这辈子就算没白活了。"虽然他当时是在转述父亲对他的期望，但也表达着钟院士对自己的要求和对晚辈们的期望。当我听到钟院士这么说，看到他也这么做的时候，我能感受到他的人生是充实和幸福的。

在听到钟院士这段话的当天，我就在电话里向大女儿谈了我对这段话的感想，其实这也是在表达我对自己的要求和对孩子们的期望。我们都应该向钟院士学习，努力"在这个世界上留下一点东西""为国家为社会做贡献"，也让自己的人生更充实，更幸福。

● 家庭培育工作的"重要性"

家庭培育工作的重要性在于四点。

其一，**基础性**。

俗话说"三岁看大，七岁看老"，这句话强调了孩子三岁和七岁时的素质状况对孩子一生的重要作用。三岁与七岁时孩子的素质状况，主要是由家庭在孩子先天素质的基础上培养出来的。孩子三岁时的素质状况，几乎全是家庭培育的。孩子七岁时的素质状况，虽然有幼儿园培育的作用，有的还有小学一年级培育的作用，但家庭培育的作用仍然是主要的。

其二，**针对性**。

无论是幼儿园教育，还是后来的学校教育，其课程都是根据一般孩子的共性特点设置的。这种共性课程对共性特点较多的孩子来说，还可能比较适应些，但对个性特点突出的孩子来说，适应性就差远了。而只有家庭培育才能根据自家孩子的素质特点和发育进程，进行富有针对性的培育，这是幼儿园教育和学校教育都无法相比的。

其三，**全面性**。

与孩子发展相关的心理素质有很多，这些素质需要利用不同的情景来优化，只有让孩子感受了比较全面的情景，才能让他的素质得到比较全面的优化。而当幼儿园或学校把几十个孩子聚在一起进行集中式教育的时候，孩子学到的书本知识是多了，但孩子所经历的情景就被限制了，远没有孩子与家人在一起时所经历的那么全面。比如，"呵护孩子心态"所需要的情景，"管教孩子任性"所需要的情景，"培养孩子自主力"所需要的情景，"引导孩子好感觉构成"所需要的情景等，都主要是靠家庭来为孩子提供的。

其四，**易调整性**。

学校的教育体制难免会存在着一些缺陷，但引发这些缺陷的原因是很复杂的，即便主管教育的领导对问题认识得都很清楚，也不是想改变就可以改变的，要受到很多因素的制约。相对于学校体制的转变，家庭培育工作的调整要容易得多，是家长自己就可以完全掌控的事情。在学校还存在着不适宜自家孩子发展的缺陷且又难以改变的时候，我们完全可以通过调整自家的培育工作，把自家的培育工作作为学校教育的一种"有力的补充"，进而促使自家孩子更好、更全面地发展。

● 家庭培育工作的"艰难性"

家庭培育工作的"艰难性"在于三个方面。

其一，"**懂孩子**"很难。

培育工作的对象是孩子，培育工作的前提是必须要"懂孩子"。

而懂孩子可不是一件容易的事情。别说去懂与自己年龄差异很大的孩子，即便去懂一个同龄人，甚至去懂与自己朝夕相处多年的丈夫（妻子），那也不是一件容易的事情啊！

在这里，家长要明白，懂一般孩子的特点是一回事儿，懂一个具体孩子的具体个性特点是另外一回事儿，前者很多人都能做到，而后者能做到的人就极少了，两者不能混淆。家长不能因为懂一些一般孩子的特点，就认为自己懂自家孩子了。

其二，"**拟定措施**"很难。

要做好培育工作，只懂孩子是不够的，还必须要在"懂"的基础上，去拟定培育措施，关键是还必须要拟定出"切实有效"的培育措施。在这里，"切实"是"有效"的前提。"切实"主要指三点，一是切合孩子的"基础之实"，二是切合孩子的"能力之实"，三是切合孩子的"心绪状态之实"。若不能"切"这三个"实"，那再完美的措施也难以取得好的效果。而要拟定出这"切实有效"的培育措施，谈何容易！

其三，"**落实措施**"也很难。

落实措施的"难"，不只是难在家长要有较大的精力投入上，更难在家长在落实措施的过程中对很多"度"的把握上。

就像烹调时对火候的把握一样，在培育工作中，对"度"把握的不同，其效果也会有很大的不同。比如：为保护心态，不能让孩子难受；而为培养承受力，又必须要让孩子承受难受。具体到某个孩子的某件具体事情上，到底多大程度的难受是应该让孩子承受的，超过多大程度的难受又是不能让孩子承受的，这就是家长需要把握好的"度"。只有把握好了这个"度"，才能把两个方面的培育工作兼顾好。

在培育工作中，类似这样相矛盾的地方有很多。比如：要让孩子听话，又要让孩子有个性；要约束孩子不能让他太随便，又要培养孩子的自主力；要让孩子有一定的压力，又要让孩子保持轻松而自信的状态；等等。要把这些矛盾的两个方面兼顾好，关键就在于要把握好这里的"度"。

因为每个孩子的具体情况不同，所以没法说出一个统一的"度"来供家长参照，也只有靠家长在自己的实践中，根据自家孩子的情况，来慢慢地"摸"这个"度"了。因此，家庭培育工作的过程，也是家长"不断观察，不断分析，不断改进"的过程。而要完成好这样一个过程，能容易吗？

● 家庭培育工作的"渐进性"

有句"润物细无声"的诗，用来形容家庭培育工作的"渐进性"是非常恰切的。

培育孩子就像"润物"，需要经过长时间的用心操作才会有效果，不是家长只要为孩子做点事情，就能马上看到成果的。大多的情况是你为孩子做了很多，却根本看不到什么明显的变化。

在孩子的成长过程中，当然也会有"质变"的发生，但那都是以"量变"的积累为前提的。如果孩子"量变"的积累已经接近了临界点，家庭培育工作仅是"临门一脚"的话，那也会一下子就有明显效果的。但如果不是这种临界点的情况，那"一脚"的效果就不可能有多明显了。

当家长的"润物"还没有显出成效的时候，家长不要急躁，不要气馁，而是要"无声"地继续做好自己的培育工作，默默地通过"量变"的积累，来促成"质变"的发生。

● 相关问题

△ 关于"应试教育"与"素质教育"

关于应试教育与素质教育的讨论很多，我的看法有两点。

其一，"试"是要"应"的。因为只有"应"好了"试"，孩子才能获得利用更好的教育资源来提升自己的机会。

其二，"素质"是要"培养"的。这不仅是让孩子取得更好的学习成绩的需要，也是孩子将来能更好工作、更好生活的需要。

"应试教育"与"素质教育"，说它们是矛盾的，看似是有些矛盾，但要说它们不矛盾，却也真的并不那么矛盾，这里的关键是家长的眼光与思路。如果家长死盯孩子当下的成绩，那就容易抓偏，抓偏了，就会让应试教育与素质教育显得对立起来。如果家长去关注孩子的长远发展，去通过抓好素质，来促使孩子学业成绩的提升，那应试教育与素质教育就没什么对立的了。从逻辑上讲，哪有"素质"与"成效"对立的呢？

由于"死盯成绩""急功近利"，导致家长对学校质量评价标准的偏移，而较多家长的这种偏移所形成的强大的社会压力，又使学校"唯成绩是好"的情况一直存在。因此，转变家长的眼光与思路，也是优化学校教育状态的一个十分重要的因素。

在学校"唯成绩是好"还难以明显改变的时候，"全面培育孩子心理素质"的重担就更多地落在了家长的身上。

△ 对孩子发展的"两种不同的关注"

对孩子的发展情况，有两种不同的关注。

1. 关注孩子"**成绩的优异**"。

2. 关注孩子"**状态的顺溜**"。

关注成绩优异的，往往对孩子状态是否顺溜就不那么在意了。而关注状态顺溜的，对成绩优异的关注力就会小一些。

两种不同的关注引发出两种不同的培育思路。关注状态顺溜的，就会围绕着"优化状态"来展开工作。而关注成绩优异的，就会紧盯着"提升成绩"来展开工作。

有一次我去深圳大女儿那里去看望外孙和外孙女，大女儿说他们单位邀请了一位有名的育儿专家给员工们进行育儿讲座，题目是"王者养育，养育王者"，问我要不要去听听。我说："不去。"接着解释说："她讲的主题与爸爸的主题差异太大，爸爸的主题是'顺者养育，养育顺者'"。

我与那位专家的区别，从本质上讲，就是关注状态顺溜与关注成绩优异的区别。被很多人喊得响彻云霄的"英才教育"就是关注成绩优异的，而我在这里喊的"顺溜教育"，显然是很不"时尚"的。

当然，顺溜教育并不排斥让孩子成为英才。如果孩子的先天素质比较好，那家长就要努力把孩子"顺溜"成英才，只是不去死盯这个结果罢了。

我又想，为什么会有那么多的家长关注成绩优异而不关注状态顺溜呢？可能有三点原因。

原因一：家长对什么样的顺溜状态会有好的成效不清楚。

原因二：即便有些家长知道了什么样的顺溜状态会有好的成效，但对如何让孩子具备这种顺溜状态不清楚。

在很多家长对顺溜状态的"知晓度"和"主导力"都很有限的情况下，他们没有办法形成相应的关注行为，于是就只有很实在地去关注当下成绩了。

假如家长有引导孩子进入顺溜状态的能力，且清楚当孩子状态顺溜时，考试成绩差是偶然的，考试成绩好是必然的；而当孩子状态不顺溜时，考试成绩好是偶然的，考试成绩差是必然的。那家长还会死盯成绩吗？

原因三：家长的虚荣心在作怪。总想让自家孩子当下的成绩比别人家孩子好一些，这样自己在熟人面前说起来会更有面子些。

【总说 2】家庭培育工作的"五大方式"

● "五大方式"是什么？

家庭培育的"工作方式"主要有五种，分别是**"护""管""培""引""学"**。

"护"即**"呵护"**。通过呵护孩子的情绪，优化孩子的心态。

"管"即**"管教"**。通过管教，让孩子不任性，让孩子懂规矩，让孩子面对大人指令时有适当听从的意识。

"培"即**"培养"**。通过相关的经历，培养孩子的习惯、能力等。

"引"即**"引导"**。通过语言性交流，引导孩子的认知、思路等。

"学"即**"促进学习"**。通过优化孩子的学习素质和学习条件，促进孩子学业水平的提升。

● "五大方式"所对应的培育工作的"层面性"

与五大方式对应的培育工作并不是处于同一层面的。

"护""管"所对应的是**"基础层面"**的培育工作。

"培""引"所对应的是**"提高层面"**的培育工作。

"学"所对应的是**"效果层面"**的培育工作。

如果"护"不到位，孩子的心态就会出现问题。

如果"管"不到位，孩子就会任性，其适当放弃意识、适当听话意识就难以形成。

如果"护""管"都不到位，那"培""引"就很难顺利。

如果"护""管""培""引"都不到位，那"促进学习"就会困难重重。

因此，必须先抓好"护"和"管"的基础工作。在"护"好"管"好的基础上，做好"培"和"引"的提高工作。在抓好"护""管""培""引"的基础上，做好"促进学习"的工作。这就是家庭培育工作的**"基本程式"**。

● 从五大方式，看家庭培育工作的"常见问题"

其一，**"明显缺失"**的有两个面：**"护"**和**"引"**。

家长都知道"心态"对孩子的重要性，但是在很多家庭的培育工作中，却没有"优化心态"的具体措施。

与对"优化心态"的忽视一样，在很多家庭的培育工作中，也没有"引导思路"的具体措施。

为什么有心态问题的孩子会那么多？为什么思路偏的孩子会那么多？都是与家长的"优化心态"和"引导思路（认知）"的明显缺失直接关联的。

其二，**"明显不到位"**的有两个面：**"管"**和**"培"**。

不是没管教，管教了，但没有管住，孩子依然任性，所以叫"管而不到位"。由老人带大的孩子，这种情况尤其明显。虽然也有老人管教得非常好，但那是极少数。

在培养习惯方面，一个吃饭习惯，能培养好的家长都不多，至于自主习惯，能培养到位的家长就更少了。

其三，**"不全面"**的有一个面：**"学"**。

与其他四个方面相比，在促进学习方面，家长是最为重视的，也是花费精力最多的，但仍然存在着"促进点不全面"的问题。比如：缺乏对兴致性学习动力的促进措施，缺乏对学习方法的促进措施。

这看似简单的五个面，真正能全面兼顾好的家长其实真的很少。从这里也可以看出在现实的培育工作中普遍存在着明显的问题。

【总说3】家庭培育工作的"十五个主要培育点"

● "五大方式"与"十五个主要培育点"一览表

一个人的心理素质包含着很多素质点，对每个素质点的优化，就形成了相应的培育工作点。我选取了十五个主要培育点，并与对应的培育方式相联系，整理成了"五大方式和十五个主要培育点一览表"。

表1 "五大方式"和"十五个主要培育点"一览表

五大方式	十五个主要培育点
护 呵护情绪 优化心态	1. 提供"安全感"——防止"不安全心态"
	2. 提供"成功感"——防止"不自信心态"
	3. 提供"拥有感"——防止"自卑心态"和"失衡心态"
管 及时管教 防止任性	4. 提供"违逆情景"——管教出"适当放弃意识"
	5. 家长"恩威并重"——管教出"适当听话意识"
培 通过经历 培养习惯、能力等	6. 让孩子"不脆弱"——培养"承受能力"
	7. 让孩子"知干事"——培养"任务意识"和"责任意识"
	8. 让孩子"能干事"——培养"踏实认真习惯"
	9. 让孩子"会盘算"——培养"自主谋划能力"
引 贴近孩子 引导思路	10. 让孩子"积极向上"——引导"正向思路"
	11. 让孩子"发展指向好"——引导"宏观发展思路"
	12. 让孩子"学会应对"——引导"应对思路"
学 内外优化 促进学习	13. 让孩子"有劲儿学"——优化"学习动力"
	14. 让孩子"善于学"——优化"学习方法"
	15. 让孩子"更好地学"——优化"学习条件"

● **家庭培育工作的"细化线"**

"五大方式"是对"培育任务"的细化，"十五个主要培育点"又是对"五大方式"的细化，而本书第二部分讨论的"六十九项主要培育事宜"，又是对"十五个主要培育点"的细化，于是就形成了这样一条细化线：**一种培育任务——五大培育方式——十五个主要培育点——六十九项主要培育事宜。**

通过这条"细化线"，把"优化心理素质的任务"与"具体的培育事宜"联系了起来，使得家庭培育工作的脉络更加清晰了。

在明确这条细化线的同时，家长再根据自家孩子的特点，补充一些具有个体特点的"培育点"，比如"强化口才训练""强化对生物学的探究""提升某项艺术素质"等，并明确这些培育点的"培育事宜"，就构成了自家培育工作的"**主体内容**"。

● 家庭培育工作的"侧重点"

十五个主要培育点是家庭培育工作必须要关注的点，以此检查孩子的薄弱之处，以此检查培育工作的不足之处。

但家长在抓这些培育点时，并不是平均用力的，而是要根据孩子的不同情况而有所侧重。

其一，孩子"**先天素质**"不同，培育工作的侧重点也不同。

如果孩子的先天素质让他的气势比较弱，那么"呵护孩子情绪，防止不良心态"就成了工作侧重点。

如果孩子的先天素质让他固守自己想法的能量特别大，就是我们平时说的特别倔，那么管教的难度也就会特别大，而让孩子形成"适当放弃意识"和"适当听话意识"就成了工作侧重点。

如果孩子的先天素质让他对玩耍活动特别有兴趣，那让他安稳地坐下来学习，就变成了一件很有难度的事情，于是让孩子形成"踏实认真习惯"就成了工作侧重点。

如果孩子的先天素质让他的思维相当活跃，容易受外部新鲜时尚的东西影响，那引导孩子形成"正向思路"就成了工作侧重点。

如果孩子的智力不太好，那"促进孩子学习"就成了工作侧重点，同时"防止不自信心态"也是工作侧重点。

其二，孩子的"**发展方向**"不同，培育工作的侧重点也不同。

有些发展方向需要有更好的"心态"，有些发展方向需要有更好的"踏实认真状态"，有些发展方向需要有更好的"应对思路"，有些发展方向需要有更好的"深入探究能力"，家长必须要清楚孩子发展方向所涉及关键素质点，并把它作为自己培育工作的侧重点。

在现实情况中，很多家长注意抓对专业点的重点培养，但却忽视了对与这些专业点密切相关的基础素质点的重点培养。而正确的做法是：首先要着力去抓好与专业点密切相关的基础素质点，然后通过这些好的素质点，来促使孩子形成好的专业点。

● 相关问题

△ 关于"性格"

"性格"是人们讨论素质时常提到的一个词语，但在十五个主要培育点所关联的素质中并没有提及它，原因有两点。

其一，性格中的先天性成分是由生理特征决定的，这是后天难以改变的。性格中的后天性成分则包含在心态、意识、习惯、思路等素质中，当我们把心态、意识、习惯、思路方面的素质抓到位的时候，孩子性格中的后天性成分自然就优化了。所以，为了避免过多的交叉，就不再把性格单列出来讨论了。

其二，在心理学的理论中，"性格"这一概念的外延宽泛而难以确定，与我们平时说的"性格"很不相同，所以本书在笼统地说一个孩子的情况时，也会用这个词，但在讨论孩子的具体素质时，就不太用这个词了。

△ 关于"能力"

"能力"也是讨论素质时人们常提到的一个词语。但是，能力的外延也是难以确定的。大而言之，几乎每个具体的素质点最后所体现出来的都是能力，当我们把每个具体的素质点抓到位时，能力自然也就包含其中了。

如果把素质的大类说成"学习能力""工作能力""生活能力"三大能力，从这个层面上看，倒也是蛮清楚的，但是往下面展开的时候，就无法进行了。"心态好"在学习方面提升着学习能力，在工作方面提升着工作能力，在生活方面提升着生活能力，你把"心态"放在哪个部分讨论呢？"踏实认真状态"既是学习能力的重要素质，也是工作能力的重要素质，还是生活能力的重要素质，你又该把"踏实

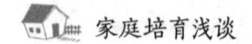

认真状态"放在哪个部分讨论呢？这些都是难以处理的。

因此，本书在讨论时，提到能力的地方不是很多，不是能力不重要，而是因为它太"大"了。

△ 关于"优化学习条件"

严格地说，"优化学习条件"不属于优化素质，但优化学习条件的直接作用就是促进孩子学业水平的提升，而学业水平无疑是孩子的一种素质，并且还是很重要的一种素质，于是为了方便讨论，权且把"优化学习条件"这个与"优化素质"直接关联的"工作点"，也视为"培育工作点"来看待。

【总说4】家庭培育工作的"四大要务"

● "四大要务"是什么？

在孩子身上有四种主要素质：心态、思路、踏实认真状态、自主谋划能力。对这四种主要素质的培育都需要很长时间才能完成，在这很长的时间中，培育工作的前后连承就形成了一条"线"，我把它叫作"优化线"。于是，就有了"四条主要优化线"。

1. "心态"优化线。
2. "思路"优化线。
3. "踏实认真状态"优化线。
4. "自主谋划能力"优化线。

为了强调抓好这四个主要素质的重要性，我把这四条主要优化线叫作家庭培育工作的**"四大要务"**。

家庭培育工作不只这四条线，还要有其他的优化线，但这四条优化线绝对是培育工作的重中之重，是可以冠以"四大要务"之名的。

在家庭培育工作中，家长一定要关注并抓好这"四大要务"。

● 对"四大要务"的基本认知

△ 对"心态优化线"的基本认知

对"心态"的优化工作分两个方面。

1. **"防止"不良心态的形成**。

2. **"纠正"已形成的不良心态**。

要防止和纠正的不良心态主要有四种。

1. **不安全心态**。

2. **不自信心态**。

3. **自卑心态和失衡心态**。

"自卑心态"与"失衡心态"关联较紧,所以放在一起讨论。

防止这些不良心态的工作都有个关键期。

防止不安全心态的关键期是"**出生至五岁**"。

防止不自信心态的关键期是"**一岁至八岁**"。

防止自卑心态和失衡心态的关键期是"**三岁至十三岁**"。

家长要切实做好关键期的心态优化工作,如果在关键期出现失误的话,将会给后面工作带来很大的困难。

但又不是关键期过后就可以松劲儿了,也还是要关注对心态的优化。到孩子十五六岁的时候,心态就基本稳定了,防止方面的优化工作就可以松口气了。但到十五六岁时,如果孩子存在有不良心态的话,那纠正方面的优化工作则必须要持续进行。由于这时的心态具有较强的稳定性,纠正起来会相当的困难,所以向后持续的时间也往往是非常长的。

△ 对"思路优化线"的基本认知

让孩子面对事情、面对问题、面对发展、面对人生时有更好的思路,这就是"思路优化线"要完成的任务。

对思路的优化是一个长期的大任务。即便孩子工作了、结婚了,只要家长还有优化的能力,对孩子思路的优化就可以持续。因此,"思路优化线"也就成了四条线中历时最长的一条线。

"思路优化"主要有四块内容。

其一，对"**基础思路**"的优化。

"基础思路"主要指在"优化心态"和"让孩子不任性"的基础块培育工作中所形成的"思路"。

如果孩子有不安全心态，非要把不该担忧的事情当作非常担忧的事情来看待，那他是不可能形成恰当的做事思路的。如果孩子有不自信心态，压根儿就觉得自己不可能把事情做好，那他也不可能有恰当的做事思路。如果孩子有失衡心态，有一股失衡的情绪一直在他心里翻腾着，那他也很难形成恰当的做事思路。如果孩子任性，缺乏规矩意识和适当听话意识，那他的做事思路也是难以恰当的。

其二，对"**正向思路**"的优化。

对正向思路的优化主要包含在促使孩子形成"上进意识"和"趋正意识"的工作中。如果一个人缺乏上进意识和趋正意识，那他面对事情的思路也是很难恰当的。

对正向思路的优化起步也比较早，到孩子上高中时，这些思路基本上就比较成熟了。

其三，对"**发展思路**"的优化。

对发展思路的优化，在上学期间，主要指对主打学习专业的确定；在工作之后，主要指对工作方向的确定。

与发展思路相关的是"志向目标"。志向目标的确定不仅直接影响着发展的指向，也会明显地提升一个人思考事情时的层面性，能引领一个人在一个更高的层面上形成做事思路。

其四，对"**应对思路**"的优化。

严格说，所有做事思路都是应对思路，但在这里主要指面对具体事情时的应对思路，也可以把这样的应对思路叫作"**事务性应对思路**"。

虽然事务性应对思路的优化工作起步较早，但一个孩子的事务性应对思路主要是在工作后和结婚后的阶段中才逐步成熟的。

对这四块思路的优化，虽然在时间上有交叉，但其着力的时段还是有前后之分的，这前后承连的四块工作，就形成了一条"思路优化线"。

△ 对"踏实认真状态优化线"的基本认知

踏实认真状态是一个人干好事情的基本素质和基本能力，因此"踏实认真状态优化线"是非常重要的一条线。

踏实认真状态优化线由几个培育点承连而成，即**"培养适当放弃意识——培养适当听话意识——培养任务意识、责任意识——培养踏实认真习惯"**。

适当放弃意识和适当听话意识是"**基础性环节**"。孩子的这两个意识不到位，他的踏实认真状态就很难形成。

任务意识和责任意识是"**中间性环节**"。它上承"适当放弃意识"的"适当听话意识"，下促"踏实认真状态"，在优化线中具有中坚的作用。

"踏实认真习惯"是"踏实认真状态"得以稳定的"**定型性环节**"。成了习惯，才能稳定，而稳定后的踏实认真状态才具有素质的特点。

踏实认真状态优化线是四条线中最具有进程性特点的一条线。

△ 对"自主谋划能力优化线"的基本认知

孩子小的时候不操心自己的事情，可以，因为有家长为他操心，由家长安排他"该做什么事情"和"怎么做这些事情"。但等孩子大后，到了他不愿再听命于大人的时候，到了大人对他的事情也难以插手的时候，就需要他自己来安排自己"该做什么事情"和"怎么做这些事情"了。如果这个时候他自己"不操心"或者"不会操心"，不知自己该做什么事情和怎么做这些事情的话，那他可怎么发展啊？有些孩子的后期学习乏力，有些孩子的工作发展乏力，其关键原因就是他自主谋划能力不到位。

而自主谋划能力又不是等他需要的时候，说到位就能一下子到位的，而是必须从很小的时候就开始培养，长大后才能具备的。因此，为了让孩子的学习有后劲儿，为了让孩子的发展有后劲儿，家长一定要"**及早**"培养孩子的自主谋划能力。

自主谋划能力优化线也是很多家长最容易忽视的一条优化线。很多家长责怪自己的孩子长大后不会操心自己的事情，却没有去反思这正是自己的过错。如果家长在孩子成长的过程中，没有着意去培养孩子的自主谋划能力，又有意无意地剥夺了孩子在主要事情上自主谋划的机会，那你让孩子长大后怎么会操心自己的事情呢？

● 对家庭培育工作的"四点简式评价"

如果家长抓好了"四大要务"，则孩子在素质方面就会出现四个特点。

1. **心态好**。
2. **思路正**。
3. **做事踏实认真**。
4. **有自主谋划能力**。

我把能否让孩子具有这四个特点，叫作对家庭培育工作的"**四点简式评价**"。

如果孩子在这四点上存在着明显的缺陷，那说明家长的培育工作就存在着明显的失误，家长当认真反思。

● 估测孩子发展前景的"六点简式评价"

若要估测孩子的发展前景，还要在四点简式评价的基础上，再加两点评价，构成"六点简式评价"。

1. **智力好**。
2. **心态好**。
3. **思路正**。
4. **做事踏实认真**。
5. **有自主谋划能力**。
6. **学业基础扎实**。

在增加的两点中，"智力"是最基础的素质，"学业基础"是在基础素质平台上形成的效果性素质。在前面五点中，越靠前的基础性越强。在前面五点都比较好的时候,"学业基础"也常常会比较好。

用这六点简式评价来估测孩子的发展前景是很简单、很实用的。如果一个孩子在这六个方面都比较好,那他将来就应该是一个比较优秀的人。

无论是对家庭培育工作的四点简式评价,还是估测孩子发展前景的六点简式评价,都与四大要务有着密切的联系。

与简式评价相对的是**"详式评价"**,即对所有素质点逐一地进行评价。

【总说5】家庭培育工作的关键理念一:"过程理念"

● 什么是"过程理念"?

培育是一个"**过程**"。

培育是一个"**家长协助孩子**""**解决问题**"的"**过程**"。

培育是一个"**家长协助孩子**""**一步步地**""**解决问题**"的"**过程**"。

这是一种理念,我把培育工作的这个理念叫"**过程理念**"。

我把运用过程理念去开展培育工作的意识叫"**过程意识**"。

● 为什么说"培育是一个过程"?

为什么说"培育是一个过程"呢?

因为培育主要是帮助孩子解决成长过程中遇到的问题,而孩子在成长过程中遇到的问题,有很多都是很难解决的,都是需要经历较长一段时间,经历一步步的过程才能完成的。

比如:

让一个先天胆怯的孩子变得从容大方,肯定不是短时间能完成的。

让一个小心眼儿的孩子变得心胸豁达,也肯定不是短时间能完成的。

让一个先天特别倔强的孩子变得听话，也肯定不是短时间能完成的。

让一个做事马虎的孩子变得做事认真，也肯定不是短时间能完成的。

让一个厌烦学习的孩子变得适应学习，也肯定不是短时间能完成的。

让一个学习不得法的孩子变得善于学习，也肯定不是短时间能完成的。

让一个思路出现明显偏移的孩子思路正常，也肯定不是短时间能完成的。

让一个出现严重不良心态的孩子心态趋好，更不是短时间能完成的。

面对类似这样的许多问题，你把它看得越简单、越容易，解决起来的难度就会越大。而只有重视它，把它当作需要长时间的努力才能解决的问题，你才能制定出更切实的解决问题的方案，取得更好的成效。

因此，在家庭培育工作中，家长必须要有过程意识，必须要落实好过程理念。只有这样，才能把培育工作做好。

● 例说"培育是一个过程"

下面以我对大女儿"考试别紧张"的引导为例，来说明培育是一个过程。

我的大女儿是一个学习很认真也很重视学习成绩的孩子，这样的女孩儿常常会在重大考试时产生紧张的情绪。怎样让她高考时别紧张，就成了当时摆在我面前的一个重要的引导任务。

面对这样的引导任务，不少家长是提醒孩子考试时别紧张，或者再向孩子讲讲考试不能紧张的道理。这种做法不但没有正面效果，还会有负面的作用，因为它强化了孩子对考试紧张的担忧意识。

也有一些家长是教给孩子一些缓解紧张情绪的办法。比如，遇到情绪紧张或者烦乱的时候，眼睛微闭，让肌肉放松，让大脑空静，然后深吸一口气，再缓缓地呼出，稍后，再缓缓睁开眼睛。这种做法比前一种做法要好得多，我以前也用过。但面对高考这样重大的考试，总觉得这样做还有些不够。

那么，怎样才能更好地让孩子在高考时不紧张呢？

思来想去，我想到了一个词：气势。如果让孩子产生一种能坦然面对人生的气势，那面对高考就从容多了。

那年的高考是七月份，我启动引导措施的时间是五月初，有下面几步。

第一步：去黄河边，打开孩子思考人生的"视野"。

我利用"五一"放假的时间，带孩子到黄河边。到那里找一个视野开阔而又比较安静的地方，让孩子坐在小靠背椅上，面对这流淌几千年，纵横几千里的黄河，去拓展自己的思路。我们随去的人则在离她有一百多米的地方坐下来，能看到她的人，但我们说话的声音不会影响到孩子。

待她静坐一个多小时后，我走到她跟前说："差不多了吧？"她点点头。于是我说："那咱走吧。"孩子就起身随我去停车的地方。

到车停的地方有一段路，我边走边观察她的表情，觉得有些思绪她明显还没有理清楚。于是我说："再坐一会儿？"女儿说："可以。"于是就又找了一个地方，让她坐了四十分钟。

上车的时候，我觉得她的思绪还有待整理，于是我让她独自一人坐在三排座车的最后一排，好让她在回家的路上再继续静静地整理下思绪。

这次调整后，女儿写了四个字"心如止水"，贴在她床边的墙上。意思是不要被身边的琐碎事所干扰，一心干自己的主要事情，去走好自己的人生历程。当然，这些含义仅是我的推测，我们对此没有语言交流。

第二步：去没人的大操场独坐，进一步思考"人生"。

那是五月下旬的一天，这天是女儿的生日，学校安排他们参加高考体检。体检结束后，时间还比较早，她就去另一所学校找与她同年同月同日生的一个女孩儿，想在生日这天见个面。结果不巧，那个学校这天放假，她没见到人。那个学校运动场很大，还有一个很大的看台，她就一个人坐在看台上，面对空旷的操场，独自静坐了一个多小时。

傍晚时回到家里，见到我的第一句话就是："爸，我的十八岁生日过完了。"然后把事情的经过向我说了一遍。我听后，非常高兴。她能在空无一人的大看台上独坐一个多小时，将此作为自己度过十八岁生日的仪式，那得包含着多少思绪啊！说明她对人生的认知已经达到一个较高的层面了。

这一步是孩子自己安排的，但它也是"过程"的一部分。

第三步：到一个能俯瞰城区的山丘上静坐，促成"气势"的进一步形成。

七月四日晚上，我观察她的神态，觉得还不够，应该再提升一下。于是七月五日早上，我们早早地吃好饭，就到城郊的一个小山丘上，找一个安静又能俯瞰城区的地方，又让她坐在小靠椅上静思，我又到距她一百多米的地方坐下来，时不时地遥望着孩子。

过了一个多小时，我看到女儿站起来，低头看着地面转来转去，不时弯腰在捡着什么东西。我心里立马冒出了两个字：成了。你想，再有两天就高考了，这时能有心思在那里转着捡东西，该有多么平静的心绪才能做到啊。

当我走近时，看清了她在捡地上农民收割时落下的麦穗。

看到我时，女儿说："爸，坐在这里，风从城区上空迎面吹来，感觉很清爽。人世间的事情也都像这风一样自然而行。"我笑着点点头。

第四步：通过归纳"提示语"，来更好地激励"气势"的呈现。

到七月六日的晚上，我把女儿叫到跟前说："咱把有关的东西再整理一下吧。"女儿说："好！"

女儿把去黄河边的感受归结为"心静如水"，把去小山丘上俯瞰城区的感受归结为"自然如风"。我又补了两句"心神俱到，成败由天"，意思是自己该努力的该调整的都做到位了，那自己的水平也就是这样了，成功与失败就听上天的安排吧。四句合在一起便是："心静如水，自然如风。心神俱到，成败由天。"

"提示语"的使用办法是：到考场门口时，把不准带进考场的东西放好后，静站在那里，眼睛微闭，默念一遍这四句话，念完后再深呼吸一次，然后进入考场。

七月七日上午考的是语文。考试结束她从考场走出来，见到我的第一句话就是"上了十几年学，都没这次考得轻松"。我当时心里想，这是什么概念啊？上了十几年学，都没有高考考得轻松。看来女儿的气势完全驾驭住高考了。

第一天考完，晚上没事可做，我们一家三口人就打牌。因为我们应考的思路是："做一题，忘一题。考一科，忘一科。"考完的不再去说它，而没有考的，考前的"临阵磨枪"性内容，早就整理好了。"临阵磨枪"性内容指那些很重要但自己容易混淆的内容和那些怎么也记不住的很烦人的内容，将这些内容整理在一两页纸上，利用进考场前在外面等候的时间细细看一遍，凭借短时记忆，考试时基本上也都不会忘。

女儿在家里闲转时还说："老师说的'把平时当战时，把战时当平时'，那就是我。"一副得意的样子溢于言表。从她的身上，我也确实看不到半点紧张的影子。用她的话说就是"还没有平时的单元测试紧张"。

至此，我知道自己的这次引导成功了。

回顾这次引导的过程，我没有向女儿提出任何目标性要求，"考试别紧张"这几个字连提都没有提，大道理更是一星半点儿都没有讲，就这么一步步地完成了引导。

在这里，我不是让家长借鉴我的这个引导方法，因为能在这种方法的引导下而产生那种气势的孩子极少，我是"碰巧"成功的。但是，我在整个引导过程中所体现出来的"过程意识"和"过程理念"

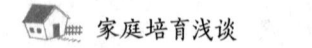

是值得大家借鉴的。

引导孩子"考试别紧张"是这样，帮助孩子解决其他问题也是这样。

● 落实"过程理念"的三个关键点

△ 关键点一：家长要清楚很多问题都不是能"一讲了之"的

很多家长帮助孩子解决问题的办法主要是"讲"，讲要求，也讲道理。"讲要求"让孩子知道"该做什么"和"该怎么做"。"讲道理"让孩子明白为什么要"做这些"和"这么做"。

从道理上说，家长这样讲都是很好的，孩子听了家长的这些讲之后，都是应该按家长的要求去做的。

从实效上说，家长这样讲也确实能解决一些问题，但是，还有很多问题单凭讲是无法解决的。

因此，不是说这样"讲"不可以，而是家长不能只会这一招。

当孩子遇到问题时，家长可以先尝试着用"讲"的办法去"解"之。若能"解"了，那当然更好。若不能"解"，那家长就应该马上警觉起来。"哦，这件事情不是这样简单的。"然后，就要启动过程意识，运行过程理念，用具有步骤性的措施来对付它。

如果"讲而未解"时，家长还要去讲那些孩子差不多能背下来的道理，那就不对了。如果家长再把讲而未解的原因归结为孩子的冥顽不灵，并因此再去训责孩子，那就更不对了。

家长必须要清楚，有很多问题都不是能"一讲了之"的。

△ 关键点二：面对不能"一讲了之"的问题，要有"过程性"的应对措施

应对措施的"过程性"主要体现在两点。

1. **时间性**。

2. **步骤性**。

应对措施要有这样的内涵：解决这个问题需要一段时间，这段时间大致是多长。这是过程的"时间性"体现。

应对措施也要有这样的内涵：解决这个问题需要几个步骤，这些

【总说 5】家庭培育工作的关键理念一："过程理念"

步骤大致是什么。这是过程的"步骤性"体现。

步骤性的体现分两种情况：一是一开始就明确所有的步骤性内容，第一步要怎么做，第二步要怎么做，等等。二是明确一步做一步，待前一步完成后，根据完成情况，再确定下一步的工作内容。只要不是打算一下子就完成的应对措施，那就是有过程性的应对措施。步骤越具体，过程性就会体现得越明显，操作起来就会越有条理。

拟定有步骤性的应对措施绝非易事，但即便很难，家长也必须想办法把此事做好。措施是成效的关键，在这一点上不能含糊。

那种凭想当然来帮助孩子解决问题的做法是不可取的。

△ **关键点三：家长要当好"协助者"**

面对孩子，家长常常要扮演好两个角色：一是发令者，二是协助者。需要强调的是：相对于"发令者"，家长则更要当好"协助者"，因为培育工作中"培"和"育"的内涵更多地体现在这"协助"上。

不是对孩子说"考试别紧张"，或者再给孩子讲一些"考试别紧张"的道理就完事了，而是要协助孩子一步一步地去达到"考试不紧张"的状态，这才叫培育。

不是对孩子说"学习要得法"，或者再给孩子讲一些"学习要得法"的道理就完事了，而是要协助孩子一步一步地去达到"学习得法"的状态，这才叫培育。

不是对孩子说"要深入思考问题"，或者再给孩子讲一些"深入思考问题"的道理就完事了，而是要协助孩子一步一步地去达到"能深入思考"的状态，这才叫培育。

不是对孩子说"人要有志向"，或者再给孩子讲一些"人要有志向"的道理就完事了，而是要协助孩子一步一步地去达到"有志向"的状态，这才叫培育。

只有当好了这样的协助者，家长才能完成好培育的任务。

如果家长当好了这样的协助者，那将是孩子的福分。

有一次，我见到一个家长监督自家上小学一年级的孩子读书。有一段话孩子没读好，家长说："你把那几个字读清楚啊！你把停顿的地方停顿好啊！"孩子再读，还是没读好，于是家长更严厉地又重复一遍那个要求。孩子再读，还是没读好，于是，家长就生气发火开始训斥孩子了。我真想向家长说："孩子读不好，不是他不想读好，而是他还没能力读好啊。你带着他读两遍，问题不都全解决了吗？多么简单的事情啊，却要弄得孩子难受，自己难受，一点好效果都没有呢！"但当着孩子的面，我忍着没有说。

有一个孩子容易把字写错，每次写错的时候，他妈妈就要吆喝孩子一通。"我给你说过多少遍了，要把这个字记住，怎么还写错呢？"一遍一遍这样的吆喝，可效果却很不好，把家长气得不行不行的，孩子也非常难受。看到这种情况，我对这位妈妈说："吵不能帮助孩子解决问题。你把孩子反复出错的字，记在'每日巩固本'上，然后利用每天的一些零碎时间来进行提问性巩固，一连提问一星期，他还会再写错吗？"这位妈妈采用了我说的办法，果然取得了很好的效果。把吵孩子的劲儿用在协助孩子上，不但帮助孩子解决了问题，而且也避免了双方情绪上的难受。

在培育的事情上，家长更多的是要"协助"，而不是只会"发令"，可很多家长都没有做好这一点，这虽然也有能力方面的原因，但更多的是意识和理念方面的问题。

【总说6】家庭培育工作的关键理念二："激励理念"

● 关于"激励理念"

人的内在都有两个自我，一个是"**积极自我**"，一个是"**消极自我**"。

积极自我要求人积极上进，为长远利益着想，所以积极自我又叫"**理性自我**"。

消极自我则不求上进，贪求当下的好感觉体验，所以消极自我又叫"**感性自我**"。

【总说6】家庭培育工作的关键理念二："激励理念"

当一个人当下的好感觉体验与长远利益发生冲突，且贪求当下的好感觉体验得不偿失时，人就应该让理性自我来主导自己。当应该让理性自我主导而没有主导的时候，他所做出的抉择就是不当的抉择。

当孩子的抉择不当时，家长就要去纠正孩子的抉择。

纠正的思路有两种。

其一，通过"批评"和"要求"纠正孩子。

家长指出孩子的不当之处，并列举这种不当的危害性，在加强孩子认知的同时，家长再提出严厉的要求，以此来促使孩子纠正。如果孩子在这种情况下完成纠正的话，那他在这个纠正过程中的主要思绪就是："我错了"，"我应该按家长的要求去做"。

其二，通过"肯定"和"鼓励"纠正孩子。

家长在指出孩子不当的同时，更多的是肯定孩子身上的积极自我，信任孩子能自己解决问题，鼓励孩子自己去解决问题。如果孩子在这种情况下完成纠正的话，那他在这个纠正过程中的主要想法就是："我虽然错了，但我还是可以的，我是有能力完成自我纠错的"。

这两种思路进行比较，有四点不同。

其一，孩子对自己的**"形象认定"**不同。

前者认为"自己不行"，会明显损伤孩子对自己形象的认可度。后者认为"自己还可以"，则不怎么损伤孩子对自己形象的认可度。

其二，对孩子**"积极自我"**的作用不同。

前者完全无视孩子的积极自我，对孩子的积极自我只会有负面的打压作用。后者则会明显地强化孩子的积极自我。

其三，对孩子**"自信力"**的作用不同。

前者是在别人主导下的纠正，即便完成了，对孩子自信力的促进作用也不大。后者是在孩子自己的主导下完成的，这对孩子的自信力会有明显的强化作用。

其四，对**"亲子关系"**的作用不同。

前者让孩子感受到的是家长严厉的态度和对自己的否定，会影响家长给孩子的亲和感。后者让孩子感受到的是家长对自己的亲和与家长对自己的肯定，会强化家长给孩子的亲和感。

如果家长认清了两种情况的这四点不同，那么在纠正孩子的不当行为时，家长就会采用激励的办法，在纠正的同时，兼顾对孩子多方面素质的促进和对亲子关系的优化。

这后一种思路中所贯穿的就是"激励理念"，即，**激励孩子内在的正面的东西，让他用自己的积极自我，去战胜消极自我。**

● **激励方法一：正视和强化孩子的"积极自我"**

无论是多么差的孩子，他的内在都有积极自我，他的本能也都想让自己变得更好一些，变得更有出息一些，这是毋庸置疑的。即便由于各种情况的影响，让孩子的积极自我显得很弱小，难以发挥主导作用，但那也是存在的，"少量但存在"与"没有"是两个不同的概念。

既然孩子有积极自我，那家长就必须要正视它，这既是尊重现实的需要，也是有利于孩子长远发展的需要。

从"尊重现实"的角度说，家长如果把一个有一定上进心的孩子，说成是"一丁点儿上进心都没有"的孩子，把一个也想考出好成绩的孩子，说成是"根本就不打算把成绩考好"的孩子，这是不符合实际情况的，对孩子是不公正的、不公平的。这种不公正、不公平会影响家长在孩子心中的形象，也容易引发孩子的逆反情绪。

从"有利于孩子长远发展"的角度说，孩子是要长大的，是要自立的，当孩子摆脱家长的制约要自己主导人生的时候，如果他的积极自我还很弱，难以起到主导作用的话，那你让他怎么去发展自己呢？如果在孩子小的时候，你没有想方设法强化孩子的积极自我，而是在有意无意之中打压孩子的积极自我，那他那很弱的积极自我又如何能在他长大之后一下子变得强大呢？

因此，家长必须要正视孩子的积极自我，并且还要在正视的基础上，再想方设法去让孩子的这个积极自我强大起来，这是一件很重要的培育任务，而落实激励理念就是家长完成好这项重要任务的重要举措。

● 激励方法二：对孩子"正面形象"的肯定

家长把孩子当作一个"好孩子"，对孩子有巨大的促进力。

你把孩子认定成好孩子，孩子与你相处时，他的内在就会映动出"我是好孩子"的意念，这个映动着的意念就会在无形中激励他向好孩子的一面靠拢。如果你把孩子认定成"差孩子"，那孩子与你相处时，他的内在就会映动出"我是差孩子"的意念，这个映动着的意念就会在无形中阻止他向好孩子的一面靠拢。别看每次的激励或阻止的效应都是很细微的，但由于家长与孩子相处的时间很长，无数个细微的积累所形成的效果也是非常显著的。

需要注意的是：家长仅在心里把孩子认定成好孩子是不够的，还必须要通过各种方式来向孩子表达自己的这种认定，要让孩子清楚地知道他在你心中的正面形象定位。

当家长遇到让自己非常头疼的孩子时，如果把他认定成差孩子，家长心里会产生一种解气的感觉，比眼看他那么差，还要把他往好的方面认定，心里要爽快很多。但是，若与有利孩子的长远发展相比，家长牺牲掉这些爽快的感觉又算得了什么呢？

家长内心对孩子发展前景的否定，也是影响家长对孩子正面形象认定的重要原因。"看他哪儿都不顺，将来怎么能成为有出息的人呢？"在这样的感慨中，要让家长进行正面形象认定也确实有些难度。但问题是家长凭什么根据孩子当下的表现就给孩子的未来判"死刑"呢？我们说"三岁看大，七岁看老"，那看的是孩子内在的素质，并不是孩子当下的表现。孩子小时候与长大后所面对的事情是不同的，不同的事情所需要的素质点也是不同的。当孩子小时候表现不好的时候，仅说明面对小时候的事情，他的相关素质点不够好，但这并不能说明面对长大后的事情时，他的相关素质点也不好。你很难说小时候不被老师夸赞的孩子，在长大后也得不到人们的夸赞。甚至退一步说，即便孩子将来真的是很平平的人，但在他成长的过程中，家长把他当作"将来会有出息的人"来看待，那又有什么妨害呢？这样做对孩子、对家长也都是非常有益的事情，最起码它不容易引发亲子关系的恶化。

因此，在家长协助孩子解决问题的时候，一定要把孩子当作好孩子来说，来面对，这是运行激励理念的"基点"。

● 激励方法三：对孩子"基本素质"的肯定

激励的关键就是对孩子的肯定。可有时眼看孩子就那么差，就那么不听话，你让家长怎么去肯定他呢？我说，如果家长实在无法从孩子的表现方面寻找到可肯定的东西，那就从基本素质方面来肯定孩子吧。

我想到自己对一个孩子的一次肯定，他曾让班主任十分头痛。

那是我在住宿部带班的时候，有个初二住宿班的班主任对我说，他班里有个男孩儿穿奇装异服，又软硬不吃，让他一点办法都没有，看我能不能去接触一下。我毫不犹豫地答应了。

吃过晚饭，学生们有一段空闲时间，我就利用这段时间，去了那个学生住的寝室。寝室住八个学生，我一眼就辨认出自己要找的那个学生。我在他桌子的对面坐下来后说："我是住宿部带班的学校领导，想和你谈点事情。"他显然知道我是带班的校领导，笑了笑，算是回应了。

我一看就觉得他是一个基本素质非常好的孩子，于是就先不提他穿奇装异服的事情，而是从基本素质方面对他加以肯定。

先肯定他是一个"非常有胆量"的人。面对严厉的班主任的训责却不惧怕，当然有胆量了。

再肯定他是个"很有个性"的人。能不随大流，穿自己想穿的衣服，并且不管不顾别人的评价，当然是有个性了。

然后肯定他是个"很有艺术眼光"的人。因为从他衣服的颜色和款式来看，都是很讲究的，只是不适宜中学生穿罢了。

接着肯定他是一个"很有统领能力"的人。因为我一看就知道他是一个"坏头头"，有不少学生会听他的。

【总说6】家庭培育工作的关键理念二："激励理念"

还肯定他是一个"头脑很管用"的人。因为从他的眼神里可以看出他的机灵劲儿。

最后我说："一个有胆量、有个性、有艺术眼光、有统领力、有聪明劲儿的人是什么样的人呢？是人才啊！是难得的人才啊！如果这样的人能好好发展自己的话，那真是前途无量啊！当然，如果迷失了发展的方向，有'钢'没有用在'刀刃'上，那就很遗憾了。"

听了我的话，他马上说："老师，我知道该怎么做了。不过我在学校的衣服都是这类的，容我再穿两天，等星期天回家后，我再买新的，从下周一开始，我保证再不穿这些衣服了。"

我一看，成了。就说："我相信你。祝你今后能有大的作为。"然后起身，离开了他们的寝室。

说真的，在见他之前，我估计采用这样的方法会有效果，但没想到对他的效果会这样明显，这让我心里很高兴。从这以后，与"坏"孩子谈话时，我都用这种办法来展开攻心战，屡试不爽，都能收到较好的成效。

我又想，为什么对这些"坏"孩子的肯定会有这么大的作用呢？答案是：这样的"坏"孩子的基本素质都是比较好的，并且他们的自信心也是比较强大的，他们的内在也是很想得到大人认可的。然而，在现实中，他们却特别缺少这样的认可。在这种情况下，一旦有谁给予了他们一直想得到的认可，就会让他们产生很大的震动，这种震动会促使其内在积极自我的觉醒。

家长要清楚，即使再"坏"的孩子，他身上都存在着积极自我，如果能用激励的办法，让积极自我强大起来，等他的积极自我具有主导力的时候，你就会看到什么叫"浪子回头"了。

也许有些家长会说"看透孩子的内在素质是件很不容易的事情"，其实看透坏孩子也没有那么难，因为有胆量、有个性、有魄力、有机灵劲儿是很多坏孩子身上的共性特点，循着这些共性特点去观察，就容易看清坏孩子的基本素质了。这里的关键是家长面对孩子时的心绪状态，如果你能平静地面对孩子，你就容易发现孩子身上的那些可肯

033

定点。如果家长一看见孩子，心里就愤愤难平，那你自然就难以看到他身上的可肯定点了。

另外一个相关的问题是：家长要清楚各类素质的长处。比如，"外向性格"的人能更快地与陌生人熟识；"内向性格"的人考虑事情会更稳妥些；"机灵"的人能较好地应对变化的情况；"老实"的人更容易获得别人的信任；等等。认清各类素质的长处，你就能更巧妙地去肯定孩子。

● 激励方法四：对孩子"细微进步"的肯定

即便是积极自我比较强大的孩子，要改正起自己的毛病来，常常也是一件不容易的事情，也是需要有无数个细微的积累才能完成，这就是现实。因此家长必须要学会细心察看孩子的细微进步，并在发现细微进步后，给予孩子充分的夸赞和鼓励。

在这里，家长具有过程意识是非常重要的。有了过程意识，家长就有了耐心，就避免了急躁，就有心思去察看孩子的细微进步，就会为孩子的细微进步感到欣喜，就会很自然地去夸赞孩子。如果家长没有过程意识，总是想一下子就彻底解决问题，那家长盯的就肯定不是孩子的"进步点"，而是孩子的"尚不足点"了。一旦家长的眼光盯在孩子的"尚不足点"上，家长哪里还会有夸赞的心思呢！

夸赞孩子的进步，给孩子的就是激励，它不但让孩子获得了应该获得的成功感，同时也在强化着孩子把事情做好的信心感。而盯着尚不足点去训责孩子，其作用就恰恰相反了，它让孩子获得的是未成功感，它强化的是孩子把事情做好的渺茫感。两种不同的感受对孩子下一步状态的作用也必然是不同的，前者增加的是正能量，会让孩子在比较轻松的心绪状态下去改正自己的毛病；后者增加的是负能量，会让孩子在比较沉重的心绪状态下去改正自己的毛病。

当然，对那些上进意识较弱的孩子，在夸赞他细微进步的同时，还要适当地指出他的尚不足点，而不是只是一味地夸赞，以防止他产生松口气的念头。

● 激励方法五：褒贬时的说法要有辩证性

"褒贬时的说法要有辩证性"主要包含两个方面。

其一，说自家孩子不好时，要连带有肯定的话语。

比如对孩子说："你的整体表现是很好的，但在某个方面，却有些差。"

比如对孩子说："你是很懂事的，但在某个时候，却显得不太懂事儿。"

比如对孩子说："你平时干事情都很认真，但在某个时候，却马虎得很。"

这就是说，在指出孩子毛病的时候，不要"劈柴的斧头一面砍"，只说他不好的地方，还要说些肯定的话，哪怕只有一句也好，以示家长没有因为有问题而全面否定他，家长没有以偏概全，对待事情是公正的。让孩子清楚地感受到家长的这些肯定，这对孩子的积极自我就是一种保护。

在现实中，有些家长不但"一面砍"，而且还"砍"得很过分，故意夸大其词地指出孩子问题的严重性，故意把孩子的表现往差处说，想以此获得更大的刺激效果，殊不知，更大的正面刺激不一定有，但对孩子积极自我的更大的压制作用却是很实在的。

其二，夸赞某个孩子并让自家孩子向人家学习时，也要指出一点那个孩子身上不如自家孩子的地方。

家长一定要注意，不能让别的孩子对自家孩子形成一种"压制"，不要让自家孩子明显地感觉到自己远不如对方。为此，在让孩子学习某人的某个优点时，还要连带说下那个孩子身上不如自家孩子的地方。这就像直升机尾部的小螺旋桨能防止机身偏转一样，稍微指出一个对方的不足，也能防止对方对自家孩子作用的偏转。

让孩子学习某人的某个优点时，都可能有发生偏转的问题，要让孩子全面去学习对方时，偏转的可能性就更大了。于是，就出现了这样一个处理思路：不在孩子面前夸某个孩子的整体情况怎么好，也不为孩子树立要全面学习的榜样，而只让孩子去学习对方的某一个优点。依照这个思路，就不要去盯自家孩子的成绩差，而要去分析造成孩子成绩差的薄弱点，不要让孩子在学习成绩方面向对方学习，而是让孩子在自己的某个薄弱点方面向对方学习。

在我小女儿上小学二年级时，我和她商量选定了八个同学作为她学习的榜样，并明确了每个学习榜样身上的学习点：有学习"懂事"的，有学习"勤奋"的，有学习"认真"的，有学习"踏实"的，有学习"语言表达流畅"的，有学习"读书节奏好"的，有学习"书写"的，有学习"坐姿"的等。这样分散学习，既让她的学习点更具体，也避免了这些同学对她造成的压制。不被压制了，孩子身上的积极自我就更容易树立起来了。

● 例说"让孩子自己战胜自己"

强化孩子积极自我的目的是什么？就是让孩子用自己的积极自我来战胜自己的消极自我。多给孩子提供一些"自己战胜自己"的机会，则会有力地提升孩子这个方面的能力。

我想到自己做高中班主任时对学生问题的一次处理。

早读的时候，我目光在班上大致看了一圈，发现一个女生的神态不对。仔细一分析，觉得可能是昨天晚上有男孩儿去找她，而她的态度不是那么恰当，所以看到我时，目光有躲闪之意。

我走到她座位边轻敲一下桌子，她就知道我要与她谈话了。到走廊后，我说："你这两天遇到一件事情，是让我帮你解决呢，还是你自己解决？"她是个很爽朗的学生，听了我的话，毫不迟疑地回答："我自己解决。"我说："好。"这次谈话就这样结束了。

过几天后，我观察她的表情，觉得事情处理得差不多了，但还没有完。于是在自习课的时候，我又到她座位边，轻轻地对她说："加油！"她点点头。

又过几天，我觉得事情完全过去了。于是笑着问她："事情过去了吧？"她笑着点点头，一副轻松释然的样子。

其实到底是什么事情，我真的不十分清楚，也没让她向我说明，但问题确实就这样解决了。在解决这个问题的过程中，我很轻松，几乎不费什么劲儿，对她的心理也没有造成明显的伤害。

于是我想，当孩子有能力自己去解决问题的时候，就要鼓励孩子自己去解决，这不但能让家长省劲儿，还不会伤害亲子关系，更重要的是还有力地强化了孩子的积极自我。

● 例说"两个自我"

说到"两个自我"，我想起了与小女儿五岁时的一次谈话。

我的小女儿是一个很有特点的孩子，一方面，她非常懂事，即便去医院看病打针，她都会非常配合，得到了很多医生的夸赞。另一方面，她又非常倔，总想按自己的思路行事，而置大人的要求于不顾，让大人心里很恼火。针对这件事情，我与她进行了一次谈话。

我问她："你很懂事，可有时候为什么那么不听大人的话呢？"

她说："听'心'的了。'心'太调皮了，我管不住它。"

通过进一步的交流，我明白她说的意思了。在她的感觉中有三个概念：一个是"心"，一个是"脑"，一个是"我"。"心"是很调皮的，是很不听话的，是很任性的。"脑"是很懂事的，是比较听话的。而"我"又是一个独立于"心"和"脑"之外的概念。孩子对这些概念的说法未必恰当，但其中所包含的"两个自我"的意思却是很明确的。

我说："爸爸知道你'脑'很懂事，你要多听'脑'的，不能听'心'的。你的'脑'现在还有些弱，不够强大，所以管不住'心'。但我们要共同努力，让'脑'强大起来，让它把'心'管住，不让'心'再调皮捣蛋。"她点点头。我又说："爸爸妈妈也都是很喜欢你的，你也越来越大了，不是以前的小娃娃了，要尽量不让'心'出来捣乱，好不好？"她又点点头。

这次谈话使我更清楚地认识到：我们只有认清孩子"两个自我共存"的客观情况，不断地强化孩子的积极自我，才是促进孩子成长的正确思路。

【总说7】家庭培育工作的重要方法一："客在性分析"

● 现实中的"主观性归因泛化"

之所以那么多家长缺乏过程意识，是因为他们对孩子的问题缺乏"客在性分析"。不管孩子什么事情没做好，在很多家长看来原因都是一个：认识不到位。

孩子学习不努力，那还用说，肯定是对学习的重要性"认识不到位"才这样的。如果重视学习了，怎么会这样呢？

孩子学习不专心，那还用说，肯定是对专心的重要性"认识不到位"才这样的。如果能认识到"专心"的重要性，怎么会这样呢？

孩子课堂上不注意听讲，那还用说，肯定是对课堂听讲的重要性"认识不到位"才这样的。如果认识到了课堂听讲的重要性，怎么会这样呢？

孩子写作业不认真，那还用说，肯定是对写作业的重要性"认识不到位"才这样的。如果认识到了做作业的重要性，怎么会这样呢？

孩子的字没写好，那还用说，肯定是对写好字的重要性"认识不到位"才这样的。如果认识到了写好字的重要性，怎么会这样呢？

我把这种对原因的分析叫作"主观性归因泛化"。

针对这种"主观性归因泛化"的情况，我提出**客在性分析**。意在提醒大家在分析事情原因的时候，**"不要只盯主观原因，还要想想非主观的客在性原因"**。

在发现问题、分析问题、解决问题这三个环节中，分析问题是个非常重要的中间环节，如果对问题的分析不恰当，那是不可能把问题解决好的。

学会**"客在性分析"**，避免**"主观性归因泛化"**，是家长做好家庭培育工作的一项**"基本功"**。

我在与别人家孩子进行第一次谈话的时候，常常一开始就先向孩子声明："凡是你家长经常向你讲的大道理，我保证一句都不说。"以此来缓解孩子与我谈话的逆反情绪。我深知，如果讲那些大道理能管用的话，家长也不会把孩子领来见我了。既然不管用，我何必要去讲呢？既然不讲，我何不一开始就向孩子说明，让孩子厌烦大人讲道理的这根弦放松呢？

● **例说"原因"的"多面性"**

孩子问题的原因常常有很多方面。

下面我列举影响学习成效的常见原因，以此促使家长对原因的"多面性"有更好的认知，也以此促使家长更全面地抓好对孩子学习的促进工作。

影响学习成效的常见原因有十二个：

1. **先天智力**——学习的最基础素质。
2. **先天专注力**——学习认真状态的最基础素质。
3. **踏实认真习惯**——形成学习的基础状态。
4. **学习兴致**——促成更好的学习基础状态。
5. **正向思路**——促进学习目标的形成。
6. **自信心态**——促进学习目标的形成和学习状态的优化。
7. **恰当的好感觉构成**——增强孩子对学习的关注力。
8. **自主谋划能力**——学习有后劲儿的关键素质。
9. **学习方法**——提升学习效率的关键素质。
10. **环境氛围**——形成学习的氛围性动力。
11. **同类人的好成绩**——形成学习的去压抑动力。
12. **教师水平**——学习的关键性辅助因素。

其中前面九个是自身性原因，后面三个是外部性原因。

从这个列举中可以看出，造成孩子学习不好的原因，绝不单是孩子的"认知不到位"，而是还有很多其他方面的原因。即便有些原因在形成时也与认知有关，但当它"相当固化"之后，它也照样具有了客在的性质，因为它已经不是当下的认知所能轻易改变的了。

家长要及早从这些因素入手，全面抓好各方面因素的优化工作，

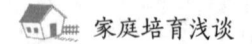

以此促使孩子获得好的学习成效，而不要等孩子的问题暴露后，再去查找原因，更不要"主观性归因泛化"，只去盯孩子的"认知不到位"。

● 家长最容易忽视的"四类原因"

无论是对孩子问题的原因分析，还是对大人问题的原因分析，人们最容易忽视的原因有四类。

其一，对"**心态类原因**"的忽视。

当有些孩子面对本可以做好的事情而没有自信时，有些家长就感到非常难以理解。"明明是可以做好的事情，怎么就没有自信呢？"殊不知，是"不自信心态"在作怪。

有些孩子的情况明明不错，可他却总觉得自己不如别人，有些家长就感到非常难以理解。"明明是比别人强，可怎么就是觉得不如别人呢？"殊不知，是"自卑心态"在作怪。

"失衡心态"的人有时所做的一些事情，则更是让人难以理解。"明明是一个很成熟很懂事的人，怎么连这么简单的事理都不明白呢？真是不可思议。"殊不知，在失衡心态作怪时，他的认知是空白的。

心态是不讲道理的，心态引发的问题是没法从认知上解说清楚的。有很多家长面对孩子的心态类问题时，却没有从心态方面来进行分析，而是从道理上来训责孩子，并想通过讲道理来改变孩子，这是绝对不会有正面效果的。

在现实社会中，可以说绝大多数人都有心态方面的问题，在人们常见问题的各种原因中，心态性原因也是最常见的原因之一，然而，能从这个角度入手进行原因分析的人却很少。

其二，对"**习惯类原因**"的忽视。

有些孩子背东西时，稍微背会一点，就要给家长背，结果一次一次地都难以背顺畅。面对这种情况，很多家长会训斥孩子："明明没有背会，为什么要给家长背呢？"殊不知，这是他"背记标高低"的

"习惯感觉"在作怪。从客观上讲，他是没有背熟，但在他的习惯感觉中，他却又真真切切地感觉到自己会背了。很多家长没有认识到这一点，就一遍又一遍去训责孩子。尽管长时间的训责也会让孩子"背记标高"有所提升，但却会给孩子心理上带来很大的伤害。如果家长能认识到这是"习惯性标高"在作怪，通过一次又一次的引导性训练来促使孩子改变，不但不会伤害孩子的心理，而且提升的速度也会快很多。

为什么有些高考复习生，在辛辛苦苦复习一年之后，理科的成绩几乎没有什么提升呢？就是他对做题思路的"习惯性理解标高"在作怪。对做题思路的理解就像"爬坡"，对很多孩子来说，不是他爬不上这个"坡"，而是他"爬"到一定的高度后，在他的习惯感觉中就觉得不用再爬了，于是就停止了。如果他的这个"习惯性标高"不改变，那么再"爬"多少遍，也不会到更高的位置，所以他对做题思路的理解就一直难以深化，这就是他复习效果差的主要原因。如果家长明白了这一点，在辅导孩子时，不只是让他一次又一次地"爬坡"，而是在一次又一次"爬坡"时，引导他"爬"得"再高些"，那复习的效果肯定会大不一样。

习惯，有一种无形的力量在主导着孩子的行为，家长只有先认清它，才能更好地帮助孩子解决问题。

其三，对**"好感觉原因"**的忽视。

为了让孩子对学习有兴趣，有些家长就给孩子大讲学习兴趣的重要性，大讲学习兴趣对学习的促进作用，殊不知，如果孩子没有从学习活动中获得足量的好感觉体验，那么他对学习的兴趣能从天上掉下来吗？如果他能从学习活动中获得足量的好感觉体验，那么他对学习能没有兴趣吗？还用你去给他讲学习兴趣的重要性吗？孩子是否对某种活动感兴趣，完全由好感觉体验的"获得量"决定的，与认知几乎没有任何直接的关系。

把类似这样需要"好感觉"的积累来决定的事情，当作通过讲道理就能解决的事情，也是不少人的一个认知误区。

有些人会感慨：抽烟明明对身体有危害，可有些人为什么还要抽呢？难道连这个简单的道理都不明白吗？当然不是，而是在当下的好感觉情景吸引着他并发挥着主导力的时候，那些道理就靠边站了。

明明知道不能对孩子发脾气，可为什么控制不住呢？原因也很简单，因为发脾气时，能让家长内心不满的情绪得到发泄，这种发泄也是当下性好感觉的一种。

明明知道多吃不能减肥，可为什么还要去多吃呢？原因也很简单，因为多吃的时候能多获得当下的好感觉啊。

为什么孩子总想玩，而不愿学习呢？原因也很简单，因为在玩的时候所获得的当下好感觉要远大于学习的时候所获得的当下好感觉。

如果家长忽视了这些好感觉的作用，非要从道理的角度来解释由好感觉主导的事情，那是不可能解释通的。

其四，对"**基础类原因**"的忽视。

有些家长听说孩子上课没注意听讲，就责怪孩子不懂道理。"上课不听讲，怎么能学习好呢？"殊不知，有些孩子上课时就根本听不懂，面对根本不懂的事情，你让他怎么去注意啊？

我曾经遇到一位数学老师对一个初三学生大发雷霆，原因是他抄作业。在这位老师看来，抄作业是不可能学会的，到初三了，怎么连这个道理都不懂，真让人生气。我在这个班蹲过点，也接触过这个学生，知道他根本就没有能力完成数学作业。于是我对这位老师说："其实你应该感谢这位学生，他在自己根本不可能完成作业的情况下，还用抄的办法来按时交作业，他不就是为了让你能产生一种同学们都交作业了的好感觉吗？他哪里还能顾得上自己的学会学不会呢？"事后我想，如果老师能根据学生的情况，分层次地让学生们做一些对自己有训练效果的作业，而不是不管学生的程度如何，只管逼着学生完成同样的作业，那么抄作业的现象肯定会大大减少。

有一次我带七岁的小女儿在游乐场玩荡绳的游戏。我教她要抓紧绳子，别放手，等荡到对面要踩地时才放手。可她总是一到中间就放手，怎么纠正都不改，把我气得直发火。可等到后来又带她玩单杠时，我才发现她根本没劲儿拉住东西把自己吊起来。这时我意识到玩荡绳时，是自己错怪了孩子，不是她不抓绳子，而是荡到中间时她就没有力气能抓牢绳子了。于是，自己感到很懊悔，为什么在荡绳时自己就没有想到是能力原因呢？如果当时自己明白了这一点，那就不可能会让孩子难受，让自己也难受了。

人世间的事情都是有原因的。当我们感觉到某件事情"真让人不可思议"时，其实**不是它不可思议，而是你没能思议**。而当你置很多客在性原因于不顾时，你又怎么能学会思议呢？

● 例说"客在性分析"

△ 例说（一）

在我小女儿五岁多的时候，她在幼儿园报了个口才训练班。这个口才班在每节课要结束时，都让家长进教室，看孩子们带有汇报性的表演。

这天，我和她妈妈一起进教室看表演。但看到她的表现，我们很生气。一方面，她不按老师的指令去做，另一方面，在很多小朋友都会背诵的情况下，她却不会背诵，说明她课堂上没有好好听讲。

从幼儿园出来，她问她妈妈什么时候给她买芭比娃娃，她妈妈就借机教训她说："就知道玩，你看你在课堂上的表现，小朋友都会背的东西，你怎么就不会呢？凭什么给你买娃娃？买娃娃也是一种奖励。你表现好的时候，才能给你买的。你若不认真听讲，不好好学习，那就不给你买东西了。"我在一旁听着，虽然没有插嘴，但也是基本认可她妈妈说的话。这是一般家长的常见反应。

在回家的路上，我又进一步分析了她这样做的原因，我推断的原因有两点。

其一，她的思维很活跃，脑子里不停地转着圈儿思考自己的东西。当老师讲的内容不能吸引她的时候，她就要在那里琢磨自己的小事情了，于是就会出现课堂上不注意听讲的情况。这就是说，她的不注意听讲，不全是她主观上的不重视，还有她的思维特点的问题和老师讲解吸引力小的问题。

其二，可能与我前一段时间外出不在家有关。因为平时主要是我看护她的，所以较长时间的离开，对她的心绪状态影响很大，干什么事情都提不起劲儿。我回来时，老师一见面就说："你这次外出，对孩子的影响可大了，她各方面的状态都明显地下滑了。"我想，她的课堂听讲状态也可能与这种变化有关。

等到家之后，我进行了无训责询问。

我很平静地对她说："丫丫，你为什么上课不好好按老师的要求去做呢？你把情况说出来，让爸爸听听。"

她说："老师让我们读的音，我怎么读也读不清楚，心里难受，就不想听课了。"

孩子这么说，我就一下子明白了。今天口才班让孩子读的儿歌是训练孩子"儿化音"的，而丫丫由于口腔器官发育晚，所以儿化音她根本就发不出来，而她又是很要强的孩子，所以当她无法达到老师的要求时，心里就特别难受，于是情绪低落，提不起劲儿听课了。

我说："即使我们发音不准，但也应该认真去读啊！先把它背会再说。等过一段时间，我们能说清楚了，不就可以说好了吗？"

丫丫知道自己今天表现不好，也担心我会训她，当她看到我能比较理解她而没有批评她时，心情一下子好了很多，于是内心正面的东西也一下子增强了很多。她想了想说："越是不会的东西，越应该努力去学。"

我说："对呀。你说得非常对呀！那我们今后再遇到这种情况的时候，努力去学好不好？"

丫丫点点头。

这件事情就这样处理完毕了。

虽然我也知道这样谈过之后，她未必就能做到位。但家长不能急，要一步一步来。要首先保护好孩子的那种积极上进的劲头，孩子有了这种上进的劲头，就总有一天会做到的。可如果不去保护好孩子的这种上进的劲头，那想纠正孩子的毛病就会变得越来越难。

【总说7】家庭培育工作的重要方法一："客在性分析"

这里对丫丫课堂没认真听讲的原因分析，呈现出了三个理解层面。

第一个层面：把原因完全为归结为孩子态度问题的"**完全不理解层面**"。

第二个层面：包含着一定的客在性原因的"**部分理解层面**"。

第三个层面：无训责询问后的"**完全理解层面**"。

晚上，我要检查她当天在幼儿园大班的学习内容。当要求她把当天学的《蒲公英》背一遍的时候，她很有兴致地站起来，一边背，一边表演，背得非常顺畅，表现得也非常好，这说明她在大班课堂上还是比较认真听讲的。由此，我也更确定口才班上她的不认真听讲，就是因为说不好儿化音造成的。这时我想，如果不是通过无训责询问，岂不是又误解了孩子。

△ 例说（二）

我想到小女儿的一次跳绳情况。

那是她刚上小学的时候，学校的达标运动会要测试跳绳，根据每分钟跳的个数打分，一分钟跳140个为满分。

在体育老师第一次检查学生们的跳绳情况时，丫丫就是一个差生，所以老师专门安排一位同学当她的小老师，帮助她提高跳绳次数。

丫丫跳绳跳不好，一是因为运动协调能力差，二是练得少，三是不认真。在带她练习的过程中，我发现她的不认真主要体现在两点：一是当视野内有别人活动尤其是有小朋友活动时，她就容易分神儿，形成"旁骛性不认真"。二是当大人对她训责后，她会因为害怕跳坏，而形成"担忧性不认真"。尤其是后者，表现得更为明显。于是就出现了大人越说她越跳坏的情况，把大人气得不行不行的。静下来一想，我明白了，问题不是出在孩子身上，而是出在大人身上。

基于这样的分析，我再带她训练的时候，就注意了两点：一是找个安静的地方让她训练。二是不论她跳得怎么样，都不再吵她，而是去鼓励和劝慰她。这样一来，训练的效果就有了明显的提升。

考试那天在送她去学校的路上，为了进一步减少她的担忧性不认真，我就对她说："考试时你就只管跳，不要想能得多少分，得分多点少点，爸爸都不会责怪你的。即使没跳好，也没有什么，小学刚刚开始，只要努力，今后都可以赶上的。"

放学接她时，她告诉我，上午跳绳测试她一分钟跳了156个，全班第一。这让我很吃惊，平时她跳得最好的一次也就是138个，为什么考试时她能跳得这么好呢？她说自己在测试时，很专心，什么都没有想，只想着稳稳地去跳，结果一次都没有绊住，成绩就上去了。

我又想，她为什么能这样专心呢？除了家长的减压之外，还应该有两个原因：一是测试时的氛围使她的心绪不再旁骛，二是测试老师对她的态度也一定是很恰当的，没有引发她的不当心绪。假使家长没有减压，而是反复嘱咐孩子跳绳时要认真；假使测试老师的要求和态度让她产生了一些不恰当的思绪；假使当时的测试氛围不让她那么安静，那她就不可能有这样的专心状态，也不可能跳出这样的成绩。

由此可见，**"不认真"这个看似"很主观"的情况，其实常常是由很多"客在"的因素左右着的**。

● **客在性分析后"顿然理解的感觉"**

当家长经过一番努力，把相关的客在性原因认清之后，常常会有这样的感觉："哦！孩子这样做是有原因的。""哦！孩子这样做是很自然的。"我把这种感觉叫**"顿然理解的感觉"**。

理解孩子凭借的不是家长的理解意识，不是你想理解孩子就能理解孩子的，而是客在性分析后对原因的明白。

在对孩子做事的原因进行分析之后，**家长能否产生顿然理解的感觉，是家长运用客在性分析是否到位的重要标志**。

如果产生了这种顿然理解的感觉，那你的客在性分析就是比较到位的；如果没有产生这种顿然理解的感觉，而是对孩子行为愤愤不已，那你的客在性分析就肯定是没有到位。

因此，家长不妨把"顿然理解的感觉"作为测试自己的客在性分析是否到位的一把尺子。当测试到自己还没有到位时，就要提醒自己去做进一步的分析，而不要在那里为孩子的问题发火生气。

● 相关问题

△ 相关问题一：对原因"客在性"的"两种理解"

原因的客在性有"两种理解"。

1."绝对客在性"的理解。

2."相对客在性"的理解。

从绝对意义上讲，人的所有的东西、所有的表现，都是客在因素复杂作用的结果。即便人的思想意识，那也是由人脑的"物质构成"与人的"社会存在"共同作用的产物。

从相对意义上讲，那些当下的认知无法主导的东西都是具有"客在性"的。

有一次，我在学校门口遇到一位担任初一班主任的新老师，当他提到班里的几个调皮捣蛋的孩子时，就表现出无法容忍的情绪。我就给他说："这些调皮捣蛋的孩子其实也是很让人心疼的。刚出生的时候，这些调皮捣蛋的孩子素质都应该是很不错的，但随着他们的成长，家庭和社会就开始在孩子的这张'白纸'上'涂画'了，结果把一张白纸变成现在的这个不像样的样子，能怨孩子吗？孩子其实是地地道道的受害者。"听了我的话，这位老师想了想说："细想想，也是。"

想一想，孩子其实把握不了自己的多少东西，当孩子有些什么错的时候，我们真的不能过分地去指责孩子。

且不说我这样看待问题是否合理，当我们用这样的思路来看那些有错的孩子时，我们就会多一分理解，多一分宽容，多一分体贴。

△ 相关问题二：家长要"恰当"地"由己及孩子"

家长自己在中学时喜欢异性，还进入了谈的阶段，现在家长回想起来，会觉得那是自然的，都是有原因的。

可是，当家长面对自己的孩子也去交往的时候，却觉得不可思议了。"中学学习这么紧，年龄又这么小，怎么能去交往呢？这简直是太不懂事了。"

同样的事情，在社会风气相对传统的几十年前，是可以理解的，但在开放很多、孩子们身心也早熟很多的今天，却变成"不可思议"的事情了，家长的这种认知，岂不也让人不可思议吗？

为什么很多家长会有类似这样不可思议的感觉呢？主要是对事情缘由的知晓度的不同造成的。自己经历的事情，相关缘由自己都知晓，所以会觉得原因是比较客在的。而面对孩子时，对事情缘由的知晓度就差远了，所以就容易忽略事情的客在性，而较多地从"理"的角度来解析了，有"理"的参与，事情就容易变得不可思议了。

当对孩子的知晓度很有限时，家长应该由己及孩子，即由当年自己都是有原因的来推定孩子也都是有原因的，而不是简单地就把孩子的事情归结为"认知不当"造成的。

家长要注意，这里的由己及孩子，指的是客在性分析时的由己及孩子，并不是其他方面的由己及孩子。在家长能轻松搞定的事情方面就不能由己及孩子。家长不能因为自己小时候能轻松地在班里名列前茅，就推定孩子也应该很轻松地在班里名列前茅。家长不能因为自己在中学时一努力，就成功逆袭，就推定孩子到中学时只要一努力，就也能成功逆袭。家长不能因为自己上学时根本没有被情感困扰，就推定孩子也不应该被情感困扰。

这里强调要恰当地由己及孩子，就是指在问题原因的客在性分析上，要由己及孩子；而在自己能轻松搞定的事情上，则不能由己及孩子。可在现实中，有些家长的做法却恰恰相反，在问题原因的客在性分析方面，应该由己及孩子时，他没有去由己及孩子；而在自己能轻松搞定的事情方面，不适合由己及孩子时，他却去由己及孩子了，这对做好培育工作是很不利的。

【总说8】家庭培育工作的重要方法二："平等谈话"

● 关于"平等谈话"

"平等谈话"是家长与孩子之间进行的、**家长降低身份、不摆架子**"的、"**无训责、无诘难**"的、"**以了解孩子、引导孩子、安抚孩子为目的**"的谈话。

降低身份、不摆架子，是平等谈话的前提，如果家长做不到这一点，那就不是平等谈话。

无训责、无诘难，是家长降低身份、不摆架子的具体体现。如果家长心里知道要不摆架子，但是遇到具体问题时，心里一着急，就去训责、诘难孩子了，那照样不是平等谈话。

了解孩子、引导孩子、安抚孩子，是平等谈话的目的，它显示着平等谈话的三大作用。

平等谈话对应于其三大作用，主要有三种方式。

1. 以"**了解情况**"为主的"**无训责询问**"。
2. 以"**引导认知**"为主的"**讨论性交流**"。
3. 以"**安抚情绪**"为主的"**贴近性倾听**"。

"贴近性倾听"也是一种谈话，只是孩子说得多一些，家长说得少一些罢了。说成"倾听"，是想提醒家长，在这种方式的平等谈话中，要静静地听，要认真地听，要少说多听。

● 无训责询问——"了解孩子问题"的关键方法

询问是每个家长都会运用的方法。孩子小的时候，都会真实地回答家长的询问，但随着慢慢长大，很多孩子就开始尝试说谎了。

只有让孩子真实地回答询问，家长才能准确地了解孩子的情况。

只有确切地了解了孩子的情况，家长才能更好地帮助孩子解决问题。

所以，"如何让孩子一直真实地回答询问"就成了培育工作要认真面对的一个重要问题。

要解决这一问题的关键是:"**询问活动别让孩子难受**"。

如果询问活动没有让孩子难受,即没有让孩子产生差感觉体验,那孩子就会一直真实地回答家长的询问。因为他没理由不真实啊,有什么说什么多轻松,多坦荡,为什么要冒着风险去隐瞒或说谎呢?

但如果真实的回答给孩子带来了难受,那孩子为了避免这种难受,就有可能隐瞒或说谎了。孩子这样去隐瞒或说谎的原因,是觉得说真话比隐瞒或说谎更可怕,为了避免更可怕的事情发生,他就去甘愿冒险。

在这里,孩子认知的"什么事情对自己有害",与家长认为的"什么事情对孩子有害"是有所不同的,家长多是从长远利益来考虑哪些有害、哪些无害,而孩子则多是从当下的感受中判定哪些对自己有害。家长必须要清楚这种不同,必须从孩子当下实实在在的感受中,来判定孩子的认知和感受,而不能从长远利益的角度去判定孩子的认知和感受。不是因为你的做法对孩子的长远有利,孩子就应该对你说真话,而只有当你的做法不让孩子当下难受时,孩子才对你说真话。

明白了这些,家长就应该清楚了,要让孩子一直真实地回答家长的询问,这种询问就只能是"无训责、无诘难"的询问。

无训责,无诘难,并不意味着家长对谈话中发现的问题不理不睬,只是不要急于去解决,更不能用让孩子难受的方式去解决,不能让孩子产生"说真话就倒霉"的认知结论。

围绕这个问题,家长还要明白三点。

其一,让孩子"一直说真话"比"急于解决当下问题"更重要。如果为了尽快解决当下的问题,让孩子难受,导致家长在今后很长的时间里无法准确把握孩子的真实情况,那是得不偿失的。

其二,用训责的办法来解决问题,其效果并不见得好,而不训责未必就不能解决问题,相反,还会解决得更好些。

其三,家长要清楚,当孩子向家长说出自己做错事的时候,即便家长不训责,孩子大都也能认识到自己的做法不对。因此,孩子

"说"的过程，常常也是加深认知的过程，这对孩子解决问题也是有一定作用的。

随着孩子的长大，大人与孩子共处的时间也越来越少，所以家长通过谈话了解孩子的情况就显得愈发重要。因此，家长必须一开始就要高度重视无训责询问对后期培育工作的重要性，以保证能长时间通过这种方式了解孩子的更多情况。

我曾经接触过一个小学二年级的孩子。孩子的内在素质很好，基本思路也很正，但是在家长的不断训责下，孩子产生了很强的逆反情绪。在这种逆反情绪的作用下，他不好好学习、上课不认真听讲，放学到家不好好写作业，整天只想看电视。我第一次接触他，就是以无训责询问的方式与他谈话。问他们班里学生的听课情况，他说有十几个学生不好好听讲。我问他这些学生上课都干些什么，他也如实回答。我说："你的情况怎么样？"他说："我也和他们一起玩儿。"若是一般的家长听到孩子这样说，即便不训斥他，也要去劝说几句。但我什么都没有说，就像这些与他无关一样。过了一星期，我又与他聊他班里的情况，偶尔也问及他的情况，他都如实回答，我照样没有任何反应。第三星期我再与他谈话的时候，他很有兴致地对我说："我上课听讲的情况变了，不再与那些不听讲的孩子玩儿了，觉得那样玩儿没意思，老师还表扬了我，还给我加了颗星。"我很高兴地对他大加赞扬了一番。在几周后的期末考试中，他的成绩有了很大的提升。

说真的，我虽然想到这样的"闲聊"会有效果，但没有想到效果会来得这么快，这也让我更加认识到平等谈话的那种无声的力量。我与这个孩子的谈话是单独在一个房间里进行的，若当时让他家长知道我就是这样与他家孩子闲聊的，他们肯定会很不满意，因为他们根本不会认为这种闲聊会有什么作用，会认为我没有对他们的孩子进行什么教育。但就是这若无其事的闲聊却实实在在地促进了这个孩子的进步。

我又想，产生这样效果的关键因素是什么呢？关键因素有三点。

1. 孩子的内在思路比较正，没有偏。

2. 我一直把他当作一个很懂事的孩子，即便他的表现不怎么样。

3. 我的不训责、不诘难给他提供了能平静思考问题的机会。

他内在的正，让他很看重我对他的正面形象认定，这种认定是他渴望得到而从他家长那里无法得到的。而我给他提供的平静思考的机会，让他能静静地去思考"他的表现"与"我对他的正面形象定位"之间的反差，在这样的思考中，他就容易产生要改变自己的决策了。

● 讨论性交流——"引导孩子认知"的关键方法

随着孩子的长大，他周围的环境会变得更加复杂，在这个复杂的环境中，孩子那不太成熟的认知难免就会出现一些偏移。当发现孩子在认知方面出现偏移或可能要出现偏移时，家长就要对孩子的认知进行引导，来促使孩子认知的趋正或提升。这是一项非常重要的培育任务。

这种引导的方式主要有两种。

1. 直接讨论孩子问题来提升孩子认知的"**直言式引导**"。

2. 借助讨论他人问题来提升孩子认知的"**言他式引导**"。

"直言式引导"的好处是：可以围绕与问题相关的原因来展开具体的分析，使引导更具有针对性。当孩子的问题比较明显且比较严重的时候，那就要把问题揭开，来进行直言式引导。

在进行直言式引导时，家长要特别注意自己说话的语气，要平静、要温和、要包含着理解之意，不能把问题的严重性说过头。孩子能自己认识到的地方，尽量让孩子自己说出来，而不是由家长直通通地说出来。

"言他式引导"的最大好处是：不伤害孩子的自尊，维护孩子对自己的正形象感觉。它可以让孩子假装成自己没有出现类似问题的样子，进而让孩子觉得保全了自己在家长心中的正面形象，所以言他式引导是引导的巧招。若孩子的问题不是很明显，且又有讨论其他孩子类似问题的机会，那就尽量运用言他式来引导孩子。

比如对"早恋"的引导。当发现自家孩子有这方面问题时，家长

【总说 8】家庭培育工作的重要方法二:"平等谈话"

不要明说,要装作什么都不知道,然后借机会与孩子讨论班上其他孩子的早恋问题。在谈别的孩子早恋问题的时候,家长要像对待自家孩子一样,该理解的地方要理解,该指出不足的地方,也要用恰当的语气来指出不足,而不是一味地把那个孩子说得一塌糊涂,这样自家孩子才能更容易地从交谈中获得启发。有时即便孩子察觉到家长已经知道了自己的情况,但也会因为家长给自己留面子的用心,而从内心感激家长,这种感激也会促使他更好地趋正。

比如对"过分讲究装扮"的引导。当家长发现自家孩子有过分讲究装扮的苗头时,就与孩子一起对周围的一些过分讲究装扮的小朋友进行评议,对这种做法的不当之处展开详细的讨论。在家长思路的引领下,这时孩子的理性意识都是比较强的,评论也大都是很正面的。在听到孩子的这些正面性的评价后,家长一定要明确地加以肯定和赞赏。

有时为了强化孩子对某点的认知,家长也可以装作不明白而提出疑惑,促使孩子进一步阐述。当孩子阐述完后,家长还要表现出进一步领悟的样子,并给予孩子更多的夸赞。

我在家里与朋友家的孩子谈话的时候,我的女儿经常会站在一边听,我从来不干涉,因为这对她认知的提升是非常有好处的。我还专门提醒家人,每当女儿这样听的时候,都不要去打扰她,不要因为别的事情把她叫走。在我看来,这也是言他式引导的一种方式。

家长要多了解孩子班里同学的情况,要多知晓一些他的同学们普遍关注的问题,并时不时地与孩子一起对某个同学的表现或某个问题进行讨论,而不管孩子身上是否也存在这些问题。即便家长的知晓度有限,那家长也要多引导孩子对班里的某个同学或某个问题进行评论。当孩子向家长谈这些问题的时候,他启动的大都是正向思维,这本身就是对孩子正向思维的一种强化。

直言式引导和言他式引导各有妙处,家长要都学会运用。

在对孩子的认知进行引导的时候,家长还要注意三点。

其一,**注意区分引导的难度**。对那些引导难度较大,不是一下子能让孩子完成认知跨越的,就要设计几个"跳点",引导孩子一步步地"跳"过去，最后完成整体的"跨越"。就像在小河中摆放几个石磴子，让人跨步踩着石磴子前行，最后完成过河一样。即便家长对这些"跳点"不十分清楚，但只要家长有一步步地把孩子的认知向前推的意识，而不是妄想一下子到位，都会大大提高引导的成效。我把这种引导叫"**分跳点引导**"，它是精细引导的一个重要方面。

其二，**注意自己角色的多重性**。家长既是孩子认知的实实在在的"引导者"，又是孩子想法的"倾听者"，有时还是装作不明白的"疑问者"，有了这些多重的角色，讨论性交流就更具有平等的特点。家长千万不要把自己表现得什么都懂、什么都胸有成竹，而是要平静、低调地表述自己的看法和意见。

其三，**要保持对孩子意见的尊重性**。即便孩子的想法不恰当，家长也尽量不要直截了当地否定孩子的意见。比如可以这样说："你的意见也可以。不过我是这样想的，你看可以不可以？"或者说："不错。不过再加上这么一点，你看是否更好些？"如果不是这样，而是直截了当指出孩子意见的不对，那就会给孩子带来一些差感觉体验。在这种差感觉体验的作用下，他对你的意见就不会接受得那么顺了。

● 贴近性倾听——"安抚孩子情绪"的关键方法

孩子长大后，会遇到一些不顺的事情，会产生一些难受的情绪，有时尽管道理自己也明白，但还是想找个人"说说"。

可别小看这简单的"说说"，想找个合适的倾诉对象，那也是件很不容易的事情，因为这个对象必须是自己能信得过的人。

这里的"信得过"包含四种内涵：一是对方的人品是自己认可的。二是相信对方会真心为自己好。三是相信对方不会因为自己的诉说而小看自己。四是相信对方会静静倾听而不会表现出不耐烦的情绪。在各种矛盾纠结的社会中，不管实际的情况怎样，但能让自己产生这四种感觉的人真的很少。

如果家长能成为孩子的一个贴心的"倾听者"，绝对也是孩子的一种福分。

在倾听时，家长要注意三点。

其一，**要适当应和**。要不断用"嗯"或点头的方式，来表示自己在听，在认真地听。

其二，**不要急于劝说**。不要发现孩子认知的不当之处，就急于去纠正，急于去劝说，要让孩子先把自己想说的话说出来，然后再进行适当的指点。

其三，**情绪要基本稳定**。家长不能随着孩子的情绪激动而激动，但也不能毫无表情。当孩子知道自己不该情绪激动而忍不住情绪激动的时候，家长可显露出微笑表情，以示理解。当孩子的发火确有道理的时候，家长可显露出凝重的表情，以示关注。

当然，如果面对的是不懂事理且任性的孩子，情况就不同了。虽然是也要让他说，也要让他充分地说，也要用点头的方式表示你在听，但是，等他的情绪稍稍平缓之后，在你对他表示有点理解之后，话锋一转，就要针对他的偏执进行较长时间的引导工作了。即便你这样引导之后，他再也不找你诉说了，那也必须要这样引导，也必须要让他清楚地意识到自己的偏执。因为这样的孩子缺乏反思意识，对他来说，更重要的是认知的引导，而不是情绪的安抚。如果你只是用同理心对他表示理解，那就会让他原本不是太坚定的偏执变得更加坚定了，这不但没有安抚情绪的效果，反而会让他的情绪更加激动。

因此，进行贴近性倾听也是要看对象的，对象不同，倾听时的应对方式也不同。

● 平等谈话的特殊方式——"平等性家庭会议"

"平等性家庭会议"指父母和孩子坐在一起进行的以"相互评价""相互建议""共同讨论问题"为主要内容的交谈性会议。

每次家庭会议可以有一个人做主持，主要负责会议的程序和总结。主持人可以由大人担任，也可以由孩子担任。最好让孩子担任，因为主持的本身就是对孩子的一种尊重，能激发孩子的正能量。

家庭会议可一个或两个星期开一次，也可以更长时间开一次。

每次家庭会议最好先讨论孩子能觉察到的一些大人方面的问题，大人要虚心接受孩子对自己的评价和建议，为孩子起到表率作用。

之后，再讨论孩子身上的问题。在家长评价孩子时，要先说孩子表现好的地方，然后再指出孩子身上的一点或两点问题。即便孩子身上的问题比较多，家长也不能一下子全说出来，每次只能说一点或两点。

会议之后，大人要认真按照孩子有合理性的建议去改进，一是为孩子做个努力改进的表率，二是表示对孩子建议的重视。

如果孩子到八岁时，问题还比较难办，家长可以用这种办法来尝试下，有时的效果会超出预期。

● 开展平等谈话的关键点——"把自己放平"

开展平等谈话有难度吗？说难也难，说容易也容易。

平等谈话的关键是"平等"。只要家长"把自己放平"，不去训责孩子，那就是平等谈话了。引导能力强的家长可以多开展些讨论性的平等谈话，而引导能力弱的家长，则可以多进行些倾听性的平等谈话。即便是简单的倾听，无疑也会对孩子的认知产生积极的促进作用。如果家长无法"把自己放平"，总想摆出一副家长的架势来面对孩子，那就没法开展平等谈话了。

进行平等谈话的时候，家长与孩子是平等的；但在对孩子发出指令的时候，家长又必须要有一定的威严。特别在孩子七岁之前，这种威严还是很有必要的。这看似是矛盾的，其实只要把场合分清楚，角色的转换是可行的。在有些场合，家长就是家长，并且是有威严的家长。但在有些场合，家长就是很随和的朋友，不但能与孩子很随便地说笑，而且还能虚心地接受孩子的批评，甚至还要受点孩子的"欺负"。这种随场合的角色变化，是家长与孩子在实践中逐渐形成的一种默契。到孩子七岁之后，家长就要用"充分尊重孩子"来要求自己了，于是家长的威严就要慢慢地内敛了，内敛得越到位，平等谈话就会越顺利。

【总说9】爱孩子，家长就要做到"四个到位"

几乎每个家长都说自己爱孩子，但爱孩子不是只停留在嘴上的，是要用行动来体现的。于是，这里提出家长"爱孩子"的"四个到位"。

● 爱孩子，就要"不断学习"，把"提升自己"做到位

为什么家长要通过"不断学习"来"提升自己"呢？

原因很简单，因为家长"不懂"。

别说是干其他工作的家长，即便是当老师的家长，有几个人能把孩子成长的事情彻底搞明白呢？

就说我吧。一直从事中小学教育，也被上级评为优秀教师，且在退下来后的十来年里一直探究幼儿教育，算是一个地道的教育工作者了，然而我对许多孩子成长的问题也都没有搞明白，还需要不断学习，不断提升自己，只是因为身体欠佳，又想给孩子们留下点东西，这才草草成书的。

我这个从事基础教育近四十年且有一定探究能力的人，尚且需要不断学习，不断提升自己，年轻的家长们有什么理由不去学习，不去提升自己呢？

百年大计，教育为本，而教育的基础又是家庭教育。可是，在许多学科都很发达的今天，与大计之本密切相关的家庭教育理论却发展得相当艰难，是人们不知道这些理论的重要性吗？不是。是孩子成长涉及的问题太多，太微妙，不是能轻易搞明白的。

就比如孩子学说话吧。有些语种的语言结构相当复杂，但即便如此，一个根本不知学习为何物的孩子，用两三年的时间，就能很好地进行口语表达。他是怎么理清楚这些复杂的结构关系的，谁能解释清楚呢？那岂是"模仿"两字就能说明白的？有一个快两岁的孩子，一直说不出完整话，也不怎么与别人交流，把家长急得团团转。可是有

一天，他突然像变个人似的，能很流畅地表达了，甚至成了话痨。谁能解释清楚这中间到底发生了什么呢？岂是"他完成了内在整理"这几个字就能说明白的？在"内在整理"完成之前他遇到的是什么问题？他是通过什么办法解决这些问题的？面对这种情况家长该如何帮助孩子？又有谁能说清楚呢？在孩子成长的过程中，类似这样让人难以明白的问题还很多，有几个人能"全懂"呢？

作为一个家长，"不懂"是正常的，"学习""提升"是必要的。

即便你是个非常成功的人士，你也不能把自己的成功经验往孩子身上硬"套"。因为你与孩子的情况不同，其中"先天素质"会有很大可能是不同的，而"成长环境"则绝对是不同的。情况不同，成长的特点就不同，而相关的培育措施就也不同。有很多成功人士之所以在培育孩子方面感到非常不顺，问题的关键就在于一个"套"字。

在艰难生活中长大的家长，身上自然会形成一种对苦难的承受能力。可在优裕生活中长大的孩子，他能那么容易地就具备对苦难的承受能力吗？在艰难生活中长大的家长，会比较容易形成一种要改变命运的志向。可在优裕生活中长大的孩子，他能那么容易地就形成这种志向吗？仅这"承受能力"和"志向状态"的不同，就会引发成长方面的很多差异，更何况还有其他方面的不同呢！

有些成功的家族有家训，这是很好的。家训是个大思路，有这个大思路比没有这个大思路要好得多。但是，在面对某个具体孩子的时候，仅靠这个大思路是远远不够的，还必须要去研究具体孩子的具体特点，还必须要根据这些具体特点来因材施教。

因此，如果你爱孩子，那就要通过不断学习来提升自己，努力把培育工作中的问题明白得更多些，而不要让自己的自负误了孩子。也不要把老大当作自己认知提升的垫脚石，等老大的培育不顺了，到老二时，才懂得要学习，要改进，那样就有点对不住老大了。

● 爱孩子，就要"抛却虚荣"，把"贴近孩子"做到位

"虚荣"是什么？"虚荣"就是"让别人羡慕自己，认可自己"的

心理意愿，是由人对"群体占位的优越感"的需求所引发出来的。要说，这也是一个无可厚非的本能性意愿。

但是，虚荣是一把双刃剑，既能给人带来好感觉体验，也能给人带来差感觉体验，因为你不可能在所有的方面都超越别人。因此，对这个本能性意愿，并不是抱得越紧越好，而是要根据具体的实际情况，当抱则抱，当舍则舍。

家庭培育是一项需要家长踏实去做的工作。在这项工作中，如果家长"紧抱虚荣"，处处总想让自家孩子比别人家的孩子好，那就难以贴近自家孩子。当自家孩子出现问题的时候，家长就难以根据实际情况去分析问题，就难以寻找到恰当的解决问题方案，这对做好培育工作是十分不利的。因此，在家庭培育工作中，必须要"抛却虚荣"。

即便是自家的孩子情况比较"顺"，能给家长带来较多的好感觉体验，家长也要"抛却虚荣"。因为孩子毕竟会有不顺的时候，而在不顺的时候，家长能否贴近孩子就成了一件对孩子非常重要的事情，这要比家长多获得一些好感觉体验重要得多。

道理是比较易懂的，但是当家长为了自己的好感觉体验而不顾孩子的时候，常常是不自知的。分明是自己的虚荣心在作怪，却还自欺欺人地认为自己是"为孩子好"。这种偏离"为孩子好"而不自知的情况，成为许多家长难以贴近孩子的主要原因。

当家长因为孩子出现问题而发火的时候，就要扪心自问："自己到底是为孩子好而发火呢，还是因为孩子表现不好刺伤了自己的虚荣心而发火呢？"若是为孩子好，那你就要去搞清楚孩子的当下需要什么？孩子的长远需要什么？怎样才能帮助孩子解决问题？然后依据自己对这些问题的思考结论来决定自己"该怎么做"。假如家长对这些问题全然不理会，就仅是对孩子发火，火发完了，也没有下文了，至于孩子的问题到底该怎么解决，孩子的情绪到底该怎么安抚，全扔到一边不管不问了，那你说自己是为孩子好，岂不是胡扯吗？"胡扯"的事情是不能多做的，因为那与优化孩子心理素质的培育目的是相悖的。

比如，有些家长明明知道自家孩子由于发音器官发育晚说话不清，不愿与人多说话，可当孩子没有与别人打招呼而表现得不礼貌时，家长却还要当着别人的面，教育孩子几句，以显示孩子不懂礼貌并不是自己没教育好。殊不知，孩子的没礼貌，并不是因为他不懂得应该向人打招呼，而是由于他缺乏语言表达的自信。不与人打招呼的时候，他的内心并不好受，可能还是非常难受的。面对这样的情况，如果家长爱孩子的话，就要贴近孩子的情绪感受去思考问题，就要把"如何减少孩子的难受"作为首要问题来对待。如果家长这样去想问题，那还会当着别人的面说孩子没礼貌吗？一定不会。但很多被虚荣迷惑的家长很少能意识到这一点，甚至还理直气壮地认为"自己所做的这一切都是为孩子好啊""自己是在教育孩子要讲礼貌啊"。真让人感到无语！

有一位家长带女儿去学舞蹈，当老师向家长提出孩子的动作做不好的问题时，家长并没有顺着老师的意思说孩子的不对，而是说："孩子在家练习时，还是很认真的。她动作做不好，可能与她先天的动作协调性差有关系，这都是我遗传给孩子的，我小时候的协调能力就特差。"家长这样说，是为了强化老师对孩子问题的客在性的认知，无疑会使老师在面对孩子的问题时，态度会更温和些。这叫什么？这叫护孩子，这叫置自己的形象于不顾地去护孩子，这才是对孩子的爱。这与那种为了在别人面前显示自己严于管教，而不顾孩子的感受，当着别人面对孩子进行说教的做法能一样吗？

"爱孩子"不是家长自以为"爱"就是"爱"了，你要用自己的行动让孩子实实在在地感受到爱才算事儿的。

● 爱孩子，就要"抛却虚理"，把"理解孩子"做到位

"理解万岁！"这是一句很能引人共鸣的话。

这句话之所以会引发人的共鸣，在于两点：一是能被人理解，好！二是能被人理解，难！

被人理解对大人来说是好事，对孩子来说也是好事，但却同样难

得。之所以难得，并不是大人不愿去理解孩子，也不是大人不懂得应该去理解孩子，而在于大人常常把"理"抱得"太紧"了。在孩子的行为中，由"理"主导的行为是很少的。其实，在大人的行为中，由"理"主导的行为也是很少的。如果一个人紧抱着"理"去理解别人，别说是理解小孩子了，就连大人也理解不了。

在分析对方行为原因时有两种思路：一是"**循实而想**"，二是"**循理而想**"。根据对方的"实际情况"来分析原因，叫循实而想。紧抱着"理"来分析原因，叫循理而想。

循着"理"的看似也没有什么错，但在现实生活中，它就成了理解对方的巨大障碍。

"吸烟有害健康，所以人不应该吸烟"，这是"理"。若依照此理，就说那些不戒烟的人都不懂道理，这显然是不符合实际情况的。所以许多看似有道理的"理"，其实都有不实之处。在培育工作中，这种有不实之处的"理"则显得更多，因为孩子的理性更弱一些。

"孩子应该听大人的话"这是"理"，但有不实之处。如果家长硬"循"这个"理"，遇到孩子不听大人话的时候，就不分青红皂白地依理训斥，而不管孩子的情绪处于什么状态，而不管孩子的内心在纠结着什么问题，这就与理解孩子相悖了。

"上课应该注意听讲"是"理"，但也有不实之处。如果家长硬"循"这个"理"，听说孩子上课不听讲，就不分青红皂白地依理训斥，而不管孩子上课时的实际情况，这就与理解孩子相悖了。

"做作业应该认真"是"理"，但也有不实之处。如果家长遇到孩子不认真做作业，就依理训斥，而不管孩子做作业时处于什么样的心绪状态，这就与理解孩子相悖了。

"孩子上学应该努力学习"这是"理"，但也有不实之处。如果家长看到孩子不努力，就依理训斥，而不去仔细分析孩子不努力的实际原因，这就与理解孩子相悖了。

"知耻而后勇"是"理"，但也有不实之处。如果家长遇到孩子成绩落后的时候，就去数落、刺激孩子，而置孩子的情绪状态于不顾，这就与理解孩子相悖了。

世间的很多"理"都有"虚"的成分，都是在特定的情景下，才显得有道理的，并不是在所有情况下都适用的。在培育工作中，家长只有让自己的思维摆脱"虚理"的束缚，围绕着孩子的实情去"循实而想"，才能让孩子产生被理解的感觉。

有一些家长口口声声喊着爱孩子，把爱的旗子举得比谁都高，但骨子里却坚守自己的"虚理"寸步不让，把孩子的真实感受扔到一边不理不睬，这能让孩子获得被理解的感觉吗？

能被家长理解，对孩子来说，这是一件多么重要的事情啊！家长爱孩子，那就要把这件重要的事情做好，若"紧抱虚理"，置这件重要的事情于不顾，那就大错特错了。

● 爱孩子，就要"明辨缓急"，把"早期培育"做到位

"树大自然直"，这是一些家长为自己的"不作为"进行开脱的理由。

"树大"能否一定"直"是要分情况的。有的随着"长大"是会"自然直"，但有的即使"长大"了，也是不可能"直"的。

在培育孩子的工作中，面对孩子能"自然直"的地方，就让孩子"自然直"，不要紧揪不放，即为"当缓"。而面对孩子"无法自然直"的地方，就不能以"树大自然直"为由而不作为，就必须要抓住时机尽早处理好，即为"当急"。

一般说来，属于"发育晚"引发的问题，大都能"自然直"，是要"当缓"的。这里的发育既包含肢体方面运动能力的发育，也包含认知方面相关意识的发育。在孩子六七岁之前，当孩子对某些知识点的反应特别迟钝，而这种迟钝与孩子的整体智力又明显不相符时，就有可能是孩子相关的认知意识发育晚引发的。遇到这样的情况，如果家长急于让孩子这些方面的认知到位，常常会把事情搞乱。

与发育晚不同的是"指向性偏移"。发育晚是孩子暂时没有某方面的能力，而"指向性偏移"是孩子已经有了这个方面的能力，但是

偏了。偏了，就相当于树的"发杈"。遇到"发杈"问题，"当急"。

与"指向性偏移"关联较多的一个词是"习惯"，不恰当的"行为习惯"，就是行为方面的指向性偏移；不恰当的"认知习惯"，就是思路方面的指向性偏移；不恰当的"好感觉习惯"，就是感觉方面的指向性偏移。这些指向性偏移都是由后天的经历促成的，是不可能"自然直"的。家长必须要及早花大力气去做好对指向性偏移的及时修正工作，而不要等"小芽"变成"大枝杈"时，再去进行伤筋动骨的修正，把本应是"微创的小手术"变成一台"有风险的大手术"。

爱孩子，就要明辨缓急，做好早期的培养工作和修正工作，把该打好的基础打好，把该修正的"小杈"修掉，为孩子后面的发展铺好路，而不要因为自己的拖延贻害了孩子。

【总说10】对"家庭培育工作"的"恰当评估"

● 评估家庭培育工作的"常见误区"

为什么要提出对家庭培育工作的恰当评估呢？那是因为很多人在评估家庭培育工作方面存在着不当评估。而产生这些不当评估的关键是评估标准的失当。

人们评判家庭培育工作的普遍标准是什么？是孩子的"学习成绩"。

别人家孩子学习好，考上名牌大学，就觉得人家的培育工作有成效，于是"状元家长访谈"之类的书籍就深得一些家长的青睐。自家孩子的学习成绩不如别人家的孩子，也就觉得自家的培育工作赶不上别人家，也就没有颜面向别人谈自家的培育工作经验了。这就是标准的失当。

一个孩子能取得好的学习成绩，那是由很多因素促成的，家庭培育仅是其中的促成因素之一。而现实的情况中，并不是所有促成因素"俱好"时，成绩才能好，而是只要有几项好，其他一项或几项即便很一般，也能取得好成绩。当然，"很一般"与"很弱"是有区别的，"很弱"指明显不好的情况。那些具有一票否决权的关键性促成因素可以很一般，但不能很弱。很弱了，其他因素再好，孩子也不能取得好成绩。其中，家庭培育工作就是一个可以很一般但不能很弱的关键性促成因素，智力也是一个可以很一般但不能很弱的关键性促成因素。

我所在的中学有很多年都是完中（含初中部和高中部）。在高考中，有很多学生获得省、市高考状元。在中考中，学校曾创下过十年九状元的教学业绩。在这所涌现出很多状元的学校里，我也有机会了解很多状元学生的情况。在我所知晓的状元家庭的培育工作中，大多是"比较好"的，但也有"很一般"的，没有了解到有"很突出"的，当然也不可能有"很弱"的。

一般来说，学习成绩好的孩子的家庭培育工作有三种情况。

1. 很突出。

2. 比较好。

3. 很一般。

而当一个孩子"成绩差"的时候，也只能说明在他学习的关键性促成因素中，存在有"很弱"的因素。这种"很弱"的因素可能是家庭培育工作，但也可能是其他关键性促成因素。因此，并不能因为孩子的学习成绩差，就说他家庭的培育工作也一定很差，也许是"比较好"的，还有可能是"很突出"的。

我亲戚家的一个孩子上初中时，被分到一个其他老师教学能力都比较好但数学老师特别差的班里，孩子的数学成绩迅速下降。面对这种情况，家长不止一次地到校长那里反映数学课的问题，想让学校调换个数学老师。在调换老师无望的情况下，家长无奈花钱请校外老师来辅导孩子数学。因为孩子其他学科的成绩都很好，家长不想因为数学成绩而耽误孩子的前程。经过校外老师两年多的精心辅导，在中考时，孩子取得了很好的数学成绩，也考上了一所很好的高中。结果，孩子学校的数学老师在评职称时却拿着这个中考成绩，到校长那里去证明自己的教学效果好，搞得校长很无语。按常理说，学生中考数学成绩好，那数学老师肯定是功不可没的，但像上面的情况，你能说他功不可没吗？

这件事情让我进一步认识到，促使"学习有成效"的因素很多，不是一有成效，所有因素都是好的，也不是一没有成效，所有因素都是不好的，都要根据具体情况进行具体分析。

● **评估家庭培育工作的"恰当标准"**

在不少家长看来，若不从孩子成绩上来看家庭培育工作的成效，那还能从哪看呢？

我说，应该从**"孩子心理素质的优化效果"**来看。

在较多的时候，这个优化效果也都是会在孩子的学习成绩方面体现出来，但有的时候也未必能相应地体现出来。比如遇到智力明显差的孩子，即便家庭培育工作对他的心理素质的优化效果非常好，也难以让他学习成绩突出；比如遇到先天素质比较全面的孩子，即便家庭培育工作没有对孩子的素质有明显的优化，但孩子依然能取得优异的学习成绩。

因此，要恰当地评估一个家庭的培育工作成效，必须要分析家庭对孩子心理素质的具体优化情况。

要分析好家庭对孩子心理素质的优化情况，就必须要先搞明白两点，一是孩子素质的"变化情况"，二是家庭培育工作"在这种变化中的作用"。

但是，要搞明白这两点绝不是件容易的事情。

因此，要么我们就费一番功夫把这两点搞明白，然后再去评说别人家培育工作的成效；要么我们就不去评说别人家培育工作的成效，只踏实做好自家的培育工作；而不要根据孩子的学习成绩进行简单的推定。

● 家庭培育工作的"损之容易，优之难"

在家庭培育工作中，存在着"**损之容易，优之难**"的特点。应了"下坡路好走"的俗话。

"损之容易"中的"损"包含两个方面的含义。

其一，直接让孩子的某种心理素质变差。

其二，由于某种心理素质的变差，导致其他的好素质也无法得到正常发挥。

本来孩子先天的心态基础就不好，结果孩子在成长过程中，家长又没有保护好，导致孩子的心态更不好了。这就是"让孩子的某种心理素质变差"。

本来孩子先天的素质很不错，在一般情况下孩子都会有一个较好的发展，但是家长把孩子娇惯得一点吃苦能力、抗挫能力、自主自立能力都没有，那孩子先天素质再好也都白搭了，照样泯然众人矣，甚至连众人都不如。这就是"导致其他的好素质也无法得到正常的发挥"。

家长一不留心，就会对孩子造成"损之"的效果，所以说"损之容易"。

培育工作"损之容易"的特点警示我们：当家长要提劲儿去培育孩子的时候，一定要懂得培育之道，否则就很容易把劲儿用偏，而造成"损之"的效果。为什么有些家长越用劲儿，对孩子的伤害越大，原因就在这里。

"优之难"指"优化心理素质"很难。

"优化心理素质"分两个方面。

1. 让"好的素质更好"。

2. 让"差的素质变好"。

无论是"让好的更好"，还是"让差的变好"，都不是件容易的事情。

在孩子的成长过程中，很多素质都是需要家长去优化的，然而在现实中，面对这很多需要优化的素质，家长能优化好的却是很少的一小部分，由此足见优化之难。

● 优化心理素质的重点工作："补短"

"让差的素质变好"就是补短板，简言之"**补短**"。

在培育工作中，虽然"让好的素质更好"也很重要，但相对来说，"让差的素质变好"会显得尤为重要。而把那些具有一票否决作用的素质补到位，就更是家庭培育工作的重中之重了。

短板中有些是先天的，有些是后天的，但不论是哪一种，"补"起来都相当难。"补"好任何一个短板，都是培育工作的功劳一件。

比如：

遇到"智力明显不好"的孩子，家长若让他上课时能听得懂，跟得上，并保持较好的学习心态，即便孩子的成绩平平，那也是功劳一件。

遇到"说话晚而情绪敏感"的孩子，家长若能注意保护孩子的说话心态，待他能说清楚话的时候，还具有把话说好的自信，那就是功劳一件。

遇到"身材长相不好而又敏感"的女孩儿，家长若让她远离了自卑心态和失衡心态，那就是功劳一件。

遇到"做事缺乏耐心"的孩子，家长若让他也能比较踏实地去做事情，遇到不顺利时也不那么焦躁，那就是功劳一件。

遇到"做事能力弱而好胜心强"的孩子，家长若让他的自信心不受伤害，那就是功劳一件。

遇到"承受能力明显差"的孩子，家长若让他明显地提升吃苦能力和受挫能力，那就是功劳一件。

遇到"因被娇惯而任性"的孩子，家长若让他不再任性，形成规矩意识和适当听话意识，那就是功劳一件。

遇到"吃饭习惯不好"的孩子，家长若让他形成正常的饮食习惯，那就是功劳一件。

遇到"有说谎习惯"的孩子，家长若让他彻底改掉了这个不良习惯，诚实地与人交流，那就是功劳一件。

遇到"作业潦草不堪"的孩子，家长若让他能认真写作业，基本达到老师的要求，那就是功劳一件。

遇到"因连续受挫要引发心态危机"的孩子，家长若想法让他的失败"刹车"，避免不良心态的形成，那就是功劳一件。

遇到"好感觉明显偏移"的孩子，家长若让他的好感觉构成趋正，而不再把行为引偏，那就是功劳一件。

家庭培育工作的成效体现在哪里？

最主要的就是体现在这一个个的"补短"上，具体而真切，来不得半点的虚假。

如果一个家庭遇到孩子的这类"短板"，没有取得"补"的成效，那无论他们家的孩子取得多么突出的业绩，他的家庭培育工作也不能算是突出的。

● 家庭培育工作的"不可比性"

家庭培育工作的"不可比性"，主要是由短板的不同造成的。

孩子们之间在短板方面的差异是很大的，因而培育工作难度的差异也是很大的。如果遇到的是一个短板较多的孩子，即便是培育工作水平很高的家长，那也照样难以让孩子出类拔萃。如果遇到短板很少的孩子，即便是培育工作水平一般的家庭，只要别"损"孩子，孩子也照样能出类拔萃。

我把家庭培育工作难度的"很大差异性"，也叫作家庭培育工作的"**不可比性**"。不仅家庭与家庭之间的培育工作没有可比性，即便是一个家庭中不同孩子的培育工作之间也没有可比性。

因此，如果遇到短板较多的孩子，家长就只有默默地去做自己的培育工作，而不要拿自家的孩子同别人家的孩子做过多的比较，更不要因为自家孩子的不争气而气馁。家长要平静地接受这个现实，要"认"这个"命"，无怨无悔、不争不比地做好自家的培育工作，这就是对自家孩子的"大爱"。

● **分析优化成效时，不能忽略"隐性素质"的变化**

我把大家容易感觉到的素质叫"**显性素质**"，把大家不容易感觉到的素质叫"**隐性素质**"。

隐性素质主要有两种情况。

其一，因当下"**相对弱小**"而没有显露出主导作用的素质。

其二，因当下"**无用武之地**"而没有显露出主导作用的素质。

像前面说的理性自我，当它没有战胜消极自我而主导行为的时候，它就属于"相对弱小"而没有显露出主导作用的隐性素质。相对弱小的隐性素质要变成能主导行为的显性素质，是需要一个"量变"的积累过程的，家庭培育工作的成效正是凝聚在这"量变"的积累之中。促使孩子发生质变的那临门一脚是培育工作的成效，而在之前"促其临门"的那很多脚，也都是培育工作的成效，而不能因为它还没有显露出主导作用，就无视培育工作对它的优化成效。

像"个性化思维""探究性思维"在小学低年级时，就属于因无用武之地而没有发挥作用的隐性素质。但随着探究性学习分量的增加，在后来的学习活动中，它的作用会越来越明显。像人际交往方面的素质，在孩子上中小学的时候，也基本上属于无用武之地的隐性素质。但随着孩子进入社会，它的作用就大不一样了。

评估一个家庭培育工作的成效，不仅要看优化了多少显性素质，还要看优化了多少隐性素质。不仅要看优化了多少还相对弱小的隐性素质，还要看优化了多少当下还无用武之地的隐性素质。

● **要准确把握孩子"学业水平"的"变化情况"**

对不少素质的优化，是可以通过学习成效的变化体现出来的，因此把握好孩子学业水平的变化情况，也有助于更好地了解某些素质的变化情况，进而更好地判定对某些素质的优化成效。

在把握孩子学业水平的变化情况方面，家长要注意三点。

其一，关注"**分数**"，不如关注"**名次**"。

考试的分数会随着试题的难易变化而变化。试题难时，分数就低。试题容易时，分数就高。因此，很难从分数中来判定孩子学业水平的变化情况。

相对于分数，名次会更有参考的价值。

在通过名次变化来判定孩子学业成绩变化的时候，还要注意其他同学的整体变化情况。比如临近高考进入冲刺阶段时，即便自家孩子学习加速了，成绩也提升了，但他的名次未必提升，因为这时大家都在加速学习，大家的成绩都在提升，如果他的提升幅度没有别人的大，那他的名次就难以进步，甚至还会后退。因此，家长不能因为孩子名次的后退，就否定他的加速，就否定他学业水平的提升。

其二，关注"**总分名次**"，不如关注"**单科名次**"。

这里涉及的是一个权重问题。当考题的难度能让孩子的分数距离拉大时，该学科在总分名次中的权重就大。反之，当考题的难度不能让孩子的分数拉开距离时，该学科在总分名次中的权重就小。

比如：在一次小学考试中，语文很容易，数学很难。甲学生语文好，考98分，在班里排第4名，数学差，考50分，在班里排第40名。乙学生语文差，考81分，在班里排40名，数学好，考98分，在班里排第4名。如果将两科的名次相加再除以2，则甲乙两人平均名次都是第22名。但是若按分数相加再排名次，则甲的总分是148分，乙的总分是179分，两人相差31分。这31分的差距，就有可能乙在班里排第15名的时候，甲在班里排第30名。但如果是语文特难，数学特容易，那情况就可能颠倒过来，甲在班里排第15名时，乙在班里排第30名。这"进15名"和"退15名"的变化就可能仅仅是考题难易不同造成的。遇到类似情况，家长若不去关注孩子的单科名次，而是根据总分名次而说孩子进步或退步，岂不谬矣！

其三，关注"**单科名次**"，不如关注"**扣分点分析**"。

比如：一个有马虎毛病的小学生接连参加两次难度相近的数学考试，第一次考试在两道小题上出现了马虎，看错一次，写错一次，扣

2分，其他不会做的地方扣3分，得95分，在班里排第15名。第二次考试在两道应用题上出现了马虎，也是看错一次，写错一次，结果扣12分，其他地方没扣分，得88分，在班里排第35名。两次考试比较，孩子的第二次考试所表现出来的能力是明显提升了，除了两次马虎，没有出现不会做的题。但是，由于第二次考试的马虎出现的不是地方，所以名次后退了20名。遇到类似这样的情况，家长若不对"扣分点"进行具体的分析，在后退20名的情况下，他还能去认定孩子学业水平的提升吗？

由此可见，要把握好孩子学业水平的"变化情况"，只看分数是不够的，还要看名次。看总分名次也是不够的，还要看单科名次。看单科名次也是不够的，还要进行扣分点分析。若要再细说，进行扣分点分析也是不够的，还要考虑孩子考试时的一些"客在性原因"。若要再细说，在出错方面还有"暂时性问题"与"长久性问题"的区分，"记忆性问题"与"理解性问题"的区分等。

由此可见，看似很简单的对孩子学业水平"变化情况"的把握，其实要做好也是一件很不容易的事情。但即便很难，家长也要尽量去把这项工作做细，要尽量让自己的判定贴近孩子的实际情况。

如果有些家长缺乏这方面的分析能力怎么办？

有个简单的办法是：**多鼓励，少训责**。当看到孩子名次进步时，就夸孩子进步了。当看到孩子名次后退时，就说是正常波动，并依然信任孩子，鼓励孩子。这个看似"偏颇"的办法，对孩子的成长却是有益的。

【总说11】对部分"素质"概念的基本认知

● 对"心态"的基本认知

△ 关于"气势"

"气势"是一个人面对人或事时，由对自己"**应对能量**"的"**判**

定"而引发出来的"精气神儿"。

"气势"的高低可分为四个层面。

1. "从容"气势。

2. "平稳"气势。

3. "畏怯"气势。

4. "崩塌"气势。

当一个人认为自己有足够的"应对能量",可以很轻松地应对所面对的人或事时,他就有了"从容"的气势。

当一个人认为自己的"应对能量"还可以应对所面对的人或事时,他就有了"平稳"的气势。

当一个人认为自己的"应对能量"难以应对所面对的人或事时,他就会呈现"畏怯"的气势。

当一个人认为自己的"应对能量"根本无法应对所面对的人或事,并由此而感到前景渺茫时,他就会呈现"崩塌"的气势。

△ 影响对"应对能量"判定的"两种结论"

对"应对能量"的判定,主要由两种结论决定的。

1. "当下"的"认知结论"。

2. "心态"的"潜层结论"。

面对一个自己认为比自己弱很多的人,你当下的认知会做出一个"自己可以轻松应对"的结论,于是你就能呈现出从容的心理气势。但当你知道对方的身份比自己原来判定的要高很多之后,自己对自己应对能量的判定马上就改变了,于是,自己的心理气势马上变得不那么从容了。这就是"当下的认知结论"作用的结果。

根本不去对对方的情况进行具体的分析判定,心里就是莫名地觉得自己难以应对,并由此表现出畏怯的心理气势,这就是"心态的潜层结论"作用的结果。

当下的认知结论是个不稳定的因素,不能作为素质来讨论。

心态的潜层结论则是一个具有稳定特点的素质性因素,是培育工作要优化的几个重要素质之一。

△ "心态"是什么？

人们常说"某某心态好"或"某某心态不好"。那么"心态"到底是什么呢？

我说，**"心态"是一个人"内在"的具有"稳定性"特点的"心理气势"**。

心态构成了一个人的**"基础气势"**，是一个人气势的基础性成分。

而优化一个人的心态，就是在优化他的潜层结论，就是在完成对一个人基础气势的优化工作，就是让人能呈现一种**"平和"**的气势来面对人和事，既不盲目地自信，也不无名地胆怯；既不过高地评价自己，也不去不加分析地否定自己。

△ 心态的"形成"与"心态行为"的"不讲理性"

"心态"是由某种情绪**"隐隐"**地**"长时间"**地**"持续存在"**而形成的。

人产生某种情绪，在当初的时候，人的认知能清晰地意识到这种情绪的存在。但如果这种情绪持续很长时间的话，尽管这种情绪存在着，但人的认知对这种情绪的觉知度却降低了，甚至会觉知不到它的存在。在某种情绪持续存在而觉知度又很低的情况下，这种情绪及与这种情绪相关的认知结论就会逐渐摆脱思维层面的束缚，慢慢进入到一个不受思维管制的"深层层面"。这个过程，我把它叫作"沉淀"。

当**"某种情绪"**和与之相关的**"认知结论"**一起完全**"沉淀"**到**"深层层面"**的时候，与之相应的**"心态"**就形成了。

沉淀到深层层面的情绪叫**"潜层情绪"**。

沉淀到深层层面的结论叫**"潜层结论"**。

随着"沉淀"的完成，会出现两条**"直接通路"**。一是"感知情景"的神经核团与"潜层情绪"的神经核团之间的直接通路。二是"感知情景"的神经核团与"潜层结论"的神经核团之间的直接通路。有了这两条直接通路，人再感知到类似情景的时候，相关的信号刺激就会绕过认知层面，而直接激发"潜层情绪"和"潜层结论"的神经核团处于兴奋状态，这些处于兴奋状态的"潜层情绪"和"潜层结论"的神经核团又可以直接引发"决策思维"神经核团的兴奋，形成对行为的决策结论，并由此引发心态行为。

当感知情景的相关信息能绕过认知思维而引发心态行为的时候，这些行为就有了"不讲理性"。也就是说，不是讲道理就可以阻止这些行为产生的，因为引发这些行为的就不是认知层面的认知结论，而是心态的潜层结论。

应该说明：虽然这里的"沉淀理论"是一种推测，但它与心态的很多现象是比较吻合的。借助于这种推测，我们在制定优化心态的方案时，就有了思路，就有了依据，这对做好心态方面的优化工作是很有作用的。

△ 心态的"弥散性"

由于相关情景的感知信息在激发潜层情绪和潜层结论时，是不经过认知思维"审核"的，于是一些与相关情景仅有一些相似性的情景也能蒙混过关，来激发潜层情绪和潜层结论处于兴奋状态。这种情况就导致可以激发潜层情绪和潜层结论处于兴奋状态的情景一下子就扩大了很多，也就使心态有了更多的主导行为的机会，这就是心态的"弥散性"。

心态的弥散性使心态对人的行为有了更大的作用力。

△ "心态的"难以改变性"

心态是不能靠认知去改变的，因为它不受认知思维的控制，因为它不讲理，不是你认知到自己不应该有某种不良心态，你就能通过认识去纠正的。

改变心态的唯一办法是"**覆盖**"。即靠"与之相对情绪"的隐隐地长时间地持续存在，产生"与之相对的沉淀"，用这新的沉淀去覆盖原来的沉淀。当新沉淀的潜层情绪和潜层结论能覆盖掉原来的潜层情绪和潜层结论而主导人的行为时，心态的改变就完成了。

然而，在原有心态的淫威下，要去产生"与之相对的情绪"，并还要让这种情绪"持续存在"来发生"沉淀"，并还要让这种沉淀能"覆盖"原来的沉淀，那是一件多么艰难的事情啊！

【总说 11】对部分"素质"概念的基本认知

所以，心态具有"**难以改变性**"。

心态的难以改变性，也使让孩子形成恰当的初始心态具有特别重要的意义。而孩子的初始心态都是在小时候形成的，这也就使家庭培育工作显得越发重要了，这也是我把"呵护孩子情绪，防止不良心态"作为家庭培育工作"**第一要务**"的原因。

△ "先天素质"对心态的影响

心态的直接通路是后天形成的，但情绪方面的神经核团对情景反应的动能特征却是先天遗传的，这种动能特征对心态形成的影响力很大。先天对安全敏感的孩子，容易形成"不安全心态"。先天争胜心强的孩子，容易形成"不自信心态"。先天对群体占位敏感的孩子，容易形成"自卑心态"。先天心眼儿小的孩子，容易形成"失衡心态"。

因此，面对不同的孩子，在防止不良心态方面的工作难度是很不一样的。

● 对"习惯"的基本认知

△ 关于"习惯"

在林崇德等人主编的《心理学大辞典》中，对"习惯化"有很好的解释，说"习惯化"有两种含义。一是"个体在一定情境下因反复练习而自动化地执行某种固定的反应模式的过程"。我把在这个过程形成的习惯叫作"**程式习惯**"，又分为"**认知习惯**"和"**行为习惯**"。二是"有机体对与生命无关的重复性刺激的反应逐渐降低甚至消失的过程"。就像你在铁道边住时间长了，火车的声音对你的睡觉没有什么影响一样。我把在这个过程形成的习惯叫作"**适应习惯**"。

在对"程式习惯"的解释中，有两个词特重要，一个是"自动化"，一个是"固定的反应模式"。自动化是指它能在主体不经意的情况下，就驱动主体去进行某种反应活动。从这个意义上说，程式习惯就是一种不让脑子费劲儿就能引发某种反应的习惯。"固定的反应模式"则是由"固定通路"主导的反应模式。如果更准确一点说，应该是由"优势通路"主导的反应模式。因为"固定"的东西是无法改变的，而习惯却是可以改变的，虽然改变起来很难，但毕竟还是能改变的。

在对"适应习惯"的解释中，"与生命无关"这几个字很重要。如果是危及生命的情境刺激，则多次经历后，其反应强度不但不会降低，反而还会升高。是否危及生命，又与个体的感受体验有关，经历同样的情景，一些人会认为能危及生命，而另一些人则觉得不会危及生命。

心理学中还有一个词叫"去习惯化"，就是针对适应习惯来说的。去习惯化就是在主体对某种情景刺激已经适应而不怎么反应的时候，去想办法刺激主体，促使主体重新做出较强反应的过程，即，使有机体对某种刺激的敏感度有所恢复的过程。

除了"程式习惯"和"适应习惯"外，还有一种好感觉习惯。好感觉习惯是由多次获得的好感觉体验而形成的"**上瘾性习惯**"，比如饮食习惯、抽烟习惯、玩游戏习惯等。

"程式习惯""适应习惯""好感觉习惯"有一个共同的特点，都是反复经历后所形成的。所不同的是，"程式习惯""好感觉习惯"是由"优势通路"所主导的，而"适应习惯"则是由"感觉迟钝"所引发的。

△ 关于"行为习惯"的"改变"

一个人认识到自己的"行为习惯"不好，而要改变的时候靠什么？

靠认知的理性力所主导的实践经历。

在我思考行为习惯的形成与改变的时候，脑中常会出现这样的画面：一片广袤的荒原上，原本没有路。一个人准备从甲地到乙地，他有很多线路可以选择。当他沿着其中的某一条线路行走之后，就踩出了一条路。随着行走次数的增加，这条路就被踩得"又宽又平"，于是这条路就成了"好走"的"优势通路"。优势通路形成后，当他再由甲地去乙地的时候，就会不假思索地沿着这条好走的路向前走去。

而当他认识到"不应该走这条路"之后，他由甲地前往乙地，再处于路口的时候，认知所形成的理性力就像一名"警察"站在路口，不让他去走那条"又宽又平"的老路，而要求他走一条还处于"荒芜"状态的新路。这时，如果"警察"的能力弱，就会被"习惯"一把"推开"，他就依旧沿着"又宽又平"的老路前行，那习惯就无从改变了。如果"理性警察"的能力强，能顶住"习惯"的冲击，并迫使他沿着一条新的线路前行，那就存在着改变习惯的可能性了。如果能迫使他一次又一次地沿着新路行走，当新路被"踩"得也"又宽又平"，并且比那条逐渐荒芜的老路更好走的时候，新的习惯就养成了，改变不良习惯的工作就完成了。

习惯改变的过程，其实就是"理性力"一次又一次压制住"习惯性冲动"而主导行为的过程。

这个过程说起来容易，但如果真要运行起来，则也是比较困难的。一个人对走"老路"的恶果认识得越深刻，其"理性力"就会显得越强，"警察"的阻挡就会越有力量，改变习惯的可能性就会越大。

除了"理性力"改变习惯之外，"外力"也可以改变习惯。当"外力"强制性地把那条老路堵上，他就无法去走那条又宽又平的老路了，无奈之下，他也只好去走新路了。即使他不情愿走这条新路，但只要走得多了，也照样能把新路踩得"又宽又平"，照样会让这条新路变得比老路还好走，照样能完成对不良习惯的改变。比如，每天早晨有人强制性地不让你睡懒觉，而让你起来活动锻炼，坚持时间长了，你也照样能养成早晨活动锻炼的新习惯。

有人说改变行为习惯需要21天，也有人说让一个习惯稳定下来需要81天，其实这都只能是一个大致的说法，说明改变一个习惯需要较长的时间。而就某个人的某个习惯来说，到底需要多长时间才能改变，是由很多因素决定的，比如老路的"好走程度"，走新路的"频率"与"踩"的"强度"等，并不是某个简单的天数就能涵盖所有情况的。

△ 关于"上瘾性习惯"的"改变"

一个人改变"上瘾性习惯"靠什么？

靠这种不良习惯所引发的未来的"差感觉情景"的"闪烁强度"。

当这种未来的差感觉情景的闪烁强度，超过当下能获得的好感觉情景的闪烁强度，而占据主导地位的时候，你就有力量抗住当下好感觉情景的诱惑，而采取与之相对的反应行为。

除此之外，别无他法。

认知的理性力是无法直接引发与习惯相对的反应行为的，它只有通过强化与习惯相关的差感觉情景的闪烁强度，来促使人远离不良的习惯行为，而形成与习惯相对的反应行为。

"强化"的方式主要有两种。

1. 通过"情景感受"，来强化与习惯相关的差感觉情景的闪烁强度。

2. 通过"着意回顾"，来强化与习惯相关的差感觉情景的闪烁强度。

当"瘾"发作的时候，你能努力去做的主要就是"着意回顾"。把要用来满足"过瘾"的时间，转换成着意回顾差感觉情景的时间，以此阻挡不良习惯行为的发生。在连续多次这样的转换之后，这种不良习惯就有改变的可能了。

● 对"好感觉"的基本认知

△ 关于"好感觉"

人与其他动物相同的本能是"趋利避害"。

人与其他动物不同的是，在人的"趋利避害"的"利"中，不单指"物质之利"，也包含着"精神之利"。与物质之利的获取不同，很多精神之利的获取，不但不会让其他群体成员受损，甚至还会让其他群体成员受益，进而有利于整个群体的生存。

因此，从某种意义上说，人趋利是没错的，只要你在趋利的同时不伤害别人，就可以了。如果在趋利的同时，不仅不伤害别人，而且还能造福于他人的话，那你就是一个高尚的人了。

"利"的实质是什么？就是**好感觉**，也可以说成是**好感觉体验**。

"趋利"就是要获取好感觉体验的。

"避害"其实也是在获取好感觉，是获取避害后的安全感和安稳感方面的好感觉体验。

因此，"趋利"与"避害"都可以说成是要"**获取好感觉**"。

△ "好感觉"的"类型"

人的需求其实就是对好感觉的需求，没有哪个需求的满足是为了让自己难受。也可以说，获取好感觉就是需求的形象性说法。因此，好感觉的分类与很多书上谈的需求的分类也是很相似的，主要有六种。

1. 身体方面的"**舒适感**"。
2. 没有生存危机的"**安全感**"。
3. 生命活动的"**成功感**"。
4. 群体占位的"**超越感**"。
5. 人之间的"**关爱感和被关爱感**"。
6. 人生作用的"**价值感**"。

"舒适感"和"安全感"是基本生存层面的好感觉。由身体的感知和对自己生存处境的认知决定的。当他身体不感到失衡时，他就获得了舒适感。当他认为自己的生存没有危机的时候，他就获得了安全感。舒适感和安全感是"**基本层面**"的好感觉。

相对于基本层面的好感觉，成功感、超越感、关爱感和被关爱感、价值感则属于"**社会层面**"的好感觉。

当基本层面的好感觉被基本满足之后，人就要去关注社会层面的好感觉了，就像古人说的"仓廪实而知礼节"。

"成功感"是由人对自己活动成效的认知决定的。这种感觉看似是个体性的，其实是社会性的，因为人对自己是否成功的判定标准是以群体情况为参照的。

"超越感"是由人对自己"在所关注群体中的所关注方面的占位"的认知决定的。关注就是在意，只有实现在意群体中、在意方面的超越，自己才能获得超越感。当一个人过分追求超越感而不顾其他方面利益的时候，人们就把主导这种追求的意识叫"虚荣心"。但到底什么才算"过分"，其实也是因人而异的。

"关爱感和被关爱感"是由人对自己"施关爱"和"受关爱"的认知决定的。在施关爱或受关爱的状态下，人都是可以获取好感觉体验的。

"价值感"是由人对"自己对所关注群体的作用"的认知决定的。所关注的群体越大，其价值感也会越强，因此"为国家、为人类社会"做贡献，就会让人获得更强的价值感。

在这些由"认知"决定的感觉上，人的主观的标准是有差异的。主观的标准不同，感觉就不同，甚至是很大的不同。考入同一所大学的两个学生，很可能一个获得的是成功感，而另一个只有挫败感。同样的被别人关爱，一个从小被娇惯的孩子与一个从小缺失关爱的孩子所获得的被关爱感也肯定是不一样的。

△ 关于"好感觉构成"

我把印在脑中的好感受体验发生的情景叫"**好感觉情景**"。

我把脑中所有好感觉情景的集合叫"**好感觉构成**"。

人的好感觉构成是长时间积累的结果，具有一定的稳定性，因此也就具有了素质的特点。

除了由心态、习惯、外因引发的不自主的行为外，**人的自主性行为则全是由好感觉引发的**，这是人趋利本能的基本体现。

某种好感觉能否引发自主性行为，是由它在好感觉构成中的分量决定的。分量越大，它对人行为的主导力就越大。反之，则小。

当一个孩子的好感觉构成偏移时，必然会引发他在行为方面的偏移。

为了让孩子对与发展相关的主要活动有更好的关注，并在活动中有较好的动力，就需要让他具有相适应的好感觉构成，这种相适应的好感觉构成对主要活动来说，也就是恰当的好感觉构成。

培育工作的具体任务之一就是要让孩子具有"恰当的好感觉构成"。因为好感觉构成偏移的话，会直接影响孩子对主要活动的关注力，这对孩子的发展是十分不利的。

△ 家长要学会利用"好感觉"来分析孩子的行为

家长必须要清楚一点：主导孩子行为的主要是"好感觉体验的情景"，而不是"理"。"理"可以激发孩子去强化某种好感觉情景，但至于这种好感觉情景能不能主导行为，则由这种好感觉情景在好感觉构成中的分量决定的。若分量大，就能主导行为。若分量小，就不能主导行为。

在分析孩子的行为时同样如此，应从"好感觉"的角度和"趋利避害"的角度去分析。

为什么有些孩子对学校的那些不太重要的活动很有兴致，而对很重要的学习活动却没有兴致呢？原因很简单，因为他从那些不太重要的活动中获得了更多的好感觉体验。若要强化他对学习的兴致，在努力增强他在学习中的好感觉体验的同时，还要适当去减少他在不太重要的活动中的好感觉体验。

为什么家长明明是一片好心地向孩子说事情，可孩子却不由分说地就顶撞呢？原因很简单，因为孩子心里有"火气"，当他用顶撞的方式对待家长时，他心里会好受些。在这种"火气"的主导下，他根本不会去思考家长的说法是否正确。要想改变这一点，就要想办法让孩子的"火气"消下去，待孩子情绪平稳之后，再与孩子说事情。

已经给孩子讲得非常清楚，"不好好学习，对将来的发展会很不利"，可为什么孩子还是只知道贪玩呢？原因很简单，因为你说的"好好学习"促使孩子所形成的未来的好感觉情景还不足以吸引孩子，或者是你说的"不好好学习"促使孩子所形成的未来的差感觉情景还不足以震慑孩子。

为什么分明是对自己的前途很不利的事情，可孩子还是要去做呢？原因不外三点：一是被心态驱动，二是被习惯驱动，三是被"当下能获得的好感觉体验"驱动。心态是孩子"无法控制"的，习惯是孩子"难以控制"的，获得当下的好感觉体验是孩子"不愿控制"的，于是他就去做了。

这样说来，孩子那不讲道理的行为，岂不全成了情理之中的事情了？虽然这样说似乎有失偏颇，但事实就是这样的。

为什么很多人都真心地祝福群体的人，希望大家都好，但若真的同类的人都好起来超过自己的时候，自己心里又发酸了呢？原因很简单，因为伤害到自己在群体占位方面的好感觉了。这样说来，这看似"性本恶"的事情，其实也都是很自然的，也都是好感觉主导的结果。

人的处境不同、经历不同、心绪状态不同、追求层面不同，所以人对好感觉的需求也不同。如果你能考虑到这诸多的不同，贴近对方的实际，来推定对方对好感觉的需求，你就会比较容易理解对方的行为，很多不可思议的事情，在你眼里也就变得很自然了。

● 对"思路"的基本认知

△ 关于"思路"

"**思路**"**就是思维活动的具有"指向性"特点的"线路"**。思路决定人朝哪个方向去思考问题。朝哪个方向去思考，就会形成与那个方向相关的认知结论，就会促成与这些认知结论相应的决策，就会引发与这些决策相应的行为。因此，可以说"思路决定行为"。

如果孩子的思路正，他就会循着正的方向思考问题，做出正向的决策，进而引发正向的行为。如果孩子的思路偏了，他就会偏离健康发展的指向，而做出与健康发展有悖的事情。

在人的行动方面，"思路"分两个方面："决定干什么"的思路叫"**任务思路**"；"决定怎么干"的思路叫"**措施思路**"。不论哪种思路，对孩子的成长和发展都是非常重要的。

思路正，才能发展正。家长必须要从这样的高度，来重视对孩子思路的引导工作。

△ 关于"意识"

在本书中，意识主要有两种含义：一种是"他意识到自己的错误"中的"意识"，与"认识"的词义相近，是动词性的；另一种是安全意识、服务意识、责任意识中的"意识"，与"意念"的词义相近，是名词性的。

名词性的"意识"就是与"思路"紧密相关的素质性因素之一。简单地说，"意识"就是"意念"。具体点说，"意识"就是"**能在思维活动中起主导作用的主题性意念**"。

当人经常"不经意"地让某个意念在相关的思维活动起主导作用的时候，我们就说他有了这种意识。如果他在思考与安全有关联的事务时，能够"不经意"地围绕着"安全"这个主题去思考，那我们就说他具有了安全意识。如果他在思考与服务有关联的事务时，能够"不经意"地围绕着"服务"这个主题去思考，那我们就说他具有了服务意识。

我们培养孩子的某种意识，也就是要让这个意念能在相关联的思维活动中具有主题性的主导作用。

在人们思考问题的时候，头脑中会冒出很多意念。其中有些意念是临时产生的，不具有稳定性的特点，那它只能算是意念，而不能算是意识。只有那些具有稳定性的特点，且经常对思维活动有主导作用的意念，才是我们这里讨论的意识。

在孩子还小，观念还比较简单的时候，意识是影响他思路的主要因素。就算后来孩子长大了，观念也成了影响孩子思路的主要因素，意识对思路的影响作用也还是很大的。

很多基础性的意识都形成于孩子成长的早期，因此培养恰当的意识也成了早期家庭培育工作的重要任务之一。

△ 几种重要的"意识"

意识的类型很多，本书在讨论中涉及较多的意识有以下九种。

1. **适当放弃意识**。

2. **适当听话意识**。

3. **承受意识**。

4. **任务意识**。

5. **责任意识**。

6. **长大意识**。

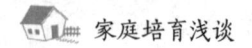

7. **上进意识**。

8. **趋正意识**。

9. **自主意识**。

这些意识都是一个孩子心理素质的重要组成部分，无论哪种意识不到位，都会对孩子的学习、工作、生活造成明显的影响。

△ 关于"观念"

"观念"是什么？**观念就是人对事物的基本看法**。

"观念"与"意识"有联系，又有区别。联系在于：意识能促成相关观念的形成，而观念也会使相关的意识得到强化。区别在于："意识"是一种简单的意念，不需要有具体的语言阐述，而"观念"则是一种需要有具体的表述性文字来表达的东西，也因此而具有更丰富的内涵。比如说"某人有教育意识"，就表达了一个完整的意思，不需要再解释什么。但如果说"某人有教育观念"，就需要把观念的内容说明一下，才能把意思表达清楚。

在本书中，虽然没有将"观念"单列出来专门讨论，但促使孩子形成恰当的观念，无疑也是思路引导工作的一个重要部分。

△ 关于"长远目标"

"目标"是人要努力获得的意愿性情景，或者是与意愿性情景密切相关的指标性东西。"长远目标"是人要努力获得的长远的意愿性情景，或者是与长远的意愿性情景密切相关的指标性东西。长远目标具有稳定性，因而也具有素质的特点。

人的长远目标是由发展思路促成的，但促成的长远目标又会对人的很多方面的思路产生很强的影响力。

长远目标不同，人想问题的思路也不同。

长远目标的层面不同，人想问题时的思路层面也会不同。

【总说 12】对部分 "活动" 概念的基本认知

● 关于 "活动"

△ "活动" 的 "定义"

我们常说的学习活动、交往活动、日常活动等，指的都是综合性的活动，而这一部分要讨论的 "活动"，不是这些综合的活动，而是比较具体的活动。

林崇德等人主编的《心理学大辞典》对 "反应" 的定义是："有机体对作用其上的某种刺激产生的任何内隐或外显的活动。" 显然，这里把 "反应" 说成是 "活动"。其实，也可以反过来，把 "活动" 说成是 "反应"。

我想，**活动就是能体现动物生命力存在的所有反应**。

一个人的素质好不好，表现在哪里呢？表现在他的活动状态上。

△ "活动" 的 "分类"

从上面的定义中可以看出，活动分为两大类，内隐的活动和外显的活动。内隐的活动主要指人们看不到的 "心理活动"，外显的活动指人们看得到的 "行为性活动"。

对心理活动，一般心理学书上又按活动过程，将它分为："知" "情" "义" 三个部分。"知" 为认知活动，即主体对外部世界的认知反应。"情" 为情绪活动，即主体对外部刺激的情绪反应。"义" 为形成行为决策的思维活动，也就是我们口语中说的 "盘算"。

心理的这三种活动，再加上外显性的 "行为"，"活动" 就可以分为以下四种。

1. 认知活动。

2. 情绪反应。

3. 决策性思维。

4. 外显行为。

当然，若细说，"活动" 还应包含 "身体的感受" 和 "植物神经的反应"。

● 对"认知活动"的基本认知

△ "认知活动"的"两种方式"

一般词典对"思维"的定义是：借助语言完成的心理活动，是人类所独有的心理特征。依认知学家皮亚杰的说法，孩子学会语言的时间一般是两岁左右，这也就是说，孩子"依赖于语言而进行的思维活动"也只能在两岁左右才出现。而在学会用语言进行思维之前，孩子大脑所完成的记忆、感知、联想等心理活动，只能算是"简单的认知活动"。相对于这简单的认知活动，运用语言的思维性认知活动就是"高级的认知活动"。

之所以要勉强地去区分这一点，是想告知家长，孩子在两岁之前，他只具有简单的认知能力，不具备语言性的思维能力。在孩子的这个阶段，培育工作的主要措施就只能是提供"情景"，而不是讲大量的道理，因为他没有语言性思维能力。那种想用"讲道理"代替"情景"来培育孩子的做法都是不恰当的。也许有些家长会说我给孩子讲道理的时候也有作用啊，但是这里起作用的常常不是你讲的道理，而是你讲道理时语气和神态的情景。

△ 关于"认知活动"与"决策性思维"

严格地说，所有的"思维活动"都属于"认知活动"，"决策性思维"也是认知活动的一种，它就是对"如何行为"的一种认知。但是为了讨论方便，我将属于"认识世界"的思维叫"认知活动"，而将"改造世界"的思维叫"决策性思维"，这才有了上面的并立。

● 对"情绪反应"的基本认知

"情绪"是人们平时很常用的一个词，但要给作为三大心理活动之一的"情绪"下个定义，绝非易事。在很多的定义中，我倾向于把"情绪"与"需求的满足状态"相联系的定义，即，**情绪就是主体对"客观情况"和"自身需求"两者之间关系状态的感受体验**。这样的"情绪"内涵与我们平时说的"情绪"相差较远,倒与我们平时说的"感受"词义较近,于是本书中常把"情绪"与"感受"合在一起,说成"情绪感受"。

当客观情况满足主体需求的时候,主体在情绪方面获得的是一种好的感受体验,就是前面说的"**好感觉**"或"**好感觉体验**"。当客观情况逆违主体需求的时候,主体在情绪方面获得的是一种不好的感受体验,我把它叫作"**差感觉**"或"**差感觉体验**"。顾名思义,"感觉"就是"对感受的觉知",而这里主要指"对情绪感受的觉知"。

在人的脑部,有专门负责情绪反应的神经核团,且不同类型的情绪又与不同的神经核团相应。当负责某种情绪反应的神经核团因刺激而处于兴奋状态时,人就出现了某种情绪反应。这就像人给猫的杏仁核通上小电流后,猫就会立刻表现出惊恐一样。

由于人与人之间在神经核团的敏感性(反应阈值)和动力强度方面存在着差异,所以即使接受同样的刺激,人们的情绪反应也是不同的,甚至是很大的不同,这就是先天性格的不同,也叫气质的不同。

由此看来,情绪这个看似非常心理的东西,其实也是由很多生理性的东西控制着的。现实就是这样,就像人也是动物一样,你无法改变这个事实。

为什么要有专门的情绪神经核团来引发情绪反应呢?为什么情绪反应还要通过影响决策性思维来影响人的行为活动呢?说白了,都是人生存的需要,都是落实"趋利避害"基本生存法则的需要。如果面对"利"与"害"的情景没能产生相应的情绪,没能产生相应的行为反应,那人这种动物还何以能生存到现在呢?

● 对"决策性思维"的基本认知

△ "决策性思维"与"认知活动""情绪反应"的关系

"决策性思维"是由"认知结论"和"情绪感受"引发的自己要"如何行动"的思维活动。

在人进行决策性思维的时候,常常会出现两个"自我"打架的情况。其中一个叫"**感性自我**",是由当下的情绪感受所主导的自我。另一个叫"**理性自我**",是由对利害得失冷静分析后的认知结论所主导的自我。当理性自我与感性自我不一致时,就会出现"打架"的情况。

"**感性自我**"表达的是:"**想干什么**"。

"**理性自我**"表达的是:"**该干什么**"。

"**决策性思维**"表达的是:"**要干什么**"。

三个"干什么"较好地体现了两个自我的特点和决策性思维的决策性特点。

当然,"决策性思维"不仅要决策"干什么",还要决策"怎么干",两者都属于盘算的内容。

△ 关于"理性"

我们平时会说,"某人很理性"或"某人不理性"。那么,理性指的是什么呢?其实,表现为理性的人,就是在决策性思维中,理性的自我占上风的人。而表现为不理性的人,就是在决策性思维中,感性的自我占上风的人。人都有理性和感性的时候,只是两者的比例与呈现的情况有所不同罢了。

那么,是什么决定着由哪个自我占上风呢?

主要是两种自我指向上的"感觉情景"的"闪烁强度"。

1. 理性自我指向上的"未来感受情景"的"闪烁强度"。

2. 感性自我指向上的"当下感受情景"的"闪烁强度"。

在这里,我把神经核团的"兴奋强度"说成是"闪烁强度",意在强调它像变化着的亮光一样,在吸引着人的思维关注力。

"闪烁强度"的大小决定着两个自我在争斗时势力的大小。哪个势力大,哪个就在决策性思维中占据主导的地位。当理性指向上的感觉情景的闪烁强度强的时候,它就占主导地位,这时人就显得理性些。否则,就不那么理性。

这样说来,好像没有了理性力的作用,全是两个闪烁状态的事情了,其实也不是这样的。理性力还是有作用的,只不过它的作用不直接影响决策性思维,而是通过对理性指向上的感受情景的闪烁强度的强化来发挥作用的,而最终决定决策性思维何去何从的是闪烁强度的对比情况,而不是理性力的大小。

比如,当一个人由于烟瘾发作而面临吸烟或不吸烟的抉择时,并不是只要明白吸烟有害健康的人,都会做出理性抉择的,而是由吸烟所产生的当下的好感觉情景的闪烁强度与吸烟会引发的未来的差感觉情景的闪烁强度之间的较量决定的。如果让一个吸烟的人多去医院看看他的同事或亲友因吸烟而处于痛苦中的情景,那么他因吸烟会引发的未来的差感觉情景的闪烁强度肯定会加大,这也肯定会促使他在抉择的时候更倾向于理性的一面,这比通过讲道理来让他做出理性的抉择,效果要好得多。

再比如,让那些吸毒的人戒毒,为什么难度那么大?并不是那些人不懂得吸毒的危害,而是吸毒时所带来的当下的好感觉情景的闪烁强度实在太大了。如果不从客观条件上加以严格的限制,仅靠一个人的理性力,仅靠理性力所强化的吸毒后的危害性情景的闪烁强度,那是无法让他采取戒毒行为的。

● 关于"心绪活动"与"心绪状态"

四种活动之间是相互作用、相互影响的。它们的相互作用,有一条推进线。这条推进线分四步。

第一步:由情景信息的刺激,激发认知活动和情绪反应。

第二步:由认知活动的认知结论和情绪反应的情绪状态,引发决策性思维。

第三步:由决策性思维的思维结论,引发行为的发生。

第四步:行为发生后所产生的情景信息,再去激发人的认知活动和情绪反应。

第一步中的认知活动与情绪活动之间也是相互作用的,且作用的方向会在两者之间进行多次切换,一会儿是认知结论影响情绪反应,一会儿又是情绪状态影响认知指向。就某一时间来说,很难分清到底是谁在主导、谁在影响谁，因此为了方便讨论，我把认知活动和情绪活动合称为"**心绪活动**"，那么它们合在一起的状态也就叫"心绪活动状态"，简称为"**心绪状态**"。

心绪活动占了四大活动中的两大活动，并且是两大起始性活动，所以心绪状态在人的整体活动中是至关重要的。

培育孩子好的心理素质用来做什么？就是用来优化孩子的心绪状态。而一个孩子的心绪状态也基本上反映着他的心理素质状态。

一个人心绪活动的内容简单说是两方面。

1. 想些什么。

2. 感受些什么。

搞清楚孩子的这两点是家长贴近孩子的关键。

理解孩子具体是理解什么呢？其实就是去了解、明白孩子的心绪活动的，就是去明白孩子在想些什么、感受些什么。如果一个家长不明白孩子在想些什么、感受些什么，却说自己理解孩子，那就是胡扯。

【总说13】对部分"情景"概念的基本认知

● 关于"情景"

△ "情景"是什么？

情景就是感官能感觉到的具体情况。

这些具体情况，可以是外部世界的，如山、河、树、鸟等，也可以是主体自身的，如热、冷、头晕、肚痛等，可以是事物的静态情况，也可以是事物的动态情况。

情景有两种含义，一种是客在的情景，另一种是主体感受后留在脑中的印象性情景。在本书中，情景大多指脑中的印象性情景。

什么叫"印象"？印象就是人对某种情况感受后留在脑中的痕迹。为了强调"痕迹"的特点，我常把"印象"说成是"**印痕**"。

客在的情况并不是人都能感觉到的，如电磁波、红外线、紫外线。而不同的人由于感受力的不同，对同一客在情况的感受也是不同的。即便同一个人，由于此时与彼时关注点的不同，对同一客在情况的感受也不同。因此，"印痕"的情景具有一定的个体性特点，与客在的情景有较大的区别。

与印痕关联的词语是"**记忆**"。记忆分两个环节："记"的环节和"忆"的环节，"记"就是"印痕"的过程，"忆"就是"显痕"的过程。如果"忆"的时候，没有找到相应的通道来传递脉冲信号，或者传递过去的信号比较弱，无法让"印痕"的神经核团处于兴奋状态，那就"忆"不起来了，或者叫"显"不出来了。

△ "情景"的"分类"

情景有很多种，与培育工作关系密切的情景有下面四种。

1. 一般的"**认知情景**"。
2. 语言方面的"**语音情景**"和"**语义情景**"。
3. 孩子做事时的"**效应情景**"。
4. 对孩子的初始行为有很大主导力的"**可模仿情景**"。

后面的几种情景也都是认知情景，只是它们不是一般的认知情景，而是具有某种特点的认知情景。

● 对"认知情景"的基本认知

△ "情景"是一切"认知"的"基础"

人脑如同电脑，都是加工信息的"设备"。电脑加工的是"数据信息"，人脑加工的是"情景信息"。没有信息，就谈不上加工，就不会有产品。信息不同，所加工的产品也不同。

所以，"情景"是一切"认知"的基础。

什么叫"概念"？概念就是把众多情景中的某个共性特点概括起来，用一个词语代表之。

什么叫"理解概念"？理解概念就是把某个词语与它所概括的某类情景中的某个特点联系起来。如果你没有将某个词语与情景中某个

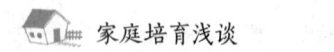

特点直接或间接地联系起来，那你就不可能真正地理解这个词语。

因此，情景不仅是词语的产生之源，情景也是对词语的理解之本。

人的认知离开情景，就像电脑离开数据一样，离开了就无法"工作"了。

△ 关于"认知情景框架"

人脑中所有认知材料的集合，叫"**认知框架**"。

认知框架就像一个大仓库，存放着一个人可以用来进行认知加工的各种材料。认知框架也像一座图书馆，存放着一个人可以用来"阅读"的各种"图书资料"。

认知框架主要由"情景框架""结论框架"两个部分构成。情景框架又叫"认知情景框架"，是认知框架中的基础部分。结论框架是认知活动的产物，它源于人们的情景框架，但比情景框架又更具有理性的特点。

认知情景框架水平的高低取决于两点：一是所印痕情景的"恰当性"，二是所印痕情景的"完备性"。

家长要想让孩子有较好的认知活动，重要前提之一就是让孩子构建出较好的认知情景框架，就要从恰当性和完备性两个方面做好孩子情景框架的优化工作。在孩子小的时候，这项工作尤为重要。

为此，家长必须要清楚两点。

1. 哪些情景对孩子是有用的，要让孩子去印痕；哪些情景对孩子是有害的，不能让孩子去印痕。

2. 怎样才能让那些对孩子有用的情景印痕得更完备些？

当孩子审定能力很弱的时候，当孩子以为"存在就是合理"的时候，家长更要加强"让孩子印痕恰当情景"的意识。孩子自己没有能力把这个关，家长就要替他把好这个关。

△ "认知情景"与"文化"

如果从情景方面为"文化"下个定义的话，我要说："在某个群体中，能对较多人的认知产生影响的具有群体特点的情景，就是这个群体的文化。"从这个意义上说，"文化"的内在就是情景。

一个群体对其成员的文化熏陶，主要就是通过群体成员对情景的印痕来实现的。看到大家都不随地吐痰，他也不随地吐痰；看到大家过马路都不闯红灯，他也不闯红灯；这就是文化熏陶。看到家里的哥哥姐姐都考上了大学，他也要去考大学，这就是家庭群体的文化熏陶。看到大家为国家做贡献，他也要去为国家做贡献，这就是国家群体的文化熏陶。

由此可见，一个群体的文化建设也主要由让大家印痕对群体有利的情景来完成的。一个群体文化建设的好坏，关键就看负责群体文化建设的人，通过自己的多种手段和方式，让群体成员印痕了什么样的情景。做好这些情景被成员印痕后的效应分析，就是判定群体文化建设工作成效的关键。

● 对"语音情景"和"语义情景"的基本认知

孩子学说话，是先把别人说话时的语音情景与语义情景联系起来，明白语音中所包含的语义，然后通过模仿说话者的发音情景，发出要表达某种意思的声音。

小孩子通过语音情景与语义情景的联系，来明白大人话语的意思，这还是能让人理解的，但小孩子是怎样搞明白复杂的语法关系，把词语恰当地组合起来表达自己的意思呢？却是让人很难理解的。这肯定与先天的某种机能有关，但这是什么样的一种机能，它又是在怎样运转，却搞不明白。面对孩子的这种先天的学习语言的神奇能力，大人是不能用常规的教法来教孩子学习说话的。大人能做的就是为孩子提供足够的语音情景和语义情景，然后让孩子通过消化这些材料来自己学会说话。

因此，孩子的说话能力虽然非常重要，但只要家长多与孩子说话，多向孩子提供语音情景和语义情景就没有问题了。社会发展到今天，在正常生活环境中成长的孩子，他所获得的语音情景和语义情景，对让他正常说话来说，都是够用的。因此，本书就没有对说话能力进行专门的讨论。

至于有些孩子说话晚，可能是孩子先天的语言整合能力还没有发育到位，也可能是口腔发音器官发育晚，与后天的环境关系不大，除非孩子生活在一个封闭、不正常的生活环境中。

● 对"效应情景"的基本认知

大人要做某件事情时，会通过对这件事情结果的分析判定，来决定是"为之"，还是"不为"。

而当孩子还不具备这种推定能力的时候，他常常是通过简单的情景联想，来决定这件事情是"为之"还是"不为"。在他回忆以前做这类事情的情景时，如果联想到的是成功性情景，他就去"为之"，如果联想到的是受挫性情景，他就"不为"。这些影响"孩子今后会怎么做"的成功性情景和受挫性情景，就是"**效应情景**"。

由此可以得出下面的结论。

1. 如果你"**想鼓励孩子做某类事情**"，那你就为他提供"**成功性效应情景**"。

2. 如果你"**不想让孩子做某类事情**"，那你就为他提供"**受挫性效应情景**"。

家长一定要清楚地知道：孩子是依据这些"效应情景"来判定事情是否可行的，而不是依据大人给他讲的道理来判定这件事情是否可行。

马戏团里驯兽靠的是什么？不就是效应情景吗？做对的时候给吃的，做不对的时候挨鞭子。久而久之，这些动物就"知道"了什么事情"可为"，什么事情"不可为"。你若在它做不对的时候也给吃的，它还能"知道"什么事情"可为"，什么事情"不可为"吗？这样的类比好像把人类给贬低了，但其实人也是动物，甚至在有些方面，人未必就比其他动物高明。

道理似乎很简单，然而在现实中，很多家长的做法却是与之相悖的。当孩子哭闹着要家长满足他的某个要求的时候，家长一方面不希望这样的事情再发生，但另一方面，却满足着孩子的要求，为他提供了成功性效应情景。这不是南辕北辙吗？

有些家长在为孩子提供这些成功性效应情景的时候，还认认真真地给孩子"讲道理"，企图通过讲道理来阻止这类事情的再次发生，这不是自欺欺人吗？对理性力还很弱的孩子来说，道理的作用力能与效应情景的作用力相抗衡吗？

"管教"是培育孩子的一个重要方面。管教靠什么？就是靠向孩子提供"受挫性效应情景"来实现的。离开受挫性效应情景，管教就是一句空话。

● 对"可模仿情景"的基本认知

孩子小的时候，在某种活动的初始阶段，"可模仿情景"是引导孩子如何行为的主要因素。

"近朱者赤，近墨者黑"的现象，在缺乏辨别力的孩子身上，表现得尤为明显，这都是"可模仿情景"作用的结果。

因此，让孩子形成恰当的"可模仿情景框架"，对孩子的初始性活动来说，有着特别重要的意义。家长必须要十分重视可模仿情景框架的优化工作。

孟母三迁是干什么的？就是来优化孩子的可模仿情景框架的。

优化孩子可模仿情景框架工作的关键就是"择群而处"，让孩子与那些对其行为有好的引导作用的人相处。

为此，家长必须要随时关注两点。

1. 自家孩子正在与哪些孩子相处？
2. 这些孩子的活动情景是否会对自家孩子产生负引导的作用？

当发现有负引导情景存在的时候，家长就要去进行一番权衡性思考。如果自家孩子与之相处弊大于利时，就要选择离开，当躲则躲，当迁则迁，当转则转。

家长切不可怕费事儿而影响孩子可模仿情景框架的优化。家长切不可为了照顾亲友的面子，而让自家的孩子与他们家的孩子厮混在一起。要清楚，大人的面子事小，对孩子初始行为的影响事大。

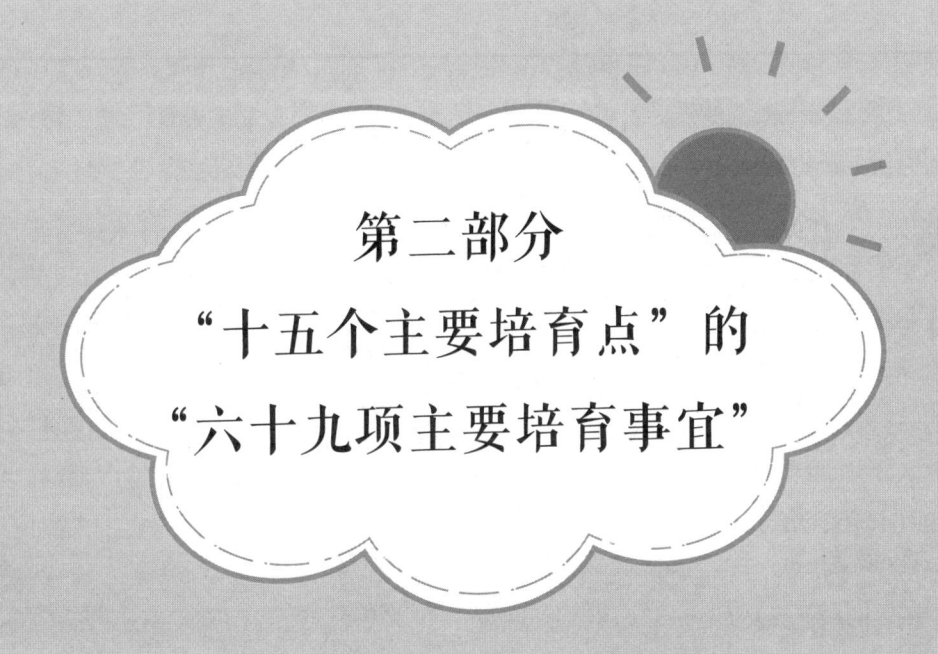

第二部分
"十五个主要培育点"的"六十九项主要培育事宜"

△ 关于本部分的讨论顺序

第一部分中的表1是以"五大方式"为纲,来列举"十五个主要培育点"的,它较好地体现了各"培育点"与"培育方式"之间的联系。

在第二部分的讨论中,把顺序进行了个别调整,将十五个培育点分为六块。

一、"心态"块

1. 防止"不安全心态"。

2. 防止"不自信心态"。

3. 防止"自卑心态"和"失衡心态"。

二、"管教"块

4. 管教出"适当放弃意识"。

5. 管教出"适当听话意识"。

三、"踏实认真状态"块

6. 培养"承受能力"。

7. 培养"任务意识"和"责任意识"。

8. 培养"踏实认真习惯"。

四、"发展谋划"块

9. 引导"正向思路"。

10. 引导"宏观发展思路"。

11. 培养"自主谋划能力"。

五、"促进学习"块

12. 优化"学习动力"。

13. 优化"学习方法"。

14. 优化"学习条件"。

六、"应对思路"块

15. 引导"应对思路"。

【培育点1】"防止不安全心态"的"主要培育事宜"

——提供安全感，让孩子"不担忧"！

● **基本认知**

"不安全心态"会让一个人为他本不该感到危机的处境而担忧、害怕、恐惧，甚至寝食难安，难以正常地学习、工作和生活。因此说，不安全心态是让孩子获得幸福和快乐的大敌。

不安全心态是由对处境安全方面的"危机情绪"的"长时间持续"引发的。

防止不安全心态的关键点：**防止孩子出现"安全感危机"**。

● **事宜1 妈妈要"多陪伴孩子"**

△ 如有可能，妈妈最好能在家陪伴孩子两三年

由于妈妈怀孕、哺乳时与孩子的亲密接触，以及妈妈特有的母性关爱，使孩子对妈妈有一种特殊的依恋感。让孩子较多地获得这种依恋感的满足，对孩子在初始阶段获得安全感十分重要。

我非常不赞同妈妈为了多挣钱匆匆上班而不在家陪伴孩子的做法。如果妈妈是公职人员，肩负着重要的社会责任，或者涉及一个比较难得的就业岗位的存留问题，那可以另当别论。但如果是再换个地方对就业也不会有太大影响的话，那我建议就辞掉工作，在家陪孩子两三年。要知道，让孩子的安全感不缺失，比多挣几个钱，重要太多了。

我更不赞同那种为了自己轻松，而让老人看管孩子的做法。老人看管孩子涉及两个问题：一是安全感缺失的问题。别看老人对孩子也非常好，但孩子对妈妈的那种内在依恋，是其他任何人都无法代替的。二是老人"隔代亲"对孩子的杀伤力。若让老人把孩子宠溺定型之后，父母再去扭转，那就太难太难了。我经常对这样一些图清闲的

年轻人说:"你现在省一份劲儿所造成的损失,是你将来用几倍的劲儿都难以挽回的。"

△ 如果妈妈必须要上班,那要"尽量缩短与孩子见面的时间间隔"

心态的形成是不良情绪的"持续存在"引发的,若能让孩子的不良情绪持续的时间短一些,无疑会有效防止不良心态的形成。

如果中午妈妈能见到孩子,陪伴孩子一会儿,那孩子下午的情绪比中午见不到妈妈时要好很多。

如果白天妈妈不能见到孩子,那晚上回去一定要多陪孩子一段时间。要尽量避免那种整天见不到孩子的情况出现。

如果妈妈晚上加班,那也尽量在孩子入睡前赶到家,与孩子亲密一会儿,让孩子那不安情绪刹住车。让一个年幼的孩子怀着不安情绪入睡,那是一种很可怕的情况,似乎入睡时萦绕在孩子心头的情绪更容易发生沉淀一样。

● 事宜2　防止"陌生人"给孩子带来安全感危机

在孩子小的时候,不能让他独自与比较陌生的人相处,否则必然会让孩子的安全感受到威胁,尤其是比较长时间地相处。

有一次我去一个亲戚家,进门时看到他家一岁多的孩子独坐在客厅里的一个玩垫上,虽然没有哭,但眼睛看着门口,一副失神落寞什么都没心思干的样子。当时家里只有孩子和一个保姆,保姆正在忙其他事情。我与这孩子比较熟,看到孩子这个样子,就马上放下东西,去陪孩子。过了十来分钟,孩子才从那种落寞的情绪中缓过劲来,恢复平时与我共处时的样子。

事后,我了解到是他们刚刚换了一个保姆。于是我郑重地向他爸爸妈妈说了我的几点意见。

其一,要清楚保姆市场的现实情况。不能对保姆太挑剔,不能觉得保姆有一点不合要求的地方,就要去换保姆。

其二,即便能更换到一个比较能干的保姆,也要认真权衡。一方面是新保姆带来的生活上的方便,另一方面是孩子与新保姆初始相处时对孩子安全感方面造成的影响，权衡孰重孰轻之后，才能决定是否更换，并不是只要新保姆比原来的保姆能干些，就一定要换的。

其三，如果家里要来新的看管人，无论是保姆，还是家里的老人，都要有一个过渡交接期。不是新的看管人一到，就马上让她独自看管孩子。而应该要等到孩子对她产生了一定的信任感之后，才能让孩子独自与她相处。这个过渡交接期至少需要十天时间。

后来，他的爸爸妈妈注意了这些问题，情况有了较大的改变。

● 事宜3　防止"陌生环境"给孩子带来安全感危机

△ 带孩子去新环境时，要注意孩子的情绪状态

孩子几个月大的时候，感觉方面的神经结构正在迅速的发育中，这时候带孩子到外面走走，让不同的色彩、不同的形状、不同的动态画面来刺激孩子的感官，非常必要。但是，要注意两点。

其一，当孩子进入一个新的环境时，要由他熟悉的人抱着，让孩子在一个能感到安全的怀抱中，去迎接外界的新刺激。

其二，要注意观察孩子的神态。如果孩子处于轻松和高兴的状态，那就可以继续在这个环境中让孩子感受新刺激。如果孩子的眉头微皱，那就是孩子感受到不良刺激了，就应该马上离开这个地方。你很难搞清楚到底是什么东西让这几个月大的孩子感到不安的，唯有离开才是最简捷的缓解孩子情绪压力的办法。

△ 要顺应孩子对环境秩序感的要求

孩子在环境方面的秩序是什么？是一种"**情景模式**"。

孩子小的时候，对东西摆放的多样性还缺乏认知。当孩子第一次把周围物体摆放的位置印痕在大脑中的时候，他就产生"就是这样"的意念，于是"首刻"的"情景模式"就产生了。当东西的摆放不合孩子心里的那个情景模式的时候，他就会有一种身临"不正常的""陌生的"环境的感觉，这种感觉会对孩子的安全感造成一定影响。因此，家长在孩子出生后的几个月中，尽量不要调整房间的摆设，让物品的摆放位置保持大致的不变。要等孩子对物体的"可变动

性"有了一定的认知之后，再去变动房间的摆设。

不光对物体的摆放有秩序感，对做事情的程序和方式也会有秩序感。蒙特梭利的书上说到一件事情，说是当一个新保姆为孩子洗澡的时候，她很严格地按照原来保姆的做法操作，可是，孩子就是哭闹着不让洗。反复几次，都是这样。没办法，就请原来的保姆来看看问题出在了哪里。原来的保姆来后发现，程序都一样，只是在洗的时候让孩子头枕的胳膊与原来保姆的左右不一样。新保姆调换下胳膊，孩子马上就不哭闹了。这件事情很典型地说明孩子对做事程序和方式的秩序感。

当孩子处于他认定的秩序中的时候，就会产生一种安全感。而当他处于自己觉得有些混乱的秩序中的时候，就会产生一种不安全感。孩子的这种不安全感，有时是大人容易觉察到的，但有时是很难觉察到的，因此家长必须要特别留心才可以。

△ 要恰当地确定与孩子的分床时间

我不赞成过早地与孩子分床。

有些家长在孩子一出生就与孩子分床睡，这固然容易养成孩子独自睡觉的习惯，自然不会发生因分床而哭闹的情景，但家长却忽略了孩子会因此而产生的安全感问题。

也有人说，分床是为了培养孩子的个性和自立性，我很不赞同这种说法。因为孩子的个性与自立性不是通过安全感的缺失来培养的，恰恰相反，获得安全感是孩子个性与自立性很重要的内在支撑，安全感越充足，孩子越容易彰显出个性和自立的特点。

但是，如果孩子到了五六岁之后还没有分床的话，大人一定要安排好两人的夫妻生活，如果让稍懂人事的孩子对父母的活动有所觉察并心存疑虑的话，那就得不偿失了。

在这件事情的处理上，与孩子对大人依恋感的强弱有很大的关系。依恋感弱的孩子可以早一点分床，而依恋感强的孩子就要晚些分床。

我的小女儿小时候睡觉喜欢抢腿，两条腿抢来抢去的，左边抢到妈妈身上，右边抢到我身上。开始的时候，我不理解，觉得挺麻烦的，她不停地把被子蹬开，我们得不断地给她盖。后来我明白了，这是孩子依恋感强，或者说是对安全感的敏感性强的表现。她用脚和腿感受到爸妈在身边，才会有安全感，才会睡得更踏实。明白了之后，再去给孩子盖被子的时候，也就不再觉得烦了。对这样的孩子，你如果强行过早地分床，势必会让孩子的安全感产生危机。

△ 关于孩子对"依恋物"的需求

我们把一些能让孩子情绪平稳的物品叫孩子的依恋物。

当孩子会用手抓东西的时候，他对依恋物的需求就会很明显地显露出来。特别是睡觉的时候，有些孩子手里抓个东西才能更好地入睡。

不同的孩子对依恋物的需求是不同的，这些不同不仅表现在所需物品上，也表现在需求强度上。需求强度的大小与孩子对安全感的敏感强度有关，对安全感的敏感度越大，对依恋物的需求强度也就越大。有一个孩子刚开始是用手指勾住妈妈的上衣领口才睡觉，后来动作能力强了，用手抓着妈妈的衣领睡觉，再后来是抓一块布睡觉，再再后来变成抓着一块餐巾纸睡觉，这种抓纸睡觉的情况一直持续到四岁多。

不但孩子睡觉的时候需要依恋物，有些孩子离开家去新环境的时候，也喜欢带个自己熟悉的东西在身边，有这些熟悉东西的陪伴，会让孩子的情绪更安稳些。家长要注意满足孩子这些方面的需求，不要因为携带不方便而拒绝孩子。

有些孩子在稍大些之后，当家长训斥他的时候，他会去抱一个玩具，这也是孩子想通过依恋物，来缓解因安全感出现危机而引发的紧张情绪。家长这时不要阻止孩子的这种行为，要清楚这对孩子是有好处的。如果认为孩子抱个玩具，会分散精力，影响对家长所说问题的思考，那就错了。孩子心绪平稳了，才能以更好的状态去思考家长提出的问题。

● 事宜4　防止"被遗弃感"给孩子带来安全感危机

△ **管教孩子时，决不能用远离孩子的话去"恐吓"孩子**

在管教孩子的时候，最最有害的做法是用自己要远离孩子的话语来恐吓孩子。

不是说恐吓没有管教的效果，但此之得而彼之失也，明之得而暗之失也，近之得而远之失也，并且可以说这里的"失"绝对远大于"得"。因此，恐吓是一种顾此失彼的做法，是一种得不偿失的做法，是一种缺乏整体素质意识的做法，是一种非常不可取的做法！

在管教孩子时，不仅不能恐吓，而且还要用安抚的话语来防止孩子出现安全感危机。安抚的办法有两种：一是训罚过程中的解说。比如，面对那些特别难管的孩子，你也许会行使一些惩罚性的措施，但在你行使这些惩罚措施的时候，可以这样说："爸爸很爱你，也很心疼你，也不愿意这样对待你，但你硬这样不听话，爸爸实在没办法，才这样的。"二是事情结束后，及时地肯定孩子，及时地表达对孩子的情感。比如可以这样说："你真的很懂事，能这样承认自己的不对是很不简单的，爸爸妈妈都是爱你的。"话不见得多，但态度要明确地表达出来。这些话会让孩子觉得爸妈没有远离他，会有效地避免或减小孩子安全方面的危机感。

△ **不能因为妈妈过多地照顾弟弟或妹妹，而让大的孩子感到妈妈远离了他**

当家里不止一个孩子，且两个孩子的年龄差别不大的时候，就会由于妈妈较多地照顾年龄小的孩子，而让年龄大的孩子产生妈妈远离自己的感觉。两个孩子的年龄差距越小，这种感觉就会越明显。

孩子小时候，对妈妈会有一种特殊的依恋感，获得这种依恋感，对孩子的安全感具有很强的支撑作用。可是，随着弟弟或妹妹的出生，原来属于妈妈陪伴自己的时间，现在都去照顾别人了，这种实实在在的远离，对孩子安全感方面的影响也是很实在的。

完全避免这种影响几乎是不可能的，但妈妈如果能清楚地意识到这个问题，在照顾年龄小的孩子的同时，也尽量多些时间去亲昵年龄大的孩子，让大的孩子感到妈妈对他的亲乎劲儿还在，这会大大减少对大孩子安全感方面的不良影响。

如果妈妈只顾忙于照顾小的，把大的孩子完全交与别人陪伴，很少与大孩子有较长时间的亲密相处，甚至晚上也不与大的孩子睡在一起，那对大孩子安全感方面的影响将是巨大的。

当大的孩子对妈妈的行为明显表示出不满的时候，如果妈妈不但不去体谅大孩子那种被远离的感受，反而责怪大的孩子不知道体谅大人的忙碌、不懂得要照顾弟弟妹妹的道理，则对大孩子的伤害就更加严重了。

△ 家长要不烦其烦地表达对孩子的"爱"

孩子有没有安全感，主要来自孩子对亲子关系的"感觉"。如果能让孩子感觉到家人是爱他的，是贴近他的，是可以让他凭靠的，他就会有更好的安全感。

家长不但要用爱的行为，来促使孩子产生被爱的感觉，而且还要靠语言的表达，来促使孩子产生被爱的感觉。家长的说与不说，给孩子的感觉是很不同的。因此，家长一定要不厌其烦地经常明确说"我们爱你""我们喜欢你"，或"爸爸爱你""妈妈爱你"之类的话。

为了更好地表达爱意，家长还要注意两点。

其一，当孩子的状态不好的时候，父母要调整好自己的认知思路。如果父母紧紧围绕着孩子的当下表现去思考，那父母想说"爱之"就不容易了。如果父母能从深层上去分析孩子表现不好的原因，并认识到要么是父母没有遗传好，要么是父母没有培育好，要么两者都不好，那就会觉得当孩子表现不好的时候，不是孩子亏欠了自己，而是自己亏欠了孩子。既然自己亏欠了孩子，那自己就要想法补偿给孩子，理所当然地就要多给孩子些关爱了。这样想来，再说"爱之"就不那么难了。

其二，要选择恰当的时间来表达"爱之"。这里的恰当时间主要指孩子能比较平静地听你说话的时候。如果孩子正为某件事情而烦躁的时候，或者正对你产生着逆反情绪的时候，那你怎么说爱之，孩子也不会有多大的感受。在这里有一个时间点很巧妙，那就是孩子要入睡的时候。在孩子入睡时家长真诚地向孩子表示自己对孩子的爱与喜欢，让一种幸福感和安全感伴随孩子进入梦乡，对避免孩子安全感的缺失有明显的效果。

△ **要正确对待孩子的"粘人"**

孩子的"粘人"，有时是孩子对依恋关系感到担心的表现。

粘人的情况有两种：一是往大人的身上依偎，想通过大人对他的亲近，让他感到依恋关系的存在。二是向大人提出一些要求，想通过大人对他要求的满足，让他感到依恋关系的存在。

因此，当孩子提出一些明显不合理的要求时，家长要分辨清楚：是孩子任性的表现，还是孩子想证实依恋关系的表现。不能一遇到孩子明显不合理的要求，都不加区别地用管教的态度面对孩子。该满足孩子的依恋感的时候，一定要满足。即便时间紧不能充分满足，但也要适当满足一下。

有些孩子一方面特别倔，特别不听话，另一方面当大人对他进行训罚的时候，却会往大人的身上扑，想与大人亲近。在这个档口，家长一定要搞清楚：孩子不听话是一回事儿，那是孩子脾气倔引发的。孩子往自己身上扑是另外一回事儿，那是孩子对依恋关系的担心引发的。这时的正确做法是：先揽住孩子，解除孩子对依恋关系的担心，等孩子的情绪稍稍平稳之后，再对孩子的不当行为进行适当的训罚。而不是不顾孩子的担心，用力把孩子推开，以此来逼迫孩子就范。这样的逼迫，会让孩子对依恋关系的担心更加严重，而在这种严重担心之下，整个事情的处理效果会相当差。当然，也不是把孩子揽在怀里之后，就认为孩子向自己屈服了，就没有下文了，那也是不行的。一码事儿是一码事儿，处理好孩子对依恋关系的担心后，还必须要去解决他不听话的问题。

有些孩子在大人出门离开时会表现得特别粘人，这也常常是因为孩子对依恋关系的担心而引发的。面对这种情况，如果大人把孩子的这种行为当作不懂事的表现，而对孩子进行训斥，就会让孩子对依恋关系变得更加担心，也会让孩子的粘人行为变得越发强烈。孩子越粘人，家长越发火；家长越发火，孩子对依恋关系越担心，因而会显得更粘人；于是就陷入了一个恶性循环。而正确的做法是要用语言和行为表达自己对孩子的爱，适当满足孩子的要求，然后再果断地离开，不要让孩子"粘"太长的时间。

● 事宜5　防止"夫妻关系恶化"给孩子带来安全感危机
△ 不要让孩子因为父母的"气话"而担忧家庭破裂

在孩子稍懂些事之后，对孩子的安全感威胁最大的是什么？是孩子对家庭破裂的担忧。

不管家庭是否会真的破裂，让孩子因父母的矛盾而担忧家庭会破裂的时候，对孩子的心态就具有很大的杀伤力了。

我们都知道，谈恋爱时是浪漫的，但结婚后的生活却是现实的，随着各种事务性活动的增加，夫妻之间产生一些原本没预想到的矛盾也是非常正常的。

在矛盾爆发的时候，情绪激动，思维偏执，矛盾双方很容易说出一些类似"分手"的气话，但气头过去后，真的发生分手的情况却是很少的。这就是说，这些气话虽然也会影响夫妻关系，但危害也还是有限的，过去了，也就过去了。但是，这些气话对孩子的杀伤力，却不是"过去了，也就过去了"，因此而形成的巨大阴影会一直笼罩在孩子的心头，久久难以消散。

夫妻发生矛盾，心里有气，不是你说憋住就能憋住的，如果真的是不发泄无以平息时，就去发泄，但千万不要当着孩子的面发泄。比如可以通过用手机给对方发短信的办法来发泄，以这种方式痛斥对方一番，那也是可以的，谁叫对方让自己难受呢？用手机拟好短信之后，我劝年轻的爸妈们再去执行两个字：缓发。反正短信拟好了，随时就可以发给对方，再缓一下也没有什么大不了的。

往往这一"缓"，就会出现对家庭关系非常利好的情况。因为随着这一"拟"一"缓"，人的情绪会平稳很多。而情绪平稳之后对事情的看法与在气头上时会有很大的不同。出现类似"谁家烟囱不冒烟""谁没有点毛病""唉！也没有什么大不了的"的念头，拟好的短信也就没有再发的必要了。如能这样，不但避免了对孩子安全感的危害，而且也会避免对夫妻关系的伤害。当然，咱并不是为了不伤害对方而"缓"的，对方那么气人，伤害一下又何妨？咱仅是随便地"缓"一下而已。用这样的话语来说服自己，就容易去落实"缓发"的思路了。

在夫妻之间发生明显冲突的时候，要学会"冷处理"，而不要"热处理"，这也是夫妻关系成熟的一种表现。

△ 在决定要分手时，一定要"全面考虑对孩子的影响"

在决定要分手时，大人除了要考虑清楚分手对自己的伤害外，还必须要考虑清楚分手对孩子的伤害。而当大人会因为孩子的痛苦而难受时，这种对孩子的伤害，又会转换成对大人自己的伤害。因此，不伤害孩子，并不全是为孩子，也包含着为自己的成分。

在家庭矛盾的事情上，孩子心里的"理"与大人说的"理"是有很大不同的。对孩子来说，爸爸或妈妈只要没有明显伤害自己，仅是不理想而已，有个不理想的爸爸或妈妈总比没有爸爸或妈妈要好很多，对孩子的安全感也是一个巨大的保障，这是其他人无法弥补的。在这个问题上，"有"与"没有"对孩子心理的作用真的是很不一样的，至于"理想"与"不理想"那倒是另外一回事儿。

有些父母一心为孩子，特别在意好的教育思路对孩子成长的重要性，并因此与对方争吵不止，甚至走上分手之路，却没有仔细考虑分手本身对孩子的影响要远比不当的教育思路对孩子的影响大。这种看似为了让孩子避免伤害的做法，却常常会对孩子造成更大的伤害。

所以家长要全面地思考影响孩子成长的因素，而不是顾此失彼。如果你的分手让孩子陷入痛苦之中，如果你为孩子的牺牲换来的却是对孩子更加不利的情况，那你的分手还有意义吗？

△ 即便是分手了，也要"努力把对孩子的影响降到最低"

大人之间有矛盾，没法在一起生活，那是大人之间的事情，这并不等于孩子就也与爸爸或妈妈没法相处了。即便孩子判给了自己，也要尽量多保留孩子与对方及对方家人相处的机会，让孩子与双方都保持着一定的联系。

那种为了惩罚对方的过失，而让孩子与其断绝联系的做法是极其错误的。因为这种做法，不仅惩罚了对方，也同时重重地惩罚了孩子。

我有一个熟人，她与丈夫关系很不好。在我这个局外人看来，单开看这两个人也都不错，可就是往一起一放，就觉得他们会有很多矛盾，日子不太能过好。当听说他们分手的时候，我没有太大的反应。但当我听到在分手后他们的孩子还能像分手前一样同双方的家人相处时，我很佩服他们，觉得他们的做法值得很多人学习。

● 事宜6　防止"恐怖情景"给孩子带来安全感危机

当孩子将自己感知到或联想到的"恐怖情景"与自己的生存处境有所联系的时候，就会给孩子的安全感带来危机。因此，让孩子少去感知"恐怖画面"，也是防止孩子出现安全感危机的一个重要方面。

其一，让孩子少从"屏幕"上感知恐怖情景。这里的屏幕包括电影、电视、电脑、手机等。

其二，让孩子少从"书"上感知恐怖情景。包括画面性恐怖情景和文字描写的恐怖情景。

其三，家长不要给孩子讲包含恐怖情景的故事。

其四，家长更不能用恐怖情景来恐吓孩子。用恐怖情景恐吓孩子，不但强化了孩子对恐怖情景的印象，还强化了恐怖情景与孩子生活的联系。比如家长对孩子说："别哭闹！再哭闹窗外面的大灰狼听到后就进屋了。"虽然这对阻止孩子哭闹有一定的作用，但是在孩子不哭不闹之后，窗外的那个"大灰狼"的影子也会一直在孩子的脑海中映动着。这种看似无声无息的"映动"，对孩子安全感的危害却是不可小觑的。

其五，少让孩子看到现实生活中一些比较凄惨的情景。比如一些事故现场、与死人有关的情景、医院里的垂危病人等，这些具有很强视觉冲击的画面，都会让不太懂事的孩子与自己的生命相联系，进而对他的安全感产生影响。

一旦孩子脑中印痕了上面的这些恐怖情景，可不是家长的一些解释就能让孩子脑中的这些恐怖情景消失的。因此，家长必须要抓好"**不让孩子感知**"这个环节，来防止这些恐怖情景对孩子安全感的影响。

● 相关问题

△ 相关问题一：家长对孩子的"安全感危机"要有较强的敏感性

当孩子明显的惊恐、害怕的时候，家长是容易察觉的。但影响孩子安全感的不仅仅是明显的惊恐、害怕，还有很多隐隐的惊恐和害怕。家长还必须对孩子那不起眼的隐隐的惊恐和害怕具有较强的敏感性，才能较好地帮助孩子避免安全感危机的发生。

比如，夫妻两人闹离婚，孩子在情绪方面是不太明显的，但这绝不意味着孩子的安全感就没有出现危机。

比如，孩子担心晚上睡觉时周围会有鬼怪的出现，一般也不会有明显的情绪表现，而仅仅是隐隐的担忧。

比如，孩子觉得妈妈因为弟弟而远离了她，于是心里产生了担忧。一般情况下，她的这种担忧也不会在家长面前明显表现出来。

△ 相关问题二：家长要恰当面对在"安全感"方面"特敏感"的孩子

孩子对安全感的敏感性是不一样的。

有些女孩儿，家长稍微一发脾气就哭，有可能就是因为对安全感特敏感。当家长发脾气的时候，她不是因为家长的态度不好而哭，而是担心家长会远离自己才哭的。

孩子的这种敏感性是相关的神经核团的生理动能特征决定的，也不是孩子自己能控制的。家长一定要理解这一点，不能因为孩子动不动就哭而训责孩子。孩子本来就担心家长远离他，你越训责，他不就越担心了吗？而这种担心的加重，对防止孩子的安全感缺失是很不利的。

当这样的孩子出错而对其训责的时候，家长一是语气不要太严厉，二是要有亲昵的动作以示对孩子的亲近。家长要在孩子的安全感不会出现危机的前提下，指出孩子的错误，进行适度的训责。当孩子哭的时候，家长要做的事情是暂停训责，安抚孩子。待孩子的情绪稳定后，再用更温和的语气来训责他。既不能急于训责而不顾孩子对安全感的担心，也不能因为孩子对安全感的敏感而不对孩子进行必要的训责。

【培育点2】"防止不自信心态"的"主要培育事宜"

——获取成功感，让孩子"有自信"！

● 基本认知

"不自信心态"就是人们面对事情时的那种"过分的不自信"所形成的心理态势。不自信心态会让一个人在他本来可以完成的事情面前畏葸不前，甚至放弃、后退，由此错过了很多可以成功的机会。

不自信心态是由孩子"**努力**"后的"**多次失败**"造成的。

当严重的不自信引发对生存处境的担忧时，还会引发"不安全心态"。

防止不自信心态的关键点：**让孩子"多成功"，"少失败"，尤其不要"连续失败"**。

● 事宜7　让孩子在"玩耍活动"中多获得"成功感"

△　让孩子在"最初的"玩耍活动中多获得成功感

对几个月大的孩子来说，活动"有效应"就是成功，他就能获得成功感。

这些"活动效应"有以下五种。

【培育点 2】"防止不自信心态"的"主要培育事宜"

1. 声响效应。当孩子挥手臂或蹬腿能让某种东西发出声响的时候，他就会出现得意的神态。比如碰撞铃铛。

2. 位置改变效应。当孩子能让静止的东西摆动起来，或者让一个较大的东西远离自己，他就会出现得意的神态。比如把气球推开。

3. 形状改变效应。在孩子具有简单的动手能力之后，他能把大人折叠的纸展开，或者把一个充气玩具抓得来回变形等，都能让他感到得意。

4. 物体组合效应。当他能把盖好的瓶子打开，或者把打开的盖子再盖上，或者把散放的东西叠摞起来，或者把叠摞的东西推散，或者把一个小的东西装进大的容器里面，都会让他得意。

5. 物体隐现效应。如果孩子能把显现的东西藏起来，或者让藏起来的东西显露出来，都会让他得意。

这些在大人看来不算什么的情况变化，却能让很小的孩子获得明显的成功感体验。

△ 让孩子在"操作性"玩耍活动中多获得成功感

随着孩子的长大，其操作能力也越来越强，在操作性活动中获得成功感，就成了孩子获得成功感的主要方面。

这些操作活动主要有工具类操作和造型类操作。

会使用小锤敲东西、小铲铲东西、小勺挖东西，会使用玩具听诊器、注射器给玩具小宝宝看病和打针，会使用遥控器来遥控电动玩具，等等，都能给孩子带来很强的成功感。

现在造型类玩具的种类有很多，摆弄这些玩具，不仅能给孩子带来明显的成功感，还能提高孩子多方面的思维能力，有利于孩子养成良好习惯。因此，家长要多给孩子买一些操作性强的玩具，而不要过多地买那些只是好看或只能挥舞着打闹的玩具。不仅是买，还要陪伴孩子去玩，要通过陪伴中的协助而让孩子获得更多的成功感。

△ 让孩子在"运动性"玩耍活动中多获得成功感

随着孩子的发育，孩子在运动方面会出现一系列的初始性兴趣期。家长要利用这些兴趣期，放手让孩子去活动。

比如：孩子刚会走的时候，就让他走；刚会跑的时候，就让他跑；喜欢走那些不平路的时候，就让他走那些不平的路；喜欢跑斜坡的时候，就让他跑斜坡；喜欢爬楼梯的时候，就让他爬楼梯；喜欢在石磴上跳来跳去的时候，就让他去跳；喜欢爬梯子的时候，就让他爬梯子；喜欢从台阶上往下蹦的时候，就让他往下蹦。

在进行这些活动时，当然要注意孩子的安全，但不能过分细心，有点磕磕碰碰很正常，还可借此再培养一下孩子的承受力。不经历一些磕磕碰碰，孩子身体方面的承受力从哪里培养呢？

如果过分注意安全，而不让孩子利用运动兴趣期来进行这些活动，无论是对孩子运动能力的提高，还是对孩子自信心的强化，或是对孩子勇敢性格的培养，都是一种损失。

△ 让孩子在"游戏性"玩耍活动中多获得成功感

要让孩子在一般性游戏活动中多获得成功感。比如在丢手绢、捉迷藏、老鹰抓小鸡等游戏活动中，让孩子多获得一些成功感体验。

要让孩子在扮演性游戏活动中多获得成功感。比如，很多幼儿园的孩子喜欢在家里扮演老师的角色，重现他在幼儿园时的情景。这时，家长就要认真按"老师"的要求去做，"老师"让干什么，家长就干什么，让孩子体验扮演老师的成功感。

要让孩子在比赛性游戏活动中多获得成功感。比如，家长与孩子玩"石头、剪刀、布"游戏，家长就要适当让孩子多赢一些。比如家长与孩子比赛"看谁快""看谁多"之类的游戏时，也要让孩子赢的次数多一些。当然，又不能都让孩子赢，因为还要适当培养他的承受力。

● 事宜8 让孩子在"学习活动"中多获得"成功感"

△ 通过"降低难度"，让孩子多获得成功感

如果孩子解决问题的难度较大，那家长就把问题进行分解，把一个大问题分解成若干个小问题，然后一个小问题一个小问题地去解决。这样"台阶"小了，孩子容易"登"上去了，成功感就容易获

【培育点 2】"防止不自信心态"的"主要培育事宜"

得了。

比如教孩子认识钟表，这对大人来说是很简单的问题，但对小孩子来说，就不是那样简单的了。你必须要分步骤来教：首先，让孩子知道哪是时针、哪是分针，时针与分针的作用分别是什么；其次，教孩子与时针和分针对应的数字代表什么；再次，通过旋转调整时间的小把手，让孩子认识时针与分针的关系；最后，教孩子时针在两个数之间时，怎么读时间，时针大致指向某个数字时，怎样根据分针的位置来判定是几点；等等。而每一步的学习，都需要巩固，等孩子掌握得比较到位了，再进行下一步的学习。如果家长能这样辅导孩子，孩子在其间就能获得较多的成功感体验。如若不是这样，而是把这些问题全放在一起，一下子就想让孩子掌握住，辅导活动就会很不顺，孩子的受挫感就要多很多。

△ 通过"协助"，让孩子多获得"成功感"

对孩子难以解决的难题，家长就要协助孩子"迈"过这道"坎"。

要注意，协助与"指出毛病"有着根本的不同。

比如刚入学的时候，由于种种原因，有些孩子的字写不好。如果家长的思路是"给孩子指出毛病"，那家长就会说："这一横太长了。""这个宝盖头不能写那么低，写得低了下面的还怎么写啊！"这时，如果孩子有能力按照家长的要求进行改正，那当然也不会有什么大的问题。但是，如果孩子这时还没有能力按照家长的要求来进行纠正的话，那家长又会说："你看看，怎么又写这么长呢？不是已经给你说过几次了吗？""写字要动脑子，不动脑子怎么能写好呢？"在这种情况下，孩子在学习活动中获得的就不是成功感，而是大量的挫败感了。在遇到孩子还没有能力按家长的要求迅速纠正错误的时候，家长要做的就不是在孩子写完后说出孩子的问题，而是在孩子写的过程中，协助孩子把字写好。"小心，这一横不能写那么长。好，停。""这一点要写得高一些，再高点，再高点，好，就这样。"在这样的协助中，孩子的挫败感就会少很多，成功感就会多很多。

△ 一定要想法让孩子在课堂上"听得懂，跟得上"

　　一个孩子的课堂听讲状态，对孩子的自信心态影响很大。如果孩子在课堂上能听得懂、跟得上，那他在课堂上就能获得较多的成功感。如果孩子在课堂上听不懂、跟不上，那他在课堂上获得较多的就是挫败感。

　　如果是一个破罐子破摔的孩子，那他上课即便是听不懂、跟不上，他心里也不会太难受，对他心态的影响也不会太明显。但如果是一个积极上进，很在意老师和同学们对自己的评价的孩子，那他在课堂上听不懂跟不上时，心里就会很难受了，而长时间的难受就会对他的心态造成不良的影响。

　　因此，家长一定要想办法让孩子在课堂上听得懂、跟得上。尽管面对有些孩子，要做到这一点会非常不容易，但家长也要努力去做到。特别是遇到上进心强的孩子，家长更要努力做好这一点。如果家长能细心体会到这样的孩子在课堂上的难受劲儿，家长的这种责任心就会大大加强。

△ 要努力避免孩子在"学习"中的"连续挫败"

　　当一个孩子在学习上经过数次的努力都失败之后，就会严重影响孩子的心态了。

　　因此，面对孩子在非常努力后，还可能再次出现挫败的情况，家长要做的事情就是：想办法帮孩子把成绩提升上去，避免再次挫败情况的出现。尽管要做到这一点有时也会非常非常不容易。

　　在这里"非常努力状态"很关键。如果孩子知道自己没有处于非常努力状态，那即便遭遇挫败，对心态的影响也不会太明显。

　　在这里，家长对孩子"非常努力状态"的恰当判定也很关键。这里的"非常努力"是孩子认知中的非常努力，而不是家长认知中的非常努力，两者有时会有很大的差别。只要在孩子的感觉中他是非常努力的，这时的连续挫败就会严重影响孩子的自信。并不是因为孩子没有达到家长标准中的非常努力状态，连续挫败就不会伤害他的自信心了。

有很多家长想不明白这一点，"明明是连努力状态都没有达到，更不用说是非常努力状态了，怎么会因为挫败，就没有自信心了呢？"这就是家长用自己的努力标准，来代替孩子的努力标准所导致的认知错误。这种认知，在讲大道理时，似乎还能说通一些，但与保护孩子心态就不沾边儿了。

一个孩子会不会出现心态问题，是与他自己的情绪感受密切相关的，与那些大道理则没有半毛钱关系。

● **事宜9 当成绩"难以提升"时，要做好相应工作**

当孩子的学习成绩实在难以提升的时候，家长就要做好相应的工作。以此来防止孩子不自信心态的形成。

△ **"当夸则夸"——变换角度肯定孩子的进步**

不是一定比别人成绩好的时候才算进步。比如，有时孩子在状态方面进步了，只是还没有从成绩上显现出来；有时孩子的成绩也真的进步了，但别人进步得更多，所以没有在名次上显现出来。

只要家长以激励为思路来对待孩子，孩子的状态就肯定会有进步的，即便是细微的进步，那也是进步。抓住这些进步，加以肯定，对孩子就是有好处的。

当孩子的自信心面临危机的时候，一点点的肯定，也会对孩子产生很强的支撑力。

△ **"当明则明"——向孩子讲明现实情况**

当孩子学习非常努力，只是因为其他条件不太好而屡屡受挫的时候，为了减弱孩子的挫败感，可以给孩子讲，一个人的学习成绩好是由很多因素共同作用的结果，个人的努力仅是这很多因素的一部分，不是你努力了，就一定能成功的。"有志者事竟成"是一句鼓励人们奋力进取的口号，但它不是一句具有逻辑内涵的判定。"有志"仅是"事成"的必要条件，并不是"事成"的充分条件。

也可以将孩子学习方面的那些难以改变的短板分析给孩子听，让孩子清楚这些短板对自己学习成绩的制约力。当孩子对这些情况有了比较客观的认知后，就会降低他对自己学习成绩的期望值，这样就能减弱他的挫败感。

当然，这样做是有前提的，这个前提就是"要确保孩子的心理支撑点不受到明显冲击"。如果孩子别无支撑，就单是靠"学习好"来支撑自己的，那你说他"学习难成"，无疑就是把他的心理支撑给摧毁了，那可就要命了。

家长若是遇到学习能力有限的孩子，那就要及早做好相应的工作，依照扬长避短的思路，用其他方面的成功感来支撑孩子。要避免那种把"自己最弱的"当作"自己最依赖的"的情况出现。

△ "当降则降"——降低孩子的阶段性目标

当孩子几经努力后，还是难以实现阶段性学习目标时，就要降低对孩子阶段性的目标要求。以保证其阶段性目标具有可实现性。只要不是把学习当唯一支撑的孩子，对这个"降"，一般还是比较容易接受的。

目标要求降低了，变"不能实现"为"能实现"了，孩子的挫败感就会大大减小了。

注意，这里的目标不一定非要是"赶超性目标"。如果孩子努力之后，只能保住自己的名次不下滑，那这个"保名次"就是孩子下个阶段的努力目标。如果孩子努力之后，只能让自己的名次下滑得不明显，那这个"名次下滑不明显"就是孩子下个阶段的努力目标。这都是根据孩子的实际情况制定的在孩子努力之后有可能达到的"很实在"的阶段性学习目标。

切记，目标不是越高越好，而是对孩子越有利越好。

△ "当护则护"——尽量减少失败对孩子的刺伤

当孩子连续失败之后，当孩子的学习自信心受到严重冲击之后，减少失败对孩子的刺伤，呵护孩子的情绪感受，防止孩子滑进自信心崩塌的泥潭，就成了家长要做好的首要任务。

我的小女儿是一个让人费心的孩子，除了智力不差，其他影响学习的毛病几乎全集中到了她的身上："特别喜欢玩儿""特别不专

【培育点2】"防止不自信心态"的"主要培育事宜"

心""学习的标高特别低""特别倔而不听话""发音器官发育得特别晚"。

"特别喜欢玩儿"让她很不愿意坐下来学习。她拿着任何东西都能玩儿，拿着一块橡皮，都能自言自语、兴致满满地编出一大堆故事来。玩耍时的感觉体验与学习时的感觉体验形成了很大的反差，这种反差成了她坐不稳学习的主要原因。

"特别不专心"让她在学习时思维中心在学习内容与非学习内容之间不断切换，学习思维会出现严重的不连贯情况，于是出错就多得去了。比如她做题"30元-6元=2元4角"，会让人觉得错得不可思议。为什么会这样错呢？我的分析判定是：在她算好等于"24元"后，跑神儿了。等思维再回到题上，要写答案时，又把刚计算的"24元"记成了"24角"。这时又想到应该变换下单位，于是答案成了"2元4角"了。如果不是知道她思维的不连贯的特点，你还真是想不明白她怎么会得"2元4角"的。

"学习的标高特别低"让她把没记住的当作记住了，没理解的当作理解了，把沾点边儿的东西都当作答案了。尤其在做数学题的时候，更是随便拼凑一个数就作为答案写出来，根本不去细想这样计算合不合乎逻辑要求，更要命的是写完之后还自信满满地认为自己写对了。

"特别倔而不听话"让她常常不按照老师教她的方法做题。比如学习加减法的时候，她就是不按老师教的"拆分法"和"凑十法"来计算，而是用她自己的"拼拼法"和"推推法"来计算。我很费劲儿地利用假期纠正几次，可到上三年级的时候，还没有纠正彻底。她的方法也不是完全行不通，但是不严谨，再加上她的"标高低"，于是就经常出错。

"发音器官发育得特别晚"导致孩子上学时汉语拼音中有些音还读不出来，这明显影响了孩子上语文课的兴致和效果。

在这些毛病的共同"围攻"下，她的成绩是肯定上不去的，但她偏偏又是自尊心和情绪敏感性都特强的孩子，学习成绩与她情绪需求之间的强烈反差，严重威胁着她的学习心态。

在她上小学一年级的时候，让我非常头疼的不是她的成绩差，而是她的学习心态。学习成绩差，不怕，只要心态别出现问题，随着她那一大堆毛病的逐渐"消退"，她的成绩会慢慢上去的，因为她智力不差，也比较懂事儿。但是如果她心态垮了，那就哭天抹泪了。

我清楚：当她在学习方面屡屡受挫，而导致她的心态面临严重危机的时候，我必须要全力避免学习成绩差对她的刺伤。

可怎么避免呢？我和她妈这里好说，可老师那里怎么沟通呢？

面对她的老师，我的身份是家长，是一个需要配合老师来教育孩子的家长，道理方面不能讲多，不能显得你比老师懂得还多。可又不能不讲，不讲的话，老师批评孩子怎么办？眼看孩子那么差，老师批评她几句也是非常正常的。然而这非常正常的几句批评，对一个有心态危机的孩子来说，那可能就是要命的。经过反复思量后，我决定围绕三点与老师交流：一是说孩子成绩差是由很多孩子控制不住的原因引发的。至于什么原因，不展开细说。二是说随着孩子的长大和这些原因的弱化或改变，三四年之后她的学习成绩是会明显提升的。三是反复表示家长会全力配合老师来教育孩子的。

在入学后的第一次语文考试中，小女儿考了70分，而班上考满分的就有18位同学，占三分之一，低于90分的就寥寥无几了。于是我开始给语文老师发短信进行了第一次"辩护"。

符老师：

今天上午孩子的纠错作业忘带了，下午带去。

她这次语文考70分，对她来说属于正常情况，其中原因很多很多。我们没有责怪孩子，而是对孩子说："你现在成绩是不好，但只要不断努力，将来你肯定会成为各方面都很优秀的孩子。"

当然，我们深知"逆袭"是不容易的，是有条件的，单凭一句鼓励的话是不可能实现的。我们打算通过两三年的努力，伴随着孩子某些意识的形成与加强，让她能够战胜自身的一些缺陷，力争到四年级

【培育点2】"防止不自信心态"的"主要培育事宜"

的时候，成绩能有明显的起色。

非常感谢！

在这之后，每次孩子考试，我既担心成绩差刺伤孩子，也担心老师会因为成绩差来批评孩子，于是常常在考试后给语文和数学老师发类似的短信来为孩子的成绩差进行"辩护"。

虽然老师没有给我回短信，可能是他们没有遇到过这样为孩子辩护的家长，不知该怎样回，但两位老师对我小女儿的做法都是很好的，不但很少批评她，而且经常对她进行鼓励，还给她发了几张进步奖的奖状，这让我对她的语文老师和数学老师都充满感激。

到二年级下学期的时候，她的数学成绩在班里仍然是倒数的，语文成绩也仅是接近中下的水平，但是我能明显地感觉到孩子的心态稳了，承受力强了。她对去学校上学不是那么担忧了，她对数学课也不是那么害怕了，并且对自己的未来也有信心了。有一天，她对我说："爸，我觉得我也是一个人才。我数学虽然差，但我是有天赋的，将来也能学好。语文也不错，能慢慢跟上。另外画画也不错，唱歌也很好，舞蹈也很有感觉。"我说："你当然是人才了，老爸早就这样认为了。"她满脑子的故事情节，说长大要当作家，把这些情节写成电影，通过屏幕展示出来。我觉得这对孩子是个有力的支撑，所以也不去考虑可行性的问题，而对孩子的想法大加赞扬，增强这些理想对她心态的支撑力。

当感到孩子心态稳了之后，我心里的那块悬着的大石头才算落地了，心情一下子轻松了很多。尽管她的成绩在班里还是倒数的，但与心态相比，那都是小问题。

有一天，我给她妈妈发短信说："看到孩子在放学回家的路上一蹦一跳的欢快劲儿，觉得比什么都好。学习差点算什么？更何况她将来还不一定会差呢？"

这件事情还让我认识了一点：孩子其实是有很大抵抗力的。她在奋力地抵抗着各种恶性刺激，也在努力地为自己寻找着"自己不差"

的依据，她也极不想认输，也更不想让自己垮掉。这时，不管外面环境对她如何，只要家人能给她以有力的支撑，她就能"扛"住，她就能"站起来"，她就不会"垮"下去。如果这时家庭给予孩子的不是有力的支撑，而是各种各样的训责，各种各样的刺伤，各种各样的挤压，那孩子在"内""外"的夹击下，就真的会"垮"掉了。

由此，我又想到一点：如果家长都能多关注孩子当下在承受着什么，而不是抱着自己的"虚理"一意孤行，那将会避免多少家庭悲剧的发生啊！

● 事宜10　用"非主要活动"的"成功感"支撑孩子

人各方面的自信具有"共鸣性"，在一个方面获得自信，也会强化在其他方面的自信。因此，当孩子在主要活动方面的成功感不足时，就要让孩子在非主要活动方面获得一些成功感。通过这些成功感的获得，来强化孩子这个方面的自信，进而使主要活动方面的自信和整体的自信都有所加强。即便孩子不缺少主要活动方面的成功感，但让孩子在非主要活动方面获得成功感，也照样能强化主要活动方面的自信。

在非主要活动方面让孩子获得成功感，就是在加强孩子在这方面的好感觉体验，这会改变孩子的好感觉构成，因此家长还要考虑改变后的好感觉构成是否会影响孩子从事主要活动的动力。如果有影响，那家长就要认真权衡，是加强这个方面的成功感对孩子有利呢，还是不加强这个方面的成功感对孩子有利？然后再做出抉择。家长若能利用那些对主要活动影响力不大的非主要活动来让孩子获得成功感，提升自信心，事情就会更稳妥些。

● 事宜11　要正确面对孩子的"发怵"

△ 家长要搞清楚孩子"不愿做"的原因

孩子不愿做某件事情的时候，主要有两种情况：一是对那件事情没兴致；二是觉得自己做不好。当然，也会两者兼有。当因"做不

【培育点 2】"防止不自信心态"的"主要培育事宜"

好"而不愿做的时候,那就是"发怵"。

发怵就是不自信,较多发怵的聚集,就会沉淀成不自信心态。因此,家长必须要十分当心孩子的发怵。

有些孩子不想与生人说话,那是因为他害怕说不好,心里发怵啊!

有些孩子不想一个人去买东西,那是因为他不知该怎么说,心里发怵啊!

有些孩子不想举手发言,那是因为他觉得自己回答不好,心里发怵啊!

有些孩子不想上数学课,那是因为数学课他听不懂,心里发怵啊!

有些孩子不想去练游泳,那是因为他总觉得自己游不好,心里发怵啊!

当孩子不愿做什么事情的时候,家长一定要搞清楚孩子是因为不想做而不为呢,还是因为发怵而不为。情况不同,应对的方法也不同。

△ 要正确面对孩子的"发怵"

当发现孩子是因为发怵而不为时,家长就要正确面对。

其一,**要理解孩子的发怵**。

孩子的发怵都是有原因的,要么是不自信心态在作怪,要么是确实觉得自己不行。无论哪种情况,发怵就是发怵,是一种孩子也不愿这样而又不得不这样的情绪反应。

面对这种情况,家长如果对孩子说:"哦,这件事是不太好办。"孩子是一种感受。如果对孩子说:"这件事情有什么难办的,怎么你会觉得自己办不好呢?"孩子肯定是另外一种感受。仔细比较你会发现,前一种说法看似在说这件事情不好办,却能给孩子带来一些轻松的感觉。而后一种说法看似在说这件事情好办,却给孩子带去了一些更沉重的感觉。为什么会这样呢?因为这时孩子更关注的是自己做不好时家长对自己的看法,而不是自己如何去把这件事情做好。

若能顺应孩子的这些关注点来说话，那也是对孩子的一种理解，是贴近孩子的情绪感受而体现出来的理解。这种理解虽然不能消除发怵，但却能减缓因发怵让孩子产生的难受情绪。这种难受情绪的减缓，对防止孩子的自卑心态也是十分必要的。

但在现实生活中，很多家长遇到这种情况时，会把"没勇气""胆小"的帽子扣到孩子头上，这种做法强化了孩子的"我没勇气""我胆小"的意识，增添了孩子因发怵带来的难受感，这与防止孩子形成不良心态是相悖的。

其二，要"巧妙"地让孩子在他发怵的事情上获得突破。

发怵就是发怵，孩子的这种情绪是不可能一下子消失的。因此要协助孩子在他发怵的事情上获得突破性进展时，必须要巧妙。

可以"试探"着帮助孩子去突破。不是直通通地说自己要协助孩子把它发怵的事情做好，而是说："爸爸与你在一起来试着做这件事。如果顺利，咱们就再往前走。如果不顺利，咱就停止。"要试探着去说，试探着去做，试探着往前推，走一步算一步，不顺利就停。

可以用"部分参与"的办法，来促使孩子完成做事方面的部分突破。比如，孩子不敢自己去买东西，那家长就与他一起去买，可事情进行一半的时候，家长假装接一个电话而走到一边，为孩子做后边的事情提供一个机会。如果看到孩子把后边的事情完成了，家长再装作惊讶的样子，并对孩子夸赞一番。

与"试探"和"部分参与"不同的办法是"强迫"孩子去完成他发怵的事情。强迫的办法不是不可以，但是要有个条件，这个条件就是强迫后能让孩子突破。突破了，孩子的情绪自然就好转了，也就不会介意你对他的强迫了。但是，如果不能突破的话，那就会产生很强的负面作用。因此，在家长没有较大的把握能让孩子突破的时候，家长就不要强迫孩子去做。

△ 要"尽量减少"孩子"发怵"的感受

一是少让孩子去面对那些感到发怵而难以突破的事情，减少他在这个方面的难受经历。二是当发现孩子因对某件事情的发怵而难受时，家长就要迅速转移话题，把孩子的认知关注点引向别的方面，减少这件事情对孩子的刺激。

家长要清楚，能让孩子战胜发怵的是"成功的经历"，而不是"认知的提升"。与孩子讨论让其发怵的事情，企图通过提升孩子的认知来让孩子不发怵的做法是没有正面效果的。

● 相关问题

△ 相关问题一：遇到智力明显不好的孩子怎么办？

若孩子的智力明显的不好，那家长要注意以下六点。

其一，**不能说孩子"笨"**。不但不能说孩子"笨"，而且也不能说别的孩子聪明，最好就不谈及与智力有关的话题。

其二，**不给孩子制定硬性的学习目标**。家长要注重从状态上评价孩子，而不要从成绩上评价孩子。要让孩子形成这么一个意念：只要他努力了，家长就是满意的。当然更不要拿自家孩子与别人家的孩子比较，更不能给孩子树立学习方面的榜样。

其三，**"不声张"地去大力协助孩子的学习，促使孩子的学习成绩更好些**。要协助，要大力地协助，又要尽量在不声不响中去大力协助，不能让孩子感觉到大人这样费劲儿去协助是因为他不聪明。

其四，**孩子没有考好时，家长要"平静"对待**。既不要无论考好考差都说好，也不要盯着成绩去训责孩子，而是很平静、客观地与孩子一起分析没有考好的原因，鼓励孩子认真地去对待就是了。另外，家长要有利用这种机会培养孩子"应对逆境能力"的意识。

其五，**让孩子在他擅长的方面适当发展，取得成功感**。用学习活动之外的成功感，来作为孩子整体自信心的一种支撑。

其六，**引导孩子在他擅长的方面形成一些能让他憧憬的目标**。即便这些目标将来未必能实现，但用这些目标来支撑孩子的心理，让他能比较平稳地度过学习的主要阶段，那就是有用的。人的长远目标都是有一定的"可调整性"的，对一般的孩子是这样，对有特殊情况的孩子则更是这样。待他长大后如果发现所定的目标不太合适时，那再调整就是了。

△ 相关问题二：遇到说话晚的孩子怎么办？

遇到说话晚的孩子，家长必须要明白两点。

其一，孩子说话晚，大多是发音器官发育晚造成的。像孩子们走路有早有晚一样，孩子的说话也是有早有晚的。面对这样的孩子，尽管会给家长带来一些很不好的感觉，但也不能急，必须要淡定。

其二，面对因发育问题而说话晚的孩子，家长的关注点不应该放在"如何让孩子早说清楚话"上面，因为这不是你急就有效果的事情，而应该放在"如何防止孩子说话方面的不自信心态"上面。因为孩子说话早点晚点对孩子发展的影响还不是太大，但若是因此而让孩子形成了说话方面的"不自信心态"，那对孩子的影响可就太大了。

为了防止孩子形成说话方面的"不自信心态"，家长必须要注意两点。

其一，**要努力"减淡"孩子对自己说话有问题的意念。**

要做好这一点，涉及很多细小的事情。

比如，不能当孩子的面说他说话不清楚。家长不能说，也要防止别人说。遇到有些人可能要说的时候，家长就与那个人耳语："他说话晚，但你不要说他说话晚。"或者再向别人解释下："没办法，我小时候说话就晚，现在遗传给孩子了。"如果对方是个小朋友，大人没法向对方提示，有时就要带孩子离开那个可能对孩子造成刺伤的小朋友。

比如，当孩子说的话自己听不懂时，不要说孩子没说清楚，而是说自己没听清楚，让孩子再说一遍。如果孩子又说一遍后还没有听清楚，就不能再追问了，要想其他办法对付，或装作听懂的样子而点头附和，或转换话题去说其他事情。

比如，在为孩子正音时，不要盯着孩子平时说不清的读音，去反复地让孩子跟着家长说，让孩子意识到家长就是在为他正音的。而是带孩子去学那些也包含着这个读音的新学习内容，让孩子一遍又一遍地跟着家长读新的学习内容。这样，在孩子的感觉中，家长是为了让他学会新的学习内容，才这样一遍一遍带他去读的。用这种办法，既学了新东西，又在孩子的不知不觉中为他正音了，一举两得。

比如，当带孩子去看舌系带的时候，要事先向医生说明，别说孩子说话有问题，就说是给他看牙齿的。

其二，在适当的时候，向孩子进行适当的解释。

尽管家长在努力减淡孩子对自己说话有问题的意念，但是孩子还可能会意识到。年龄越大，孩子的意念就越清楚。越是敏感的孩子，这种意念也就越强烈。当孩子已经清楚地意识到自己说话不清的问题时，若家长再去装糊涂，那作用就适得其反了。

一般来说，到孩子五岁左右的时候，如果还存在说不清楚的问题，那就要与孩子适当地交谈这个问题了。交谈的时候，要平静地说，并且也不要说得太多，两三句话，说清就可以了。

比如，向孩子说："你的有些字说不清楚，这都是正常的。小朋友们有的走路晚，有的出牙晚，有的个头长得晚，而你呢？就是说话比别人晚一点。"

比如，向孩子说："你有两种说话的速度，快速和慢速。平时可以用快速，但当别人听不清楚的时候，你就应该用慢速再说一遍。"

比如，向孩子说："这几天，爸爸觉得你说得又清楚了一些，不用着急，你一定能说清楚的，只是时间稍晚一点而已。"

比如，向孩子说："爸爸小时候说话也比较晚，可现在爸爸不也说得很清楚了吗？说话早点晚点都是正常的。"

△ **相关问题三：遇到先天特胆小的孩子怎么办？**

先天就特别胆小，主要是孩子脑部负责对危险情景反应的神经核团特别敏感引发的，不是孩子自己能掌控的。

遇到这样的孩子，家长要注意四点。

其一，在行为方面不要太多的"阻断"孩子。

要鼓励孩子敢于大胆地做一些事情。即便孩子做的时候出现了一些不太恰当的情况，也不能多说，要以鼓励为主。

其二，千万不能说孩子"胆小"。

不能用大人的言语来强化孩子心里隐隐存在的"我胆小"的意念，也尽量不要让孩子意识到大人觉得他胆小。如果让孩子意识到他在大人眼里是个"胆小鬼"，那对孩子心态的发展是非常不利的。

其三，**要利用"恰当"的机会，来促使孩子"冲而成功"**。

这里之所以要强调是恰当的机会，就是不能在孩子"很怯"的时候来促进孩子，而是在孩子"微怯"的时候来促进孩子。家长要促使孩子去完成的是"冲而成功"的经历，而不是"怯而后退"的经历。"怯而后退"的经历强化的不是孩子的自信，而是孩子的不自信。而在孩子"很怯"的时候，他是难"冲而成功"的。

其四，**用多方面的"好感觉"来增强孩子的"气势"**。

一个人的气势，是可以由很多方面的东西来支撑的，那些能让孩子感到自己"不弱于别人"的东西，都是对孩子气势的一种加强。在这些可支撑的东西中，成功感的支撑是最有力的，让孩子在他比较擅长的方面多获得一些成功感，会促使孩子的整体气势得到提升。

【培育点3】"防止自卑心态和失衡心态"的"主要培育事宜"

——提供拥有感，让孩子能"平"！

● **基本认知**

△ 关于"自卑心态"和"失衡心态"

"自卑心态"就是"过分地"认为"自己不如别人"的心态。它会让一个人在面对他人时失去应该有的气势，因而处于被动的境地。

"失衡心态"是对"自己不如别人"特敏感而导致产生"过度"不平情绪的心态。这种过度的反应会把事情办砸，会明显地伤害与相关人的关系。

自卑心态与失衡心态的相同点是：都与"自己不如别人"这个原因相关联，都是"拥有感缺失"引发的。

【培育点3】"防止自卑心态和失衡心态"的"主要培育事宜"

自卑心态与失衡心态的区别点在于：有自卑心态的人面对"自己不如别人"时，自己的内心是"服"的。"唉，我怎么就不如别人呢？"而有失衡心态的人面对"自己不如别人"时，自己的内心是"不服"的。"他凭什么比我强？"

当"拥有感缺失"时，如果自己内心"服"了，就会引发"自卑心态"。如果自己内心"不服"，就会引发"失衡心态"。某方面拥有感的缺失，就会引发某方面的自卑心态或失衡心态。

△ "防止自卑心态和失衡心态"的"关键点"

"拥有感"就是拥有"好东西"的感觉。这些"好东西"包括若干方面。对小孩子来说，他比较在意的主要有五个方面的拥有感。

1. "**亲属成员**"方面的拥有感。
2. "**日常生活**"方面的拥有感。
3. "**自身外貌**"方面的拥有感。
4. "**自身才干**"方面的拥有感。
5. "**家庭地位**"方面的拥有感。

防止自卑心态和失衡心态的关键点：**让孩子在他的"在意点"上，能获得"恰当"的"拥有感"**。

"恰当"的第一层含义是"**不能缺失**"。缺失了就会让孩子产生在这个方面不如别人的感觉。

"恰当"的第二层含义是"**不能过分**"，主要指在生活条件方面的拥有感不能过分。如果过分的话，容易引发孩子的好感觉构成的偏移。

● 事宜12　让孩子在"亲属成员"方面有"更多"拥有感

△ 要让孩子拥有比较完整的亲属成员构成

孩子的亲属成员的构成主要包含四个层面。

1. "父母"层面。要有妈妈，有爸爸。
2. "爷奶"层面。要有奶奶、爷爷、姥姥、姥爷。
3. "兄弟姐妹"层面。要有哥哥、弟弟、姐姐、妹妹等。

4."其他亲属"层面。要有姑姑、叔叔、姨妈、舅舅等。

当别的小朋友说我有什么什么人的时候，自家孩子也能说我也有什么什么人，这就是孩子在"亲属成员"方面的"拥有感"。

孩子对某种亲属成员拥有的感觉，与孩子同这些亲属成员的相处是紧密相连的。只有他与这些亲属相处了，才会真切地产生拥有的感觉。否则，这个感觉就会很淡。因此，要让孩子与亲属成员有适当的相处，尽量不要因为大人之间的矛盾，而阻断孩子与某些亲属的相处。

除了亲属外，孩子还要有朋友。因为小朋友之间会说"谁谁谁是我的朋友"，所以自家孩子也要有能随口说出的朋友。最好还不是一个，而是两个或三个。这也是孩子在"人"方面的"拥有感"的一部分。

△ 通过"加强联系"，做好"补位"的工作

当孩子的亲属成员构成中有某类角色空缺的话，就要同与之相似的人加强联系，以此在某种程度上产生"补位"的效果。

比如爷爷奶奶和姥爷姥姥中有一方不能与孩子经常相处的话，就要通过与另一方加强联系，使这方面的空缺得到一定程度的补位，让孩子更真切地感觉到有爷奶辈的亲人在自己身边。

比如孩子没有哥哥姐姐的话，可以通过与堂哥表哥和堂姐表姐加强联系，也会使孩子心里的这个角色不那么空，让孩子也能向别人说"我有哥哥""我有姐姐"。

比如孩子没有舅舅、姑姑的话，那与表舅、表姑加强联系，也会有一定的补位作用，让孩子觉得自己也有舅舅、姑姑。

△ 让孩子从家长那里获得"被关爱感"

有各类家长成员是一个基础，是一个框架，从这些家长成员那里获得被关爱感，则是对这些家长成员产生拥有感的更主要的内涵。

如果这些家长成员没有给予孩子被关爱的感觉，那孩子对他们的拥有感也不会很明显，甚至仍然会有缺失的感觉。特别是当孩子期待与某个家长亲近相处而长时间得不到时，孩子在这个方面的拥有感就

会明显缺失。

即便家长也与某个孩子亲近相处，但如果明显地偏袒于其他孩子时，那这个孩子的被关爱感也照样会缺失。这种"患不均"的情况，在孩子对被关爱的感受方面表现得特别突出，这是多子女家长必须要重点关注的问题。

在这里问题的关键点是：不是家长自己认为有公平之心，就可以让孩子们感到"均"了，还涉及家长在关爱方面的"偏颇习惯"和孩子在感受方面的"偏颇习惯"问题。当家长的关爱有偏颇习惯的时候，他是不自知的，这时他的"公平之心"是难以引发"公平之行"的。当孩子的感受有偏颇习惯的时候，即便家长是绝对的公平，他也照样会产生不公平的感觉。因此，仅有公平之心是不够的，还要防止各种偏颇习惯的形成。而娇惯则是造成大人和孩子偏颇习惯最常见的原因，如果家长别去娇惯孩子，情况就会好很多。

一旦孩子因被关爱感的缺失而形成失衡心态，那是很难改变的。即便后来家长对他真的很好很公平，孩子的失衡心态也依然会让他心里有一种愤愤不平的情绪涌动，这种情绪会对他的行为产生明显的主导作用。为什么有些孩子长大后会对老人不孝敬，很常见的原因之一就是孩子在被关爱感方面的失衡感。从道理上讲，孩子绝对不应该因为被关爱感的失衡而不孝敬老人，但从客观上讲，被关爱感方面的失衡却实实在在地促成了一些人长大后对老人孝敬之心的淡化。

● 事宜13　让孩子在"生活"方面有"适量"拥有感

△ 家庭生活条件优越时，应注意不要"过多"

家庭生活条件比较优越时，孩子在这方面的拥有感是不成什么问题的，但从孩子的整体素质考虑，家长要注意三点。

其一，要适当控制孩子的消费状态，不能让孩子的生活与高档、名牌联系得太多，更不能让孩子对一般消费产生嫌弃的意念，要让孩子有"好的东西不缺，一般的东西也能接受"的生活意念。这种意念不但能较好地防止好感觉构成的偏移，而且对孩子能长久地获得生活幸福感也很重要。

其二，家长既不能在孩子面前向别人炫富，也不对别人的富有表现出羡慕之情，要用自己的平常心来减淡孩子在这方面的拥有意识。当发现孩子有炫富的言语时，家长要予以阻止。

其三，在孩子懂些事理之后，家长要向孩子讲述创业的不易，尤其是要讲述自家创业的不易。以此减淡孩子"炫"的意识，增强孩子"创"的意识。

△ 家庭生活条件较差时，应注意要让自家孩子"有一点"

家庭生活条件较差时，"如何增加孩子在这方面的拥有感"就成了家长要认真对待的一个问题。这时家长要注意两个方面。

其一，**家长要有乐观的生活态度**。

既不要在孩子面前表现出因自家生活条件不好而产生的难受之情，也不要表现出对富有人家的羡慕之情。

其二，在孩子比较关注的生活点上，**尽量让自家孩子也"有一点"**。

比如在"餐饮"方面。平常的生活可以俭省些，但对孩子的小伙伴们大多都吃过的食品，也要让自家孩子去尝一尝。家里没钱，咱不能经常让孩子吃，但吃一两次总可以吧。

比如"穿戴"方面。孩子的大部分衣服都可以很简朴，但一定要让孩子有一两件比较满意的衣服，如一顶好帽子、一条好围巾、一件好外套、一条好裙子等。

比如在"小物品"方面。小伙伴们都喜欢的高档玩具，咱也让自家的孩子有一两件，如高档的学习用品。

比如在"家居"方面。家里可以没有什么高档家具，但家里的环境要干净、整洁。家里最好有一块属于孩子的空间，最好在这个空间里，还有一两件孩子喜欢的家具，如一个书架、一张写字桌、一把高级座椅等。

比如在"活动"方面。如果小伙伴们大多去某个影院看过电影，那就也带自家孩子去看一两次。如果小伙伴们大多去某个游乐场玩过，那就也带自家孩子去玩一两次。

比如在"出行"方面。很多小伙伴们乘坐过的交通工具，也要让孩子去乘坐一两次。很多小伙伴们去过的地方，也让孩子去一两个地方。

有了这"有一点"的生活体验，当孩子听到小伙伴们谈论相关话题的时候，给孩子的感受，与没有一点这些方面的生活体验是大不一样的。在拥有感方面，"多"与"少"之间的感觉差距是有限的，但"有"与"无"之间的感觉差异是巨大的。家长要努力让孩子在这些方面的"巨大差异"变为"有限差异"。

● **事宜14　让孩子在"外貌"方面有"适量"拥有感**

△ **孩子身材和长相"很好"时应注意的事项**

孩子的身材和长相都很好时，家长应适当控制孩子在这个方面好感觉的"拥有量"。

其一，在孩子很小的时候，家长可以随便夸赞孩子漂亮，但等孩子四五岁之后，就不要夸赞那么多了。

其二，在穿衣服方面，一定要以大方为主，切不可讲究漂亮。好的衣服可以有，但普通的衣服一定也要经常穿。

其三，不要当自家孩子的面说她比某人漂亮。当孩子说自己比某人漂亮的时候，家长不一定要反驳孩子的意见，但一定要指出那个孩子身上的那些值得自家孩子学习的优点，不要让孩子因为自己漂亮就觉得自己任何方面都比对方优秀。

其四，多给孩子讲一些成功者的故事，增强孩子"人要有才干"的意识，以此减淡外貌方面的好感觉在孩子好感觉构成中的分量。

△ **孩子长相和身材"较差"时应注意的事项**

孩子的身材和长相都比较差时，家长应注意四点。

其一，家长不能让孩子感觉到你觉得她身材不好或者长相差。既不要当孩子面说孩子差，更不要在背后对别人说孩子差。若背后说孩子，一旦让孩子察觉，对孩子的伤害将会更大。

其二，家长不要当孩子面去夸赞别的孩子身材好和长相好。要减淡家里对外貌方面的舆论氛围，少谈论这些方面的话题，但还要表现得自然些，不能让孩子察觉到家长在有意避开这方面的话题。

其三，要在不经意间，在服装方面让孩子具有较多的拥有感。但只是让孩子拥有就是了，也不要过多地夸孩子的衣服漂亮，因为"过多地夸赞"与"减淡对外貌方面的舆论"的思路不一致。

其四，也多给孩子讲一些成功者的故事，增强孩子"人要有才干"的意识，以此减淡孩子对外貌方面好感觉的关注度。

● 事宜15　让孩子在"自身才干"方面有"更多"拥有感

△ 让孩子在"自身才干"方面有"更多"的拥有感

家长首先要努力让孩子在"主要活动"方面产生自己"有才干"的感觉。其次，在"非主要活动"方面，也要让孩子产生自己"有才干"的感觉。

如果孩子在"主要活动"方面难以产生自己"有才干"的感觉，那就要让孩子在"非主要活动"方面产生较多的"有才干"的感觉。

"有才干"对孩子心态的支撑力是很强的。对那些自身外貌不太好的孩子来说，这个支撑力尤为重要。

△ 当孩子学习很顺时，家长应注意的事项

当孩子的学习很顺时，家长要引导孩子不能只盯学习方面的才干，不能一好遮百丑，要引导孩子全面地评价自己，全面地提升自己。同时，也要引导孩子全面地评价别人。当孩子因为某某学习不好而看不起对方时，要引导孩子去看到对方在其他方面的一些优点，引导孩子对其他方面才干的重视。

另外，要正确评估孩子的"顺"。因为小学、初中、高中对孩子的素质要求是不同的。小学时"踏实认真"占更多的成分，高中时"智力""自主力"占更多的成分，初中则介于二者之间。如果一个孩子"踏实认真""智力""自主力"三者俱好，那他的"顺"就会稳一些。如果一个孩子仅是"踏实认真"，其他两个方面比较平，那他的小学会"顺"一些，进入中学后就容易遇挫了。遇到这样的孩子，家长必须要当心，及早要做好相应的工作，不能让孩子把"有才干感"仅放在学习这一个面上。

△ 当孩子学习不顺时，家长应注意的事项

如果孩子一上小学就"学习不顺"，这时家长就要分析这个"不顺"是"暂时性不顺"，还是"长期性不顺"。

如果孩子的智力没问题，大思路也没问题，只是由于"思维不太适应识记性学习"或"某种学习意识的发育不到位"而引发的不顺，那这个不顺，就可能是暂时的不顺。这时家长要注意两点：一是不要急于让孩子的学习成绩提高，不要因为孩子的成绩没有提升而在言语上刺伤孩子；二是要相信孩子将来会提升学习成绩的，并要把这种信任明白地传递给孩子，以此保护孩子在学习方面的自信心和上进心。家长如果不这样，而是急于让孩子提高学习成绩，因为孩子的成绩不理想而不断地责怪孩子，刺伤孩子，那等到孩子本可以提升学习成绩的时候，恐怕就会真的提升不上去了。

如果主要是由于"智力差"而形成的不顺，那这样的不顺，就肯定是长期的不顺，并且会越来越不顺。这时家长就要正视这种情况，并及早做好相应的工作，不能让孩子把心理支撑点全放在学习上。

● 事宜16 让孩子在"家庭地位"方面有"恰当"拥有感

△ 让孩子在家里"有地位感"很重要

一个人的"地位感"主要有两个方面："家庭地位感"和"社会地位感"。

一个人在家庭中有地位感也是一种很重要的拥有感，让孩子获得这种拥有感对防止自卑心态和失衡心态的形成是非常有利的。

为什么从一个大人的气势中，能推断出他当下在家的地位，甚至还能推断出他小时候在家里的地位？就在于一个人的家庭地位感对人的气势有着明显的作用，就在于有家庭地位感的人所表现出来的那种内在底气，是那些缺乏家庭地位感的人所没有的，就在于小时候有家庭地位感的人所表现出来的那种内在底气更具有深层的特点。

当然，这里的地位主要指在事务方面的话语权、决策权、操作权。这种地位不是那种被家人娇宠所形成的生活方面的地位，恰好相反，而是孩子在有规矩意识、规则意识、适当听话意识的基础上才能拥有的地位。

孩子在家里的地位感与自主力也是相互关联的，恰当的地位感支撑着孩子的自主力，而自主力所主导的活动又会强化着孩子的家庭地位感。

要允许孩子在家里时不时地表现出咋咋呼呼的样子，因为那是他在家里有地位感的一种体现。如果让一个孩子在家里一直处于"灰溜溜"的状态，那就麻烦了。

一个有规矩意识、规则意识，有适当听从意识，又有自主力和地位感的孩子，将是一个多么充满活力又有内在气势的孩子啊！

△ 让孩子在家里"有地位感"的"强化点"

对孩子来说，他在家里有没有地位，那是一种感觉，家长要通过多种方式来强化孩子的这种感觉。

要多放手让孩子"**去自主**"。孩子的自主行为多了，他在家里的地位感自然就强化了。

要让孩子"**有话语权**"。当孩子在很多问题上发表自己意见的时候，家长要给予一定的认可，可以从孩子意见的内容上认可，也可以从孩子这种积极参与的态度上认可。即便仅是对孩子笑一笑，点点头，那在孩子的感受中，也都是认可，也都能强化孩子的家庭地位感。

家长有时也要向孩子"**示弱**"。家长要明确地承认自己在某个方面不如孩子，并表示自己在这个方面要向孩子学习，请孩子多帮助自己。让孩子觉得自己也有比家长强的地方，自己也有帮助家长的能力，这对孩子地位感的强化也是很有用的。

家长也要会"**认错**"和"**道歉**"。当家长在对待孩子的有些事情上做错时，家长要真诚地向孩子认错和道歉。在这件事情上，很多家长的认知有个误区，觉得只有保持自己完美的形象，孩子才会尊重自己。其实，在亲子关系正常的家庭中，家长若能向孩子真诚地认错和道歉，是很能赢得孩子赞佩的。如若孩子已经很清楚地认识到家长的错误，而家长还一再辩解的话，这不但不能提升家长在孩子心里的形象地位，反而会降低。

家长和孩子之间可以"**相互打分**"。家长不仅可以给孩子的表现打分，也可以让孩子给家长的表现打分。家长要求孩子认真听取自己的批评意见，那家长自己也要认真听取孩子的批评意见。这种做法好处多多：一是提升了孩子在家庭里的地位感；二是为孩子如何认真听取别人意见做了一个表率；三是能大大降低孩子在面对家长批评时的对抗情绪。

● **事宜17　要关注并化解孩子的"纠结"**

人的心里常常会有很多"纠结"的问题，在不那么"明事理"的孩子心中，这种"纠结"的问题会更多。

为什么有了妹妹之后，妈妈就不让我与她睡在一起了呢？

为什么有了弟弟之后，爸爸妈妈对我的态度就严厉很多呢？

为什么分明是弟弟的错，可爸爸妈妈却只训我一个人呢？

为什么妹妹喜欢的玩具，爸爸妈妈就给她买，而我喜欢的玩具，爸爸妈妈就不给我买呢？

为什么别的小朋友家里那么干净整洁，而自己家就乱糟糟的呢？

为什么圆圆的妈妈对圆圆那么好，而我妈妈对我总是凶巴巴的呢？

为什么爸爸妈妈两人一说话就要吵架呢？可他们总要求我对妹妹说话时要温和些啊，难道他们不懂得对人说话要温和这个道理吗？

为什么爸爸妈妈动不动就说要离婚？难道他们不知道我无论是没有爸爸还是没有妈妈都会很难受吗？

为什么我很想去农村的爷爷家里玩儿，可爸爸妈妈总是不带我去呢？

我也在努力学习，也想考好成绩，可每次考试分数怎么都这么低呢？难道真的是我很笨吗？

邻居家的亮亮也经常在外面玩儿，可他怎么每次都比我考得好呢？

每次都是同桌先打我，然后我才还手打他的，可老师为什么只批评我呢？

这些纠结如果在孩子心头长时间萦绕的话，会给孩子的心态带来明显的影响。

在众多的纠结中，"爸爸妈妈是否爱我"所形成的杀伤力是最大的。因此，家长一定要关注这一点，千万不能让孩子在"爸爸妈妈是否爱我"的问题上产生纠结。特别是家里有年龄相近的孩子时，家长则更要注意这一点。

化解孩子纠结的办法是"平等谈话"。只有通过平等谈话，家长才能知晓孩子的纠结所在。只有通过平等谈话，家长才能更有针对性地对孩子进行引导，进而化解孩子内心的纠结。

因此，家长一是要有帮助孩子化解纠结的意识，二是要与孩子之间建立平等谈话的机制。有了这两点，事情就好办多了。另外妈妈还要特别关注青春期女孩儿的一些困扰。

● 相关问题

△ 家长要"准确"判定孩子的"在意点"

不是家长让孩子拥有些好的东西，孩子就一定会产生拥有感的，而是家长要在孩子的"在意点"上让孩子拥有好的东西，孩子才会产生拥有感。在这里，孩子的"在意"与"不在意"，是能否产生拥有感的关键。如果是孩子不在意的地方，即便他拥有了家长认为的好东西，也难以产生明显的拥有感。

孩子的在意点具有孩子的个体特点。即便孩子有些在意点可能很不理性，但那也是由各种原因促成的，具有客在性。家长切不可根据自己的理性分析，来臆判孩子在意什么，而是要通过对孩子的认真观察分析，来判定孩子在意什么。

当孩子拥有某种东西后表现出特别兴奋的样子时，那这种东西就是孩子的一个在意点；当孩子谈及某人有什么东西而流露出羡慕之情时，那这就是孩子的一个在意点；当孩子怯怯地向家长提出某种要求时，不用说，那肯定是孩子的一个在意点；当孩子反复说不应该要什么东西时，家长要当心，那可能就是孩子认为家长不可能满足的他很在意的一个点。另外，认真观察孩子所处群体的谈论话题，也能帮助家长更好地把握自家孩子的在意点。

家长只有把握好了孩子的在意点，才能更有效地让孩子产生拥有感。而不至于在孩子不在意的地方，白费力地去满足孩子。

【培育点4】"管教出适当放弃意识"的"主要培育事宜"

——提供违逆情景，让孩子领教什么叫"行不通"！

● **基本认知**

△ 关于"管教"

人是群体生存的动物，随着社会的发展，各种群体性规则也越来越多。当人去执行那些与自己初始意愿并不一致的群体规则时，就意味着是对自己初始意愿的放弃。

孩子的先天都没有这样的"**放弃意识**"，也不会轻易就形成这样的放弃意念，要想让孩子形成这样的放弃意识，办法只有一个，那就是"**管教**"。

只有在孩子领教"不放弃"就"行不通"时，只有在孩子认知到"不放弃"不但"无果"，甚至还"不利"时，在趋利避害基本守则的驱动下，在无奈之中，他才会放弃。而这一次一次的放弃，就会促使孩子形成"**适当放弃意识**"。

因此，管教就是要让孩子"**领教什么叫行不通**"，管教就是给孩子提供行不通的"**违逆情景**"。

△ 关于"违逆情景"

"**违逆情景**"主要有三种。

1. **阻断情景**。
2. **不满足情景**。
3. **训罚情景**。

当孩子按照自己的意愿"去做某件事情"时，违逆情景就是阻断情景。

当孩子按照自己的意愿"提出某种要求"时，违逆情景就是不满足情景。

当孩子按照自己的意愿"把某件不该做的事情完成"时，违逆情景就是训罚情景。

这些违逆情景都是"效应情景"，属于效应情景中的"受挫情景"。提供这些受挫情景，让孩子在形成适当放弃意识的同时，也形成着"**规矩意识**"和"**规则意识**"。

△ 家长要充分认识培养适当放弃意识的"重要性"

家长必须要高度重视对孩子的适当放弃意识的培养。

没有适当放弃意识，就不会有适当听话意识，也不会有规矩意识和规则意识，也难以形成"任务意识"。没有任务意识，就难以培养孩子的"踏实认真习惯"。这对孩子的发展是十分不利的。

当一个孩子缺乏适当放弃意识时，他所表现出来的就是"**任性**"。一个任性、不懂规矩的人，不但办不好事情，就连与家人相处好都是很困难的。

● 事宜18　做好一岁前"起步期"的管教工作

管教工作的"关键期"是一岁到三岁。相对于"关键期"，一岁之前就是个"起步期"。

在孩子一岁之前，大多孩子还不会走路，身体运动的自主能力还很有限，所以管教工作的内容，主要是向孩子"**提供适当的不满足情景**"。

140

【培育点 4】"管教出适当放弃意识"的"主要培育事宜"

当孩子会用手、眼睛、嗯嗯的话语来表达自己的需求意愿时,"提供适当的不满足情景"的工作也就可以随之而启动了。

不是孩子想要的东西都要满足他,而是合适满足的就满足,不合适满足的就不能满足,这既是安全的需要,也是为孩子提供适当的不满足情景的需要。

这方面的操作难度并不大,关键是家长要有及早提供适当的不满足情景的意识。

家长必须要认识到,出生以后,孩子就一直在印痕着情景,而这些印痕的情景所形成的情景联想,对孩子素质的形成都是很有用的。决不能因为孩子小、不懂事儿,就可以忽视提供的情景对孩子素质形成的重要性。

● 事宜19　做好一至三岁"关键期"的管教工作

△ 家长要充分认识"关键期"工作的关键性

孩子最早在某个方面形成的意识叫"**初始意识**"。

当孩子在某个方面的初始意识开始形成的时候,家长引导孩子形成恰当的初始意识并不是一件多难的事情。但是,当孩子在这个方面的初始意识形成之后,家长再去改变这个初始意识就成了一件相当困难的事情了。因为已经形成的这个初始意识会凭借它对认知的主导力,有力阻止与之相对的思维活动的发生。所以,必须靠更强有力的东西去压制它,才能促使孩子违背"原主导者"的旨意,产生与之相对的思维活动,引发与之相对的行为,并在这些基础上,形成与之相对的新意识。在这一点上,初始意识、初始心态、初始习惯的情况是大致一样的。

因此,抓住初始期,让孩子形成恰当的初始意识,就成了做好培育工作的关键环节。而一到三岁这个年龄段就是孩子在"如何对待自己的意愿"方面,形成初始意识的初始期。

如果家长完全依顺孩子的意愿来对待孩子的做事,那孩子那原本就不想背离自己意愿的意念,就会变成"我没错"的"**任性意识**"。

如果家长给孩子提供了适当的违逆情景，能让孩子认识到"固守自己的意愿行不通"的话，他就会形成**适当放弃意识**。

至于提供多少违逆情景，才能让孩子认识到固守是行不通的，则是因人而异。先天性格倔的孩子要多一些，甚至要多很多。先天比较听话的孩子会少一些，甚至会少很多。但无论哪种情况，孩子一岁后，家长培养孩子适当放弃意识的那根弦就要紧绷起来了。

家长一定要清楚，孩子先天的那个原本的"固守意念"，若得到强化，就会变成任性意识。若不断弱化，就会形成适当放弃意识。因此，自家孩子将来会不会任性，就看家长这时的做法了。

△ **该阻断时就"阻断"，并且要"坚定"地阻断**

在向孩子提供阻断情景时，必须要有"坚定性"。

比如，墙上是不能乱画的。孩子画的时候，就要及时阻断。如果没照看好让孩子画到墙上了，家长就要当着孩子的面，马上把它清理掉，或者让孩子自己去把它清理掉，同时还要对孩子进行训责。

比如，贴画是不能在家具、墙上乱贴的。孩子到处乱贴的时候，就要及时阻断。如果没照看好让孩子贴到不应该贴的地方了，家长要马上当着孩子的面把它撕掉，或者让孩子自己把它清理掉。为了满足孩子想展示贴画的意愿，可规定某个地方可以贴，其他地方不能贴。

比如，电器是不能乱摸乱动的。必须要严禁孩子乱摸乱动。可以把纸片插进转动的电扇里，让孩子看到纸片被瞬间打碎的样子，以这样类似的情景来警示孩子。

比如，大人的手机是不能乱拿乱看的。必须从一开始就不要让孩子乱拿乱玩大人的手机，防止孩子养成摆弄大人手机的习惯。有些家长看到很小的孩子就能点开大人的手机，心里还挺高兴，觉得这是孩子聪明的表现，甚至还要夸赞孩子几句。可当孩子从鼓捣手机中获得越来越多的好感觉体验之后，当孩子对手机越来越感兴趣之后，大人再想去阻断就很难了。看手机对孩子的伤害实在是太大了，家长必须要十分当心，一定要坚定地阻断孩子去玩手机。

比如，到别人家是不能乱开抽屉翻东西的。孩子在自家打开抽屉找东西是可以的，但到别人家是不能这样的，家长必须要及时提醒和阻断。

一般来说，把不适宜孩子做的事情给阻断，基本上都能满足为孩子提供阻断情景的需要了。即便遇到比较难管的孩子，也不需要明显地扩大阻断的范围，只是在阻断的时候，要把阻断的行为做得更到位一些。

△ 该不满足时就"不满足"，并且要"坚定"地去不满足

一般说来，从道理上讲，什么时候该满足孩子，什么时候不该满足孩子，家长都是比较清楚的。如果遇到不怎么哭闹的孩子，相信很多家长都能在这一点上做得比较好。但是，如果遇到哭闹的孩子，尤其是遇到特别哭闹的孩子时，不少家长的做法就难以到位了。

孩子的哭闹中有两种成分。

1. 情绪性成分。

2. 手段性成分。

情绪性成分是孩子难受情绪的自然表达。手段性成分是孩子努力促使家长做出让步的一种手段。

在孩子很小的时候，主要是情绪性成分。但随着孩子的长大，慢慢就有了手段性成分，甚至在有些孩子身上，手段性的成分还要更多一些。

为了讨论方便，我把哭闹中的情绪性成分说成是"哭"，把哭闹中的"手段性成分"说成是"闹"。

于是，孩子的哭闹就有两种情况。

1. 以哭为主。

2. 以闹为主。

区分这两种情况可以看三点：一看眼泪。眼泪簌簌的，那是真难受啊，则多是以哭为主的情况。如果干号，没有什么眼泪，则多是以闹为主的情况。二看走势。当孩子的哭随着与大人的对峙呈现渐弱的趋势时，则多是以哭为主的情况。当孩子的哭随着与大人的对峙而出现渐强的趋势时，则多是以闹为主的情况。三看动作。如果有挥胳膊

蹬腿等肢体性动作，则多是以闹为主的情况。

面对是"以哭为主"的情况，家长在理解孩子情绪反应的同时，要根据具体情况来应对。如果孩子这时已经大了一些，已经形成了一定的适当放弃意识，那可以退让一步去满足孩子。但如果孩子的适当放弃意识还相当弱，且近阶段的不满足情景提供得还明显不够，那即便理解，也不能满足。

如果是"以闹为主"的情况，那家长就必须要坚定地去违逆，绝不能让孩子在脑子里印痕下"闹而成功"的情景。如果孩子实在太倔，家长难以让事情平复下去，那可以采用延时满足或部分满足的办法来缓解问题，至少不能让孩子印痕因闹而完全成功的情景。一旦让孩子获得一次因闹而完全成功的体验经历，他下一次再闹时的斗志就会增强很多。这种增强还是孩子理性的一种表现，趋利而动嘛。家长给了孩子成功的体验，又不想让孩子"为成功而闹"，那就太看低孩子的智商了。但即便是以闹为主的情况，其中也常常包含着一定的情绪反应，所以家长在不满足孩子的同时，还要对孩子的难受情绪做一定的安抚性工作。

如果面对孩子的哭闹，家长没有进行这样的理性分析，而是一味从心疼孩子的角度去应对，那势必要把孩子往任性的路上推去。

△ 该训罚时就"训罚"，并且要"坚定"地训罚

在两种情况下，就要去训罚。

其一，因"阻断无果"而发生"违章"行为时，要训罚。比如不穿鞋在地上跑。大人吆喝着要穿鞋，可他还是不穿鞋就跑开了。在这种情况屡屡发生之后，若没有训罚措施，孩子是很难改的。

其二，因"没来得及阻断"而发生"违章"行为时，要训罚。比如咬人。咬人动作发生的时间很短，等大人察觉到要阻断时，动作可能就完成了。对咬人的情况，是必须要训罚的。

"训罚"若细分，可分为"训责"和"惩罚"。训责是靠语言让"违章"的孩子难受，惩罚是靠非语言的方式让"违章"的孩子难受。

不论是哪种方式，实施训罚的关键都是两点。

【培育点 4】"管教出适当放弃意识"的"主要培育事宜"

其一，要让孩子感到"得不偿失"。

训罚时，要注意训罚的强度，只让孩子难受是不够的，还必须要让他感到得不偿失才可以。如果是不疼不痒的训罚，孩子由此获得的差感觉体验，远没有他由于任性而获得的好感觉体验多，那这个违逆情景就是无效的违逆情景，是不可能有管教效果的。

其二，要尽量减少对孩子情绪方面的伤害。

家长要控制好让孩子难受的强度，不能让这个强度触碰孩子的情绪红线。这里的红线指孩子在情绪方面的"难以承受之线"和"奋起对抗之线"。

不触碰红线的关键是家长对孩子情绪红线的判定要比较准确。人的承受力有很大的差异，这里有先天的原因，也有后天的原因，但不论什么原因，差异大是现实的。家长既不能根据自己小时候的承受力，来推测孩子的承受力，也不能根据一般孩子的承受力，来推测自家孩子的承受力，而必须要根据孩子自身的具体情况去进行判定。如果孩子的情绪确实是非常难受了，而不是为了要挟家长而装出来的难受，那家长就要当心了，且不论孩子该不该这样难受，家长都应该去安抚孩子。"该"与"不该"那是"理"的问题，"难受"与"不难受"是孩子的真实感受。是否触碰红线是由真实感受决定的，并不是由"理"决定的。如果遇到情绪反应敏感的孩子，家长的训罚方式也必须要温和一些，这也是不触碰情绪红线的需要。

家长还要注意，有些孩子特别倔强，但他的承受力并不见得高。倔强是一回事儿，是因为自主意念强；承受力不高是另外一回事儿，是因为情绪反应的敏感度高；两者不能混为一谈。如果家长遇到特别倔强而又情绪敏感的孩子，那管教的难度是非常大的，因为这种情况留给家长的既有管教效果又不触碰红线的空间很小，这个度很难把握。

在训罚结束后，家长一定要安抚孩子，及时缓解对孩子情绪方面的刺伤。要向孩子表示自己是爱他的，正是出于这种爱心，才这样费力地管教他的。也可以向孩子表示自己的内心是根本不想让他难受

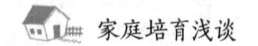

的，在他难受的时候，自己心里也不好受。

△ 千万不要"下次再说"

面对孩子的哭闹，不少家长都有管教孩子的意识，知道不能让孩子任性成功。但是，在自己各种小心思的作用下，又总想满足孩子当下的要求，于是就编造出一个能两全的理由："下次再说。"

在"下次再说"的哄骗下，既让家长感到自己没有违背要管教孩子的基本思路，也成全了自己想满足孩子的小心思，似乎是一个比较圆满的办法。

然而，在孩子积累相关情景的初始期，当他有了哭闹成功的经验之后，对他下次的哭闹行为肯定是一种有力的激励。面对升级后的哭闹，难道这些有着各种小心思的家长就真的能做到硬起手腕，来个"这次就说"吗？显然是不可能的。于是，一个接一个的"下次再说"，就把管教工作推到了一个形同虚设的位置。

当家长用"下次再说"哄骗自己的时候，看似他表达着对孩子的爱心，是出于对孩子的爱才这样的，实则对孩子的长远发展造成了很严重的影响，是很伤害孩子的一种行为。

在管教的工作中，也不是不能说"下次再说"，这要看具体情况。在孩子四五岁之后，落实"一管到底"的思路需要较长的时间，这就必须要在家长比较从容的时候才能处理此事，而在家长没有时间来"一管到底"的时候，那家长就可以来一个"下次再说"。对稍大一些的孩子来说，虽然家长并没有每次都管教，但即便间或地来一次"一管到底"，那正面效果也是很明显的。这与管教初始期的情况是有所不同的，在管教的初始期，"下次再说"是要贻误管教时机的。

● 事宜20 抓好三岁后"后续期"的管教工作

△ 孩子三岁时，家长管教工作的四种情况

由于孩子先天的情况不同，在关键期家长管教工作到位情况也不同，所以到孩子三岁时，家长所面临的管教工作的难度差异很大，大致有四种情况。

【培育点 4】"管教出适当放弃意识"的"主要培育事宜"

其一，**很省劲儿的管教工作**。如果家长在关键期的管教很到位，且孩子先天又比较乖，即"**两好**"的情况，那三岁时孩子的适当放弃意识也就"比较到位"，这时家长在后续期面临的就是很省劲儿的管教工作。

其二，**稍有难度的强化性管教工作**。虽然孩子先天也比较乖，但如果家长在关键期的管教很一般，或者家长在关键期的管教很到位，但遇到的是有点难管的孩子，即"**一好一中**"的情况，那三岁时孩子的适当放弃意识就会"明显不到位"，这时家长面临的就是稍有难度的强化性管教工作。

其三，**有很大难度的补救性管教工作**。如果家长在关键期的管教一般，遇到的是特别难管的孩子，或者遇到的是有点难管的孩子，但管教工作很不到位，即"**一中一差**"的情况，那三岁时孩子的适当放弃意识就会"很不到位"，这时家长面临的就是有很大难度的补救性管教工作。

其四，**极难完成的补救性管教工作**。不但家长在关键期的管教很不到位，而且遇到的又是特别难管的孩子，即"**两差**"的情况，那三岁时孩子的适当放弃意识就会"特别不到位"，这时家长面临的就是极难完成的补救性管教工作。

如果是"两好"的情况，那后续期的管教工作基本上就没有什么问题。如果是"一好一中"的情况，那问题也不大。但如果是"一中一差"的情况，那难度就相当大了。如果是"两差"的情况，那难度就非常大了。因为面对"两差"的情况，家长既要完成"很有难度"的自身工作状态的调整，还要去完成"很有难度"的补救措施的落实，两个"很有难度"的叠加，其难度就极大了。

由此可见，家长只有在关键期把管教工作做到位，后续期的管教工作才能容易些。即便遇到特难管的孩子，也不至于出现"极难补救"的情况。

△ 后续期管教工作的特点一："惩罚"成了一个重要的管教方式

三岁前，孩子年龄小，气势也低，所以在家长训责时，家长的态度对孩子是有较大的威慑力的。

三岁后，随着孩子对家长训责的适应力的加强，家长训责的效力就大不如以前了，慢慢地很多孩子都会把家长的训责当作"唠叨"。而一旦孩子把家长的训责当作了唠叨，那就是对家长训责彻彻底底的无视。孩子都无视了，还谈什么效果呢？

"怎么说一遍又一遍，就是不改呢？"许多家长面对大一些的孩子，常常会发出这样的责问，却没有去细想，这时候孩子对你训责的适应力都已经很强了，光靠训责还能有作用吗？

在训责的效力越来越弱，孩子的自尊心越来越强之后，"惩罚"也就慢慢地成了后续期的主要管教方式。

在管教的后续期，如果家长不去运用惩罚的手段，只想靠唠叨去改变孩子，那管教的效果将会是很差的。原因很简单，在孩子对家长训责的适应力增强之后，家长的训责给孩子带去的差感觉体验，很难让孩子产生"得不偿失"的效果。

△ **后续期管教工作的特点二：要巧用"罚站"**

在惩罚的手段中，人们用得最多也最方便的是"罚站"。

有人给罚站的地方起了一个很文雅的名字——**反思角**。如果说在罚站中包含着"思"，那这种"思"也不是孩子主动去"思"的，而是因"罚"而难受，因难受才去"思"的。

罚站看似是体罚，但它的效果并不只是身体方面的难受而引发的，而主要是精神上的无聊和处境上的难堪而引发的，我把这种惩罚叫"软惩罚"。相对于软惩罚，我把以身体难受为主的叫"硬惩罚"。

实施"罚站"，家长要注意三点。

其一，**"罚站"要有"协议性"**。

"协议"的目的就是让孩子能更好地接受罚站措施，少产生对抗情绪。

在孩子两三岁的时候，可以实行警示性罚站，即事先告知孩子"你要是那么做，可就要罚站了"。严格说这还不算是协议性罚站，但它与那种不警示而罚站的情况还是有所区别的。

【培育点 4】"管教出适当放弃意识"的"主要培育事宜"

等孩子到四五岁的时候，就要实行协议性罚站了。在"出现什么情况"时，进行"什么样的罚站"，是由家长与孩子一起商定的。在商定时，家长要多听从孩子的意见，只要孩子基本思路没太偏，那就按孩子的意见来。在你显示出尊重孩子的态度而与他商量时，孩子的意见也都会差不多的。采用孩子的意见越多，执行罚站措施时，孩子的对抗情绪就会越小。

对有些比较难管教的孩子，到他六七岁时，可能还要用到罚站的管教方式。但这时孩子比较大了，所以在罚站时，家长也可以坐在孩子的身边陪孩子，同时再不急不慢地给孩子讲一些道理，这样能更好地减少孩子的对抗情绪。

其二，"罚站"要有"质量"。

等孩子稍大些之后，罚站的次数不一定多，但每次的罚站必须要有质量。所谓有质量，就是让孩子体验一定量的难受感，让孩子能因这种难受感而产生得不偿失的认知。当然，家长要把握好度，并不是让孩子越难受越好。

为了保证有质量，家长要注意三点：一是罚站地点的"公示性"，就是要让别人能看到他被罚站了。二是罚站地点的"无趣性"，要少一些让他能关注的东西。三是罚站要有一定的"时长"。

其三，要"坚定性"与"弹性"相结合。

罚站的措施一旦与孩子商定好，那就要必须执行，这就是"坚定性"。

但随着孩子年龄的增加，孩子自尊心也越来越强，在执行惩罚制度时，还要注意有一定的"弹性"。当然，这里的弹性是在保证质量前提下的弹性。

这里有一个操作技巧。比如，如果你认为罚站十分钟就能有罚站效果的话，那在商定的时候，你就引导孩子把罚站的时间定为十五分钟。在商定时，孩子的假设更多地放在"自己不会再违章"上面，因此对罚站时间的稍加延长是不太在意的，所以不难引导成功。可是当真违章时被罚站且已经站了十分钟的时候，他对多站几分钟的反应就大不一样了。如果家长因为孩子站的状态好而免站了后面的五分钟，这就是弹性，它不仅能彰显家长的怀柔之心，而且又能促使孩子下次站得更好些。

△ **后续期管教工作的特点三："不管则已，一管到底"**

随着孩子的长大，随着管教难度的增加，随着那种不咸不淡的唠叨没有效果之后，"不管则已，一管到底"就成了管教工作的一个重要特点。

"一管到底"主要包含五个方面的内涵。

其一，**认错内涵**。一定要管到孩子认真地认错为止。认错的态度不认真那也不叫认错。

其二，**说理内涵**。当孩子认真地承认错误，对家长没有对抗情绪之后，家长再去平静地给孩子讲道理，以此理清孩子的认知。

其三，**纠错内涵**。有时不能只认错，还必须有纠正错误的行为。比如他刚才把东西扔到地上了，那在他认识到不对后，就要让他把东西捡起来。

其四，**夸赞内涵**。当孩子认真地承认了错误并用行为纠正了错误之后，家长要对孩子予以肯定，予以夸赞。

其五，**情感内涵**。要向孩子说："虽然你开始的做法不对，但你现在能认识错误，纠正错误，爸爸妈妈还是很喜欢你的。"别看话语不多，但却是很必要的。

认错内涵是一管到底的"**基本内涵**"。如果一个家长连让孩子认真认错都做不到，那管教还叫管教吗？

说理内涵和纠错内涵是"**强化性内涵**"，强化孩子对自己错误行为的进一步认知。

夸赞内涵和情感内涵是"**安抚性内涵**"，防止管教行为对孩子情绪方面的刺伤。

一个"基本内涵"，两个"强化性内涵"，两个"安抚性内涵"，这就是"一管到底"的五个方面的内涵。

在后续期管教孩子的时候，家长是否管教到位，就看这五个方面内涵的体现情况。如果家长能一管到底，把这五个方面的内涵都较好地体现出来，那管教工作肯定会有明显成效的。

当然，家长也会遇到倔得死不认错的孩子。如果孩子就是死不认错，那问题可能出在三个方面：一是先前的管教工作很不到位，让孩子特别任性了；二是孩子先天就特别的倔；三是家长得罪了孩子，让孩子内心聚集了很强的对抗情绪。如果是前两种情况，当"进"，只是家长不能"硬进"，要通过"耗"和"软磨"等办法，来促使孩子认真地认错。如果是第三种情况，当"缓"，先修复亲子关系，然后再试探着开展管教工作。

△ 关于"管教"的"大致结束时间"

管教的大致结束时间与孩子的适当听话意识的形成情况有关，在孩子较好地形成了适当听话意识之后，管教工作就可以大致结束了。就一般的孩子来说，这个时间应该是六岁左右。如果孩子比较乖，而家长的工作也相当到位，那结束的时间还要再早些。但如果遇到特别难管的孩子，那即便家长的工作相当到位，六岁的时候恐怕也难以结束。

七岁是个关键的时间点。七岁时的孩子已经有像样的认知能力和较强的自我意识，家长应该启动"**对孩子的全面尊重**"。因此，从道理上讲，到七岁的时候是必须要结束对孩子的管教。

如果七岁时，孩子还相当任性，可这时又要启动对孩子的"全面尊重"，怎么办呢？那家长只能采用谨慎的态度和讲究的方法，来试探着延续对孩子的管教工作。

● 相关问题

△ 相关问题一："管教"要有"统一性"

管教的统一性表现在两个方面。

其一，横向的统一。在对孩子的阻断和不满足方面，各位家长的做法要一致。不要这个家长阻断了，而那个家长不阻断，这个家长不满足了，而那个家长又去满足孩子。否则，管教的效果就大打折扣了。

其二，纵向的统一。家长的前后做法要一致，对于一件事情，不能一会儿不允许孩子做，一会儿又允许，没个准数，那样孩子心里的效应情景就会混乱，就难以形成适当放弃意识。

△ **相关问题二：面对孩子"突然变得不听话"，家长要多方面地分析原因**

孩子在成长的过程中，有时会"突然变得不听话"，面对这种情况，家长要多方面地分析原因。

其中原因之一就可能是孩子的自立能力和自主意识的"跨越式增强"。孩子成长到某个时段，他的自立能力和自主意识会跨越式增强，而他的气势也会随之而明显地增强。气势增强之后，再面对大人与自己的意见不一致时，态度上也会变得强硬很多，而这些强硬给大人的感觉就是更不听话了。

有人把三岁后的一段时间和十二岁后的一段时间说成是孩子的叛逆期，其实这种"叛逆"就是孩子的自立能力和自主意识的跨越式增强而引发的气势方面的变化。

有些孩子在小学时还是很听话的，一到初中，就突然变得很不听话了。有些家长不仔细分析，就说是初中的老师没把孩子教育好，让孩子变"坏"了，这显然是不恰当的。虽然可能存在少数这样的情况，但更多的是孩子自立能力和自主意识的跨越式增强引发出来的变化。

为什么人在生了一场大病后，对周围人的态度会变得温和呢？这与他在生病期间所产生的"自身能力并不那么强大"的认知是有关联的。可见，对自身能力的判定是会影响对周围人的态度的。

因此，当孩子突然变得不听话的时候，家长不要简单地说成是孩子的退步，而要仔细地进行多方面的原因分析，也许是孩子长大了的正常表现。

△ **相关问题三：家长不能把"情绪发泄"当"管教"**

"爱孩子"与"爱发脾气"是两回事儿，可不少家长却把两者混淆了。

【培育点5】"管教出适当听话意识"的"主要培育事宜"

家长因为爱孩子,所以看到孩子的状态不好,就着急、发脾气、训孩子,这也是人之常情。但如果家长发完脾气后就没有下文了,这就有问题了。因为如果是这样,主导家长行为的就仅仅是他的情绪,而不是对"如何让孩子改变状态"的认知。这种只会发脾气,而不思考如何让孩子改变状态的做法,不能叫培育,只能叫情绪发泄。

也许有些家长也思考了如何让孩子改变状态的问题,只是把发脾气当成改变的措施,那显然是不对的。

孩子小的时候,在家长面前是弱势的,是需要家长关爱的,因此家长要尽量控制自己情绪,不要在孩子面前发脾气。有时控制不住发了脾气,但当家长气消下来之后,别忘了还有两件事情需要做:一是要运作你那不包含情绪的处理办法,来恰当地面对孩子的问题;二是要对孩子进行适当的安抚,甚至道歉。如果家长把这两件事情做了,那你说自己的行为是爱孩子的,也还能说过去。但如果仅是"因气而训""气消而训止",再没有下文了,那就是彻头彻尾的情绪发泄了。

【培育点5】"管教出适当听话意识"的"主要培育事宜"

——家长恩威并重,让孩子领教什么叫"必须执行"!

● 基本认知

"适当听话意识"是"适当放弃意识"的一部分,是适当放弃意识在面对大人指令时所表现出来的那一部分,也是适当放弃意识中对孩子的成长发展最关键的那一部分。

虽然适当听话意识从属于适当放弃意识,但由于适当听话意识在孩子的成长过程中有着特别重要的意义,所以单列出来,再进一步加以讨论。

● **事宜21　家长的"指令"要有"坚定性"**

其一，**在有较大"可行性"时，才发出"指令"**。

这里的"可行性"包含两种情况：一是孩子一开始就会接受指令；二是孩子一开始不接受指令，但家长的一番努力能让孩子接受指令。

在发指令前，要有这样的可行性判定，然后根据判定结果来决定是否发指令。一旦家长发出指令，就尽量要让这个指令成为有效的指令，而不是落空的指令。

其二，**要树立"必须执行"的"权威性"**。

在孩子稍大些之后，也不是家长的所有指令孩子都要无条件执行的，那样的话反而显得家长任性了。但是，一旦家长说要"必须这样"的时候，那就是必须执行的。即便家长的指令不十分恰当，但一旦提出"必须这样"后，要努力让孩子去执行。不为别的，就是要让孩子领教家长说出"必须这样"后的坚定态度，就是要通过让孩子一次次地执行到位，来树立"必须执行"的权威性。

当家长说出"必须这样"，而孩子又拒不执行时，家长与孩子之间就出现了明显的意见冲突。在孩子稍大些之后，家长要想改变孩子的这种不执行的态度，常常还真不是一件简单的事情。这时家长要学会"不紧不慢地""一次又一次地""用坚定的语气"来表述自己的指令，既不因为孩子的不执行而发火，也不因为孩子的不执行而退缩；既不刺激孩子的对抗情绪，又给孩子留下能冷静思考的时间，让孩子感受到家长那种毫不退让的架势。

如果这样多次表述之后还没有奏效，家长可以进入"无言对峙"的状态，即家长不再说什么，也不去训斥孩子，就那么静静地、严肃地、期待地看着孩子，等待着孩子态度的改变。

如果还没有效果，那家长也可以去干自己该干的事务，但当与孩子碰面时，仍然是这么静静地、严肃地、期待地看着孩子，时不时用语言提示孩子应该去执行指令，以此表明家长对这件事情的关注和不放弃。如果家长这样做了，那即便这次孩子最终还是未执行，也能在不刺激孩子情绪的前提下，让孩子感受到家长指令的坚定性，也能提升"必须执行"在孩子心里的权威性。

对于较大一些的孩子来说，用这种坚定的态度来强化"必须执行"的权威性，比用发火的态度或粗暴的手段来强化"必须执行"的权威性，效果要好得多。因为后者会引发孩子的对抗意识，即便孩子这次去执行了，可对抗意识被强化后的负面作用也是很大的。

● 事宜22 优化"亲子关系"，防止孩子的对抗情绪

△ 关于"情感银行"与"情感卡"

我觉得，孩子的心里有一个"**情感银行**"，孩子周围的人在这个银行中都有一张"**情感卡**"。当你给孩子带来好感觉体验的时候，就是向情感卡中输入正值，好感觉体验越多，正值就越高。当你给孩子带来差感觉体验的时候，就是向情感卡中输入负值，差感觉体验越多，负值就越大。当输入的负值超过正值时，那就是"**透支**"。

透支就是亲子关系的一条红线。触碰了这条红线，就会引发孩子的对抗情绪。对抗情绪起来后，不管大人的指令是否合理，孩子都不愿去执行，这严重影响着"听话经历"的形成，也就影响着"适当听话意识"的形成。

在管教孩子的时候，无疑给孩子带去的是差感觉体验，往情感卡里输入的是负值。为了避免透支，避免触碰红线，家长就要及时往情感卡里充正值。人们说的"胡萝卜加大棒"，就是这个道理。而更好的做法则是要及早多给孩子带去些好感觉体验，让情感卡一直保持着较高数额的正值优势，那样根本就不会存在触碰红线的危险。

亲子关系好坏的关键是什么？就是家长的情感卡中正值数量。其实，不仅孩子是这样，大人也是这样。大人喜欢孩子的关键是什么？不就是孩子在大人情感银行的情感卡中的正值较多吗？如果孩子给大人带去的差感觉体验远远超过好感觉体验，大人还会喜欢他吗？

因此，优化亲子关系，就是要给孩子带去好感觉体验，就是要往

情感卡里充正值，就是要避免透支情况的出现。

△ **家长要认清向情感卡充正值的"铁律"**

向情感卡充正值的铁律：**"让孩子获得当下的好感觉体验"**。

为此，家长要认清两点。

其一，有爱心不见得就能充正值。家长对孩子有爱心，仅是优化亲子关系的前提，但不是只要有爱心，就一定能充正值。不管你对孩子多么用心、多么好，你当下让孩子难受了，情感卡里就要充负值了。

其二，与长远的效果无关。将来孩子能认识到家长对他有好处，那是将来的事情，只要当下孩子感受到的是难受，那充的当然就是负值了。

因此，当家长要往情感卡中充正值的时候，一定要为孩子提供"当下能让他感觉到"的实实在在的"好感觉体验"。

△ **充正值时，要注意孩子"多方面"的需求**

充正值的最简单的办法就是投其所好给孩子买东西。比如买孩子喜欢吃的食品、喜欢玩的玩具。充正值的另一个简单的办法就是满足孩子提出的活动方面的一些要求，比如去游乐场、去水上乐园、去动物园、去看电影。但这些都容易形成一些不好的习惯，家长要把握好"度"，不能娇惯了孩子。

随着孩子的长大，其他方面也能带来很强的好感觉体验，家长如果从这些方面去"讨好"孩子，也会收到很好的效果。

比如，**肯定孩子**。随着孩子的长大，大人对孩子的肯定会给孩子带来更强的好感觉体验。只是大人对孩子的肯定点要更准确些、更具体些，不能虚夸。如果家长能全面客观地去观察孩子，即便是面对较差的孩子，你也会发现他身上有很多可肯定的地方，对这些可肯定点予以恰当的肯定，是很能让孩子获得好感觉体验的。这种动动嘴就能充正值的方法，无疑是最省劲儿的。

比如，**与孩子一起玩**。无论是陪伴孩子玩儿，还是配合孩子玩儿，只要家长与孩子一起玩儿，孩子跑，你也跑，孩子跳，你也跳，孩子摆积木，你也摆积木，孩子就能获得很强的好感觉体验。如果家长能

【培育点 5】"管教出适当听话意识"的"主要培育事宜"

把自己的智商降低到与孩子相近或者还要比孩子稍低一些的水平，并时不时地向孩子请教一些问题，那孩子所获得的好感觉体验就更强了。这种只需要家长花费些时间放松自己，而不需要有什么能力就能充正值的方法，也是一个比较省劲儿的方法。

比如，**在孩子难受时安抚孩子**。孩子不小心把一个比较贵重的东西掉在地上摔坏了，孩子傻愣愣地站在那里等待家长的训罚，这时家长劈头盖脸地训斥孩子一番，好像也是应该的。但是，既然孩子傻愣在那里，就说明孩子已经认识到自己的错误了。这时如果家长这样说："我知道你已经认识到自己的不对了，今后拿这些东西时小心一点就是了。"这会让孩子获得莫大的安慰，这种安慰也会让孩子给你的情感卡充正值的。孩子的年龄越大，这种安慰感就会越强，充的正值就会越多。孩子考试没考好，自知理亏，怀着一种忐忑的心情来面对家长，这时家长若对孩子训斥一番，孩子也不会说什么。但是，家长若能体谅孩子的心情，给孩子一番劝慰与鼓励，孩子对家长的感激会很强烈的，并且这种感激之情也会比较持久，所以给你的情感卡充的正值也会更多些。

比如，**尊重孩子**。孩子大些之后，尤其在上学之后，他很想获得大人的尊重，虽然他不会说出这样的想法。这时，家长若能给予孩子较多的尊重，让孩子的自尊心得到较大程度的满足，孩子无疑也会给你的情感卡充入较多正值的。

△ 关于家长之间"情感卡值"的"侧重性"

"侧重性"是指**那个担当着主要管教任务的家长的情感卡要有更高的正值**。

只有这样，当这位家长去管教孩子的时候，孩子才不容易产生对抗情绪。如果担当管教任务的家长的情感卡中的正值明显低于那些不怎么参与管教工作的家长，那当这位家长去管教孩子的时候，孩子就容易在对比中对管教人产生不满情绪，由此而引发对管教人的对抗情绪。

这看似简单的事情，其实要做好它也是不容易的。关键是大人们要根据侧重性原则达成共识，大家要把能收买孩子的机会多留给那个主要管教孩子的人，而不是各顾各地设法与孩子近乎，并以此炫耀于人。当主要管教人情感卡上正值不足的时候，大家尤其要注意做好这一点。

● **事宜23　优化"自身形象"，获得孩子的更多认可**

家长若能获得孩子的更多认可，孩子就会更愿意执行家长的指令。相反，如果家长在孩子心中是"让人难以接受的人"，那孩子面对家长的指令时，就容易产生对抗情绪。

基于这个认知，为了能让孩子更好地执行自己的指令，进而形成更好的适当听话意识，家长就要注意优化自己在孩子心中的形象。

在不同的阶段，孩子心中的"好家长"会有不同的内涵。对一个刚上小学的孩子来说，"好家长"除了能满足他生活中的一些小心愿外，常常还有其他一些内涵。

1. 是一个不唠叨的家长。
2. 是一个能不那么误解自己的家长。
3. 是一个在自己难受的时候能给予安抚的家长。
4. 是一个能帮助自己解决很多学习问题的家长。
5. 是一个讲文明懂礼貌的家长。
6. 是一个不乱发脾气的家长。
7. 是一个没有明显坏习惯的家长。
8. 是一个有能力且乐于助人的家长。
9. 是一个能虚心接受别人意见的家长。
10. 是一个孝敬老人的家长。

"唠叨"是上学后的孩子心里很"烦"的事情，"误解"则会给上学后的孩子带去明显的伤害，于是"别唠叨""别误解"成了很多孩子对家长的期望。"眼看自己努力了，可家长就是要说自己没努力。""眼看自己认真了，可家长就是要说自己不认真。"当孩子在心里这样嘀咕的时候，他是很难受的。当家长让孩子难受的时候，绝对会影响孩子对家长的评价。

家长要注意从多方面来优化自己在孩子心中的形象，以此来促使孩子能更好地执行自己发出的指令。

【培育点6】"培养承受能力"的"主要培育事宜"

——通过承受经历，让孩子"不脆弱"！

● 基本认知

△ 关于"承受能力"

"承受能力"的内在是"承受习惯"，属于"适应习惯"，是由主体对某种刺激的反应强度的降低而形成的。

孩子对各种情景刺激的先天性敏感度是很不一样的。如果孩子对某种刺激的先天反应力弱，他就容易形成这方面的承受习惯。如果孩子对某种刺激的先天反应力强，他就不容易形成这方面的承受能力。但这并不是说人对某种刺激的"先天反应力"越弱越好，一是要分情况，对有些方面的先天反应力弱一些比较好，而对有些方面则不是这样的；二是要分程度，弱到某个程度会好一些，但再弱的话就不好了。人的情绪反应是生存的需要，我们不能单从培养承受能力的难易这一个方面去考虑。

当孩子某方面的承受力表现得很弱的时候，家长要清楚，很可能是孩子这方面先天的反应敏感度高造成的，而先天的反应敏感度高又是由负责这块情绪反应的神经核团的反应阈值低和反应动能强这些纯生理性的因素决定的。所以家长要理解孩子，而不能训斥孩子。

与"承受能力"相关的词语是："承受经历""承受习惯""承受意识"。它们的关系是：通过"承受经历"，培养"承受习惯"，进而促成"承受意识"和"承受能力"。

△ 关于"承受能力"的分类

在培育工作中,"承受能力"可分为三个方面。

1. 对身体难受的承受能力,叫**"吃苦能力"**。

2. 对做事不顺的承受能力,叫**"抗挫能力"**。

3. 对各种委屈的承受能力,叫**"涵容能力"**。

△ 培养各种"承受能力"的"关键"

培养吃苦能力的关键:**让孩子获得一定的"吃苦经历"**。

培养抗挫能力的关键:**让孩子获得一定的"抗挫经历"**。

培养涵容能力的关键:**让孩子获得一定的"涵容经历"**。

先天承受情况是一个基点,但单有这个基点是不行的,还必须有后天的承受经历,才能形成各种承受能力。

● 事宜24 借助孩子的"活动兴致",培养"吃苦能力"

△ 借助"初始兴致期",让孩子获得"吃苦经历"

在人的本能欲求中,有一项是"动欲"。在孩子有能力完成某种活动的初始阶段,他对这种活动是很有兴致的,于是有了一个活动方面的"初始兴致期"。家长应该利用这个初始兴致期,让孩子费些力去做那个他有兴致的事情,并通过在这些活动中的吃苦经历,来培养他的吃苦能力。

在孩子的成长过程中,这样的"初始兴致期"有很多。

比如,在他刚会扫地时,他对扫地就有很大兴致。

比如,在他刚会擦桌子时,他对擦桌子就有很大兴致。

比如,在他刚会刷碗时,他对刷碗就有很大兴致。

比如,在他刚会帮大人提东西时,他对提东西就有很大兴致。

如果出于种种考虑,家长没有利用初始兴致期来让孩子做某些事情,而等孩子初始兴致期结束了,才让孩子去做某些事情,并想通过这些事情来培养孩子的吃苦能力,那就困难多了。

当孩子处于做某件事情的初始兴致期时,家长要放手让孩子去做,这不仅是培育吃苦能力的需要,也是培养孩子做事能力的需要,也是孩子探究世界的需要。不要怕孩子做不好、费力气，或者怕孩子弄坏一些东西，而不让孩子去做。

△ 借助孩子感兴趣且有"较强体力付出"的活动，让孩子获得"吃苦经历"

随着生活条件的优越和孩子在成长过程中劳务性活动的减少，日常生活中的吃苦锻炼活动变得越来越少了，这时，利用孩子感兴趣且有较强体力付出的活动来提升孩子的吃苦能力，也就成了一种培育孩子吃苦能力的常用方式。

在家长要安排孩子参加一些他感兴趣的活动时，除了考虑提升专业素质的需要外，还要考虑培养他的吃苦能力的需要。

比如舞蹈，它就是一个较多女孩儿比较感兴趣且又能提升吃苦能力的活动。

比如轮滑，它就是一个较多男孩儿比较感兴趣且又能提升吃苦能力的活动。

比如爬山，它也是一个很多孩子比较感兴趣且又能提升吃苦能力的活动。

有些孩子对这些活动未必一开始就有兴趣，需要经过一个适应期，然后慢慢才会有兴趣。这个适应期的长短因活动类型及孩子的情况而异，一般是两个月至半年。当家长觉得自家孩子的基本素质可以适应某项活动时，那就不要因为孩子一说不想学，就马上让他停止，而是要让他坚持一段时间，然后才考虑是否停止。若过了一段较长时间后，孩子还是没兴趣，那就不要为难孩子了。如果家长想把某项活动作为孩子的发展专业来培养，那则需要更长时间的坚持，才能决定是否停止。

家长要知道一个人身体的潜能是很大的，如果不借助一些活动来强制孩子去发挥的话，他很难对自己的身体潜能有一个比较正确的评估。在一个孩子对自己身体的潜能有一个较好的认知后，他身体方面的承受力就会得到明显的加强。

我经常对家长说的一句话是："你不通过这些活动来让孩子吃苦，你还能怎样让他吃苦呢？如果缺失了吃苦能力，那孩子今后很多的事

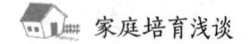

情都难以干好。即便外出旅游，那也是需要吃一些苦的。"

△ 借助"专项拓展训练"，让孩子获得"吃苦经历"

等孩子大一些后，可以通过一些专项的"拓展训练"来提升孩子的吃苦能力。一般来说，孩子对拓展训练也会有一定兴趣。

参加拓展训练时，家长要注意三点。

1. 要给孩子讲道理，说明培养吃苦能力对人生的重要意义。

2. 参加哪种拓展训练，要征求孩子的意见。

3. 事先给孩子鼓劲，要不怕吃苦，要坚持到底。

在参加拓展训练时，要努力让孩子完成从不适应到比较适应的过程，而不要在孩子"难以适应"的阶段结束活动。要让训练给孩子带来"进步感"和"逐步适应感"，而不是"望而生畏感"。对那些孩子难以坚持下来的拓展训练，压根儿就别让孩子参加。

● 事宜25　别让孩子生活得"太好"，培养"吃苦能力"

我常向人们表明一个观点："富有人家在培养孩子方面有他占优势的地方，但穷苦人家也照样能培养出优秀的孩子。"

为什么会这样说呢？因为富有人家的孩子更容易获得好的教育资源，但穷苦人家的孩子更容易具备吃苦能力、责任意识、拼搏意识。而这三种意识绝对是孩子将来干好事情的重要素质。

如果富有人家在让孩子获得优质教育资源的同时，也能让孩子具有较好的吃苦能力、责任意识、拼搏意识，那富有人家的孩子可就真的"富有"了。

因此，那些比较富有的家庭，那些让孩子没有那么多吃苦机会的家庭，就不要在"让孩子少吃苦"方面做过多努力了，不用费心费力地"让孩子少吃苦"了。让自己不那么费劲儿一些，也让孩子多一些培养吃苦能力的经历，岂不是"两得"吗？何必非要把"两得"的事情变成"两伤"的事情，把自己累得要死，又剥夺掉孩子培养吃苦能力的机会呢？

其实，这中间包含的也是"小爱"与"大爱"的区别。当家长不那么"用心"地照顾孩子的时候,并不是对孩子爱的缺失,而是对孩子"大爱"的一种展示。而那种生怕孩子吃一点苦受一点累的做法,看似是对孩子的爱,却只是一种"小爱",还是因小失大的"小爱"。

所以,这里提出"别让孩子生活得太好"的培养思路,就是告诫家长别费心费力地把孩子培养吃苦能力的机会给剥夺掉。

● 事宜26　利用"做事不顺",培养"抗挫能力"

在培养孩子的抗挫能力方面,孩子的情况不同,培育工作的思路也不同。孩子的情况大致有三种。

1."素质很好且情况很顺"的孩子。

2."自信心还可以且情况比较顺"的孩子。

3."自信心不足且情况不顺"的孩子。

针对这三种不同的孩子,有三种明显不同的工作思路。

其一,对"素质很好且情况很顺"的孩子,家长要**有意为孩子安排一些抗挫经历**。

"很顺"的情况,容易造成孩子抗挫经历的缺失,难以形成抗挫能力,所以家长必须要有意为孩子安排一些抗挫经历。可以在一些较有难度的事情上,安排孩子去尝试。成功了,提升了孩子的办事能力。失败了,让孩子多了一次抗挫的经历。这些孩子在自信心方面都是没有问题的,不涉及不自信心态的问题,因此不怕让他受挫。对那些有点盲目自信的孩子,可以在他盲目自信的方面,让他去做一些有一定难度的事情,在让他获得抗挫经历的同时,也会让他的头脑更清醒些,打压一下他的盲目自信。

其二,对"素质还可以且情况比较顺"的孩子,家长可"**大致顺应孩子**"。

对这样的孩子,家长既不用刻意为孩子安排什么抗挫经历,也不用特别费心费力地让孩子避免所有的受挫,而在那些不明显影响长远发展的方面,让孩子自然地去承受一些不顺,去承受一些打击,并由此获得抗挫经历。

其三，对"自信心不稳且情况不顺"的孩子，家长要"**尽量减少孩子的受挫**"。

这类孩子的受挫经历不是不够，而是过多。面对这些孩子，家长要做的事情主要是两点：一是努力减少孩子的受挫；二是面对避免不掉的受挫时，家长要努力帮助孩子承受住这些挫折。

● 事宜27　利用各种"委屈"，培养"涵容能力"

△ 早期管教工作是培养孩子"涵容能力"的重要的"基础期"

管教是给孩子提供违逆情景的，在这些违逆情景中，无论是阻断情景，还是不满足情景，还是训罚情景，无一不是让孩子感到难受的，无一不是让孩子心里感到委屈的。孩子对这种委屈的承受经历，就是在提升着他对委屈的涵容能力。其实"涵容"也是一种"放弃"，放弃了，才愿意去涵容。抓好了早期的管教工作，不但培养了孩子的适当放弃意识，也让孩子获得了涵容经历。

一个先天有些倔且对委屈又敏感的女孩儿，如果家长的管教工作不到位，而后来的涵容经历又缺失，那她不仅会"特别任性"，而且还会"特别脆弱"。两个"特别"叠加到女孩儿身上，当她离开家庭进入社会时，她的处境岂不让人十分堪忧吗？

因此，家长一定要多角度地认知早期管教工作的重要性，一定要让孩子获得适量的涵容经历。

△ 利用孩子在外面遇到的"委屈"，让孩子获得"涵容经历"

在孩子小的时候，他的委屈主要是由家长的管教引发的。在孩子进入"社会"之后，他的委屈主要就是别人对他的态度引发的。

比如，一直在一起玩的好朋友，突然不知什么原因不与他玩了，让他感到的委屈。

比如，关系一直比较好的小朋友，在给别的小朋友送小礼品时，偏偏没有给他送，让他感到的委屈。

比如，在课堂上，他多次举手，可老师就是一直没让他发言，让他感到的委屈。

【培育点6】"培养承受能力"的"主要培育事宜"

当孩子面对这些委屈的时候，家长要鼓励孩子去承受这些委屈。并劝慰孩子，这些都是人们相处时会经常遇到的正常情况，要学会去承受的。当孩子的情绪由委屈变平静时，他就完成了对这次委屈的承受经历。

有时当孩子的委屈情绪过强时，就要想办法让孩子缓解下。比如对孩子说："对方可能在家遇到了什么难受的事情，心情特别不好，所以没有理睬你。他也不只不理睬你，对别的同学也这样，你要体谅他的心情。"

当孩子的委屈情绪过强时，家长也要以平和的态度去对待，既不要说孩子不应该这样感到委屈，也不要说对方做得不对，只需用平和的态度陪伴孩子完成对委屈的承受。如果家长说孩子不应该这样，这本身就是对孩子的否定，这种否定会让孩子更感到委屈，而不利于孩子情绪的平复。

有时家长会觉得，分明是很小的事情，怎么就会产生这样强的委屈情绪呢？不应该啊！家长之所以会这样想，是家长依据自己对这种刺激的反应敏感度来推定孩子的，这就是思路上的不对。家长不应该根据自己的反应敏感度来推定，而应该根据孩子的反应敏感度来推定。一般来说，在委屈情绪方面，孩子是不会作假的，都是孩子依自己的反应敏感度产生的真实情绪。当家长感到孩子在某种刺激下反应过激的时候，那只说明孩子对这种刺激更敏感，而不是孩子反应不当。

有些孩子对别人不当态度的反应过激，可能是另外一个原因导致的，那就是失衡心态。在失衡心态的淫威下，孩子是不可能形成涵容能力的。所以，一旦是失衡心态引发的反应过激，家长首先要做的就是帮助孩子改变失衡心态，待孩子失衡心态改变后，再去培养孩子的涵容能力。

面对心态失衡的孩子，家长最不能做的就是否定孩子，因为那样会让孩子更失衡。家长一定要切记这一点。

【培育点7】"培养任务意识和责任意识"的"主要培育事宜"

——通过强制与激发，让孩子"知干事"！

● **基本认知**

△ 关于"任务意识"和"责任意识"

如果孩子把某件他原本不愿干的事情当作即使自己难受也要去干的事情时，他就具有了在这件事情上的"**任务意识**"。

如果孩子把某件他原本不愿干的事情，当作即便家长不要求，自己也要把它干好的事情时，他就具有了在这件事情上的"**责任意识**"。

由此可见，责任意识是任务意识的升级版。它不但增加了"**自觉性**"内涵，还增加了"**要干好**"的内涵。

任务意识和责任意识都属于"**干事意识**"。

孩子总会在某些事情上有任务意识和责任意识的，但就有利于孩子的发展来说，关键要看孩子在"**主要事情**"上是否具有任务意识和责任意识，家长必须要努力促使孩子在主要事情上形成任务意识和责任意识。

在孩子成长阶段，孩子的"主要事情"就是"学习活动"。因此，我们也主要围绕学习活动来讨论孩子的任务意识和责任意识。

△ 让孩子形成"任务意识"与"责任意识"的"重要性"

其一，任务意识和责任意识是"**培养踏实认真习惯**"的"重要基础"。

没有任务意识，就不想去干，怎么能踏实呢？没有责任意识，就不想去干好，怎么能认真呢？不踏实、不认真，又怎么培养踏实认真习惯呢？

其二，责任意识是"**自主谋划活动**"的"重要基础"。

面对非兴趣的事情，人只有有了责任意识，有了要去干好的意念，才会引发"怎样把它干好"的自主谋划活动。如果就没有"要去干好"的想法,那还去"谋划"什么呀?即便有谋划,那也是不包含积极内涵的谋划。

△ 培养"任务意识"与"责任意识"的"前提"

培养孩子任务意识与责任意识的前提是"适当听话意识"和"承受能力"。

没有适当听话意识,孩子怎么能坐下来去干他不愿干的事情呢?没有承受能力,孩子又怎么会去干事而让自己受累呢?不愿干的事情不去干,又怎么能形成完成任务的经历呢?没有完成任务的经历,那任务意识能从天上掉下来吗?

所以,要培养任务意识和责任意识,就要先让孩子具有适当听话意识和一定的承受能力。

● 事宜28　促使孩子形成"任务意识"

孩子的任务意识在孩子入学前就要培养,即便没有培养得很到位,需要通过入学后完成老师布置的作业任务的经历来强化,但能培养出一个较好的基础,那也是十分必要的。

在学前期培养孩子的任务意识,要注意两点。

其一,**任务要有明确的"规定性"**。

任务的"规定性"分两个方面:"时间的规定性"和"内容的规定性"。

"时间的规定性"指"在什么时候"进行"多长时间"的学习活动。比如每天晚上学习三十分钟。

"内容的规定性"指每次完成"多少量"的学习任务。比如,每次描红半页,或每次计算二十道数学题等。

每次学习的时候,时间和内容两个方面的规定必须都要完成。即时间不到时,不能停,内容没学完时也不能停。时间的规定性防止孩子潦草应付,内容的规定性防止孩子磨蹭,只有从两个方面都去要求,才能更好地保证每次完成任务的质量。

当然,在运行时也要适当灵活,眼看孩子高质量地完成了规定的内容，那就作为奖励，让孩子可以早点结束，而不是眼看孩子高质量地完成了规定的任务，家长再随意给孩子添加任务。如果要添加，也要征得孩子的同意后，方可增加。但如果孩子没有高质量地完成规定的任务，那就必须要严格执行时间方面的规定性了。

其二，**落实任务要有一定的"严格性"**。

任务的"严格性"有两方面，一是不能因为家里有事儿就轻易取消孩子当天的任务。二是不能因为怕孩子太累，就轻易取消当天的任务。这种看似偶尔的取消，却会极大影响孩子对任务"不得不完成"特性的认知。在孩子看来，如果任务是可以取消的，那在自己实在不愿干的时候，也就可以与家长申述一番了。这种申述行为的发生，对培养孩子的任务意识是非常有害的。

在落实任务的严肃性上，家长要搞清楚两个孰轻孰重。

其一，要清楚让孩子"学知识"与让孩子"形成任务意识"孰轻孰重。

如果家长关注点放在学知识上，那偶尔取消一两次任务，是不会对学知识造成多大影响的，就会比较随意地去取消孩子当天的任务。但如果家长的关注点放在培养任务意识上，那他就会非常留心孩子对"不得不完成"的认知，也就不会轻易取消孩子当天的任务了。

其二，要清楚让孩子"当下轻松些"与让孩子"形成任务意识"孰轻孰重。

如果家长清楚让孩子形成任务意识对孩子未来学习的重要意义，那他还会因小失大，为了让孩子当下轻松些，而影响对孩子任务意识的培养吗？他还会用让孩子当下轻松些的方法，来表示对孩子的爱吗？那是肯定不会的了。

● 事宜29 在"晓以利害、做好获益"中，强化责任意识

"晓以利害"就是向孩子讲事情做好时的好处、做不好时的害处。在这一点上，很多家长都做得比较好。

"做好获益"对学习活动来说，分两个方面。

【培育点7】"培养任务意识和责任意识"的"主要培育事宜"

1. 考出好成绩时获益。

2. 非成绩性进步时获益。

前者，家长大都做得比较好。而后者，做好的家长就不多了。

孩子能从学好中获益，无疑会强化孩子把学习搞好的信念，这种信念无疑会强化孩子应该把学习搞好的责任意识。获益越多，这种强化的效果就越明显。

对于学习成绩好的孩子来说，靠考出好成绩的获益就能让自己对学习的责任意识得到较好的强化。但对于那些学习不太好的孩子来说，光靠考出好成绩的获益，是难以让他的责任意识得到明显强化的。所以面对这样的孩子，家长必须要去关注孩子细小的进步，并予以充分的夸赞和奖励，以此让孩子在学习活动中能有较多的获益，以此让孩子对学习的责任意识得到更有力的强化。没有益处的事情谁愿意去干呢？

"非成绩性进步"分两个方面。

1. 局部性进步。

2. 状态性进步。

虽然孩子的整体学业水平提升不大，但孩子将一道他以前做不出来的题做出来了，那就是"局部性进步"。甚至题虽然没有做出来，但在解题过程中的某些步骤上有不同于以前的新进展，那也是"局部性进步"。孩子虽然没有获得局部性突破，但在解题时，思考得更认真了，思考的时间更长了，那就是"状态性进步"。

如果家长能去这样关注孩子的进步，并予以孩子充分的夸赞和奖励，那岂不是学习成绩再差的孩子，只要他是在努力做这件事情，也都能较多地"获益"吗？这些获益对学习成绩差的孩子来说都是非常宝贵的，对强化他们的责任意识也都是非常重要的。

● 事宜30　在"大处肯定、小处促进"中，强化责任意识

孩子对学习的责任意识不仅要表现在他"把学习搞好的宏观设想"上，更要表现在"把每一个知识点都学好的努力"上。

在宏观设想上，想把学习学好的孩子很多。但在具体的学习点上，能去努力学好的孩子却不是很多。

强化孩子责任意识的办法之一就是"大处肯定、小处促进"。

"大处肯定"是来保护孩子要把学习搞好的"整体意向"的。

因为这些孩子的学习成绩大都不好，致使他们在整体学习上的信念不是那么坚定，只有从大处来肯定孩子，才能让他挺直腰板，才能让他有底气坚守自己把学习搞好的整体意向。

"大处肯定"之"大"指两个方面。

1. 从长远的角度来肯定孩子，相信孩子几年后的学习成绩是会上来的。

2. 从综合素质方面来肯定孩子，不要紧盯学习成绩来评说孩子。

到孩子七八岁之后，当孩子在学习上不顺的时候，孩子最希望得到的是什么？是家长对他的信任与肯定，是家长不会因为他当下的学习不顺而否定他。因此，当家长面对学习不顺的孩子，去信任和肯定他的时候，不仅会坚定孩子要把学习搞好的整体意向，也会让孩子对家长产生感激之情，而这种感激之情也同样有强化孩子责任意识的作用。

"小处促进"是要促使孩子在具体学习时呈现出更好的学习状态。

虽然家长是从大处来肯定孩子的，是相信孩子过几年能把学习成绩提上去的，但这种提上去是有条件的，这个条件就是：在具体学习的时候，孩子的状态必须要到位。因此，家长在对孩子"大处肯定"的同时，一定要下力气去抓好孩子的"小处"，要清楚地点明问题，要耐心地进行引导，要提出严格的要求，采用一些惩罚措施，甚至还是有相当强度的惩罚措施。

"大处肯定、小处促进"就是要在"一护一促"的结合中，让孩子的责任行为和责任意识得到强化。家长既不能因为对孩子大处的肯定，就忽视小处的问题，也不能因为小处有问题，就不去肯定孩子的大处，两者必须要区分对待，相得益彰。

【培育点7】"培养任务意识和责任意识"的"主要培育事宜"

● 事宜31　在"尊重协商、惩罚担当"中，强化责任意识

△ "惩罚"是"训责无效"时的"补充措施"

面对比较难管的孩子时，家长对孩子的唠叨会比较多，所以这样的孩子到七八岁的时候，他的抗训责力也会被磨炼得很强。这时，即便面对家长的严厉训责，有些比较"顽"的孩子还是不会去认真改变自己那习惯性的不提劲儿状态。面对这种情况怎么办呢？就要尝试着通过让他去吃一些苦头的办法来促使他改变，这些苦头就是惩罚。

△ 关于"惩罚方式"

惩罚方式有多种。

比如罚写字。当孩子不用心，在进行多次订正和巩固之后，还是把某个字写错时，就要警告他，如果他再把这个字写错，就罚他将这个字写两行，如果在第一次罚后还写错时，那罚写的行数要再多些。

比如罚做题。当孩子不用心，将多次订正的某类型题还做错时，就罚他再做三道同类型的题。如果在第一次惩罚后还做错时，那罚要做的题就再多些。

比如罚抄课文。当孩子不用心，一再记不清老师布置的作业，家长多次要求也没有效果时，就罚他抄一篇课文。

类似这样的惩罚叫"任务性惩罚"。在落实任务性惩罚的时候，时间点很重要，应该把这个时间点放在孩子把当天的作业全面完成之后。在这个时间让孩子完成惩罚的任务，一方面不会因为这些添加的任务而打乱正常的学习秩序；另一方面，放到最后让孩子做，能让孩子更明显地感觉到这些惩罚对他自由时间或休息时间的侵占，让他更深刻体验到自己不用心带来的难受。

除了任务性惩罚，还可以有其他惩罚。

比如可以沿用后续管教期的罚站。

比如可以减少孩子看电视的时间。

比如可以取消一些原来安排的游玩活动。

家长要注意，让孩子吃苦头就仅是吃苦头，都是要适度的，而

不能伤及孩子特在意的东西或特在意的活动，更不能伤及孩子的自尊心。

△"惩罚"要"有商量"，要"平静而坚定"

当用惩罚的办法来应对七八岁孩子的时候，家长要落实的惩罚措施须是与孩子一起协商而制定出来的，这叫"有商量"。

家长要与孩子坐在一起商量具体的惩罚措施。比如向孩子说："坐姿不对，对身体和眼睛的危害都很大，必须要纠正。我已经向你说了几年了，可你还是没有改。咱总不能这样眼睁睁地等着眼睛出毛病吧。现在你也长大了，你说用什么办法，能让自己改掉这个毛病？"如果孩子提出了沾点边的办法，那就按孩子的方案去运行，要给孩子用自己的办法去尝试的机会。如果孩子的办法不太好，那等孩子尝试无果之后，就再去与孩子协商新的解决问题的办法。

在落实协商出来的惩罚措施时，家长的态度也要从训责时的严厉转换成惩罚时的"平静而坚定"。"平静"指说话时很平静，"坚定"指语气上很坚定。家长要明白这个时候能触动孩子的是惩罚，而不是家长的训责，所以家长也就不必再去严厉了，若严厉训责有用的话，也就不用来惩罚了。

家长可以平静地提醒孩子那些已经进入惩罚程序的问题点。比如对孩子说："你综合式子中的小括弧可不能再忘写了，再忘写就该受惩罚了。"比如对孩子说："你刚才的坐姿没坐好，已经警告过两次了，若再没坐好，就该罚站了。"通过平静的提醒，可以强化孩子对问题点的关注，而孩子的更加关注，就是对责任的强化。反复地提醒，就是反复地强化，其作用也是不可小觑的。如果通过家长的多次提醒，能让孩子在不受惩罚的情况下，强化责任意识，那就是一个比执行惩罚还要好的结果。但如果提醒后，还是出错了，那就要坚定地依约而罚了。一旦进入惩罚环节，就不要再吵孩子，也不要再训责孩子，严格执行惩罚的措施就是了。

在让孩子接受惩罚的时候，还要注意引导孩子的"担当意识"。勇于担当的行为能强化孩子"要改进"的意念。

【培育点7】"培养任务意识和责任意识"的"主要培育事宜"

△ 要做好"惩罚"的"记录"

要专门有一个"惩罚记录本"来写与惩罚相关的内容。

这些内容有：

1. 写惩罚措施。写明出现什么情况的话，要受到什么样的惩罚。

2. 记录惩罚措施的实施。写明在什么时间，因什么原因，进行了什么样的惩罚，并注明是这类情况的第几次惩罚。

3. 在惩罚结束后，可以让孩子写一两句想法、感受之类的话。

4. 如果孩子当天有特别好的表现，可以免罚。那就写清楚免罚的原因。

惩罚记录本的作用有四点。

1. 加强惩罚活动的条理性。它是有计划、有步骤的事情。

2. 强化惩罚工作的严肃性。它不是家长随意拍脑袋想出来的事情。

3. 清楚地记录某种情况的第几次惩罚，便于惩罚的加重。

4. 经常让孩子翻看惩罚记录本，便于加深孩子对问题点的认知，便于加强孩子对整个惩罚活动的重视，也能增大惩罚对孩子的威慑力。为了增加这个威慑力，可以在惩罚记录本的封皮上，写上一个大大的"罚"字，再圈上一个重重的圈儿，形成较强的视觉冲击力。

通过惩罚记录本，把围绕惩罚的事情做得更周全些，就会促使惩罚产生更好的效应。

● 事宜32　在"情感感化、希望寄托"中，强化责任意识

"情感感化"就是要让孩子感受到家长对他的好，就是家长要让自己在孩子的情感银行的情感卡中有较多的正值，它会促使孩子产生对家长的回报意念。

"希望寄托"就是家长要明确向孩子说出自己的希望点，以此，促使孩子在回报意念的基础上，围绕家长的希望点，形成责任意向和责任行为。

一般家长的希望点都是与孩子的长远发展相关联的，所以加强孩

子对家人希望点的责任意向，常常也就是在加强孩子对自己长远发展的责任意念。

家长要注意"希望点"与"要求"是不同的。希望点只是家长的愿望点，让孩子知晓就可以了，不能反复说，更不要求孩子去做什么。只有当父母只是让孩子了解自己的希望点，而不是要求孩子一定要怎样做的时候，孩子才会有更强的回报意念，才能更好地围绕父母的希望点形成责任意向。

当孩子围绕着父母的希望点形成责任意念和责任行为的时候，那受益的就不仅是父母，也包含着孩子，因为它能促使孩子呈现更好的奋斗状态。因此，家长让孩子知晓自己的希望点，并不仅是为自己好，也是为孩子好。

由对家人的回报意念而引发的责任意识属于"**社会性责任意识**"的一种。这里的"社会"包含家庭、团队、国家、社会等。对家人的责任意识是一个人社会性责任意识的基点，如果一个人对家人都没有责任意识，那他对其他人是很难有责任意识的。

相对于对家人、对团队、对国家、对人类的社会性责任意识，那种"为增强自身能力"而引发的责任意识叫"**自强性责任意识**"。

当孩子不仅有较好的自强性责任意识，而且还有较好的社会性责任意识的时候，他在心志方面就是一个比较成熟的人了。

● 相关问题

△ 关于"贪玩意识"与"偷懒意识"

与干事意识相对的是"**贪玩意识**"和"**偷懒意识**"，它们是孩子形成任务意识和责任意识的绊脚石。

有些孩子先天就特别喜欢玩，特别喜欢偷懒、讨巧、省劲儿，就是不愿把自己的聪明劲儿往费力气的事情上用。

遇到这样的孩子，家长培养他任务意识和责任意识的难度就会大大增加。由于任务意识和责任意识难以到位，紧随其后，对踏实认真习惯的培养也增加了很大的难度。

面对这样的孩子，家长急也没用，气也没用，这不是"急"和"气"能解决的问题，家长要注意三点。

1. 要有信心。没有信心，家长自己就会垮下来。

2. 要有耐心。没有耐心，就会乱了方寸，就会举措失当。

3. 要不断地调整自己的应对招数。随着孩子的长大，随着他自尊心和自主意识的加强，你不变招不行啊！

【培育点8】"培养踏实认真习惯"的"主要培育事宜"

——培养踏实认真习惯，让孩子"能干事"！

● 基本认知

△ 关于"踏实认真习惯"

培养孩子的踏实认真习惯是培育工作的四大要务之一。

这里的踏实认真习惯主要指孩子在"学习活动"方面的踏实认真习惯。

一个孩子是否具有踏实认真习惯，是在他不愿干而又需要干的事情上才能体现出来的。虽然一个孩子玩游戏时也能做到非常踏实、非常认真，但你不能因此说他具有踏实认真习惯。学习是孩子需要干，而对绝大多数孩子来说又是不愿干的事情，因此一个孩子学习时的状态，能较好地说明他是否具有踏实认真习惯。

△ "踏实认真状态"的三点内涵

踏实认真状态包含三点内涵。

1. **稳稳地干**。稳稳地干是踏实认真状态中的"踏实"内涵，也是踏实认真状态的基础内涵。对学习来说，就是稳稳地坐下来学。

2. **专心地干**。对学习来说，就是在学习时，不去想与学习无关的其他事情。

3. **用心地干**。对学习来说，就是在学习时，能用心地去听、去记、去写、去理解、去思考。

专心地干、用心地干都是踏实认真状态中的"认真"内涵。

● **事宜33　要认清孩子身上的"三大先天素质"**

在孩子身上，与踏实认真状态相关的先天性因素很多，主要的有三个。

其一，孩子做事时的"**先天韧劲儿**"。

同样是干自己喜欢的事情，有些孩子在遇到不顺的时候，会动脑筋解决问题，进而使活动持续较长的时间。但有些孩子一旦遇到不顺，就马上不再对这件事情感兴趣，要终止这件事情，而不是去通过努力来解决问题，进而把事情做好。孩子在活动初始时就表现出来的这种不同，就是先天韧劲儿的差异所引发的。孩子有没有做事的"韧劲儿"，对孩子学习时能否"踏实"影响很大。

其二，孩子面对家长指令时的"**先天倔劲儿**"。

先天倔劲儿是相关的神经核团对"要放弃自己的意愿"时所产生的特别强的情绪反应所引发的，而不是孩子主观所决定的事情。所以说孩子先天倔了，那就是倔了，不是谁能改变的，家长要认清这种情况。从另外一个方面说，有倔劲儿也是孩子有个性、有主见的特点，并非全是坏事。但是这种倔劲儿给培养孩子踏实认真的习惯带来的阻力是非常明显的。

其三，孩子思考问题时的"**先天专注劲儿**"。

一个孩子先天专注劲儿的大小是一个人思维中心的"稳定性特点"所决定的，而这个"稳定性特点"又是由相关神经核团的兴奋特点决定的。

如果一个孩子在思考事情时，主要是与该事情相关情景的神经核团处于兴奋状态，那这个孩子的先天专注劲儿就会比较好。如果一个孩子在思考事情时，除了与该事情相关情景的神经核团处于兴奋状态外，还有一些与该事情不相关情景的神经核团也处于兴奋状态，那孩子在进行思维时，他的"思维中心"就会在多个神经核团之间跳来跳

【培育点 8】"培养踏实认真习惯"的"主要培育事宜"

去,那这个孩子的专注劲儿就比较差了。如果跳得特别频繁,特别活跃,那这个孩子的专注劲儿就特别差了。

一个孩子在这三个先天素质方面的情况,直接影响着培养踏实认真习惯的工作难度。如果孩子的这三大先天素质都特别的不利于踏实认真状态的形成,即先天韧劲儿特差、先天倔劲儿特强、先天专注劲儿特弱,这就是家长培养踏实认真习惯要面对的"三特情况"。如果仅有两项特别不利于踏实认真习惯的培养,那就是家长要面对的"两特情况"。一项不利者,就是"一特情况"。

遇到"一特情况",就会给培养踏实认真习惯的工作带来很大的难度。遇到"两特情况",那就是两个"很大难度"的叠加。遇到"三特情况",那就是三个"很大难度"的叠加。

家长要尽早认清自家孩子身上这三个方面的先天素质的情况,以此清楚自己培养孩子踏实认真习惯的工作可能要面对的难度。

如果家长面对的是"一特情况",那你必须要打起精神,做好心理准备,来面对这有很大难度的培养工作。如果面对的是"两特情况",那就不是你打起精神就可以解决问题的了,你必须还要在方式方法上有更多的讲究。如果遇到"三特情况",那若能让孩子具有较好的踏实认真习惯就是培育工作方面的奇迹了。奇迹不是能轻易创造出来的,家长自己若非培育高手,那就必须要在培育高手的指点下,才有可能出现这样的奇迹。

面对"三特情况",家长的培养工作就像是处于一个很小的夹缝之中。你不管束他,他的韧劲儿与不专心劲儿就难以改变。可你管束得稍一用劲儿,他的倔劲儿就会启动,从而对你产生明显的对抗意识。这样的孩子,一旦对家长启动较强的对抗意识,事情就没法办了。不能不管束他,又不能触发他的倔劲儿,这中间只有一个好小的夹缝。而要在这条处于不断变化状态的夹缝中运行,就只有一个办法:根据不断变化的情况,不断调整自己的运作状态,时左,时右;时紧盯,时放手;时亲和,时严厉;时客在分析,时鼓励引导。

相反,如果家长遇到的是一个在这三个方面都很好的孩子,那家

177

长只要不娇惯孩子,孩子就能形成很好的"踏实认真习惯"。

在培养踏实认真习惯方面,孩子的先天素质不同所带来的培养难度的差异是极大的。

在这个方面,我的两个女儿的情况差异就特别大。我在小女儿身上花费的劲儿是大女儿的几十倍,但小女儿的踏实认真状态还远不如大女儿的到位,其差别大得让我感慨不已。其实,小女儿也是一个懂事、积极上进的孩子,只是由于先天因素的作用,让她形成踏实认真状态的难度太大,即便我懂一些培育之法,应对起来也是一个极大的挑战。到她八九岁的时候,踏实认真状态还明显没有到位,学习成绩也比较差,而她又是一个自尊心很强,对别人的评价特别敏感的孩子。为了保护孩子的心态,我对她说:"你现在考试成绩差,爸妈都不会责怪你,因为那不是你主观方面的问题,而是很多先天性的不利因素都集中到了你身上。虽然这些因素的出现不是你能控制的,但它们毕竟在你的身上,只有下决心努力改掉这些毛病,你的学习才能进入正常的状态,才能考出自己的正常成绩。爸妈也都会努力帮助你改掉这些毛病。"以此让孩子把关注点放在状态的改变上,而不是成绩的提升上,以此让成绩差激励孩子改毛病的心志,而不是去刺伤孩子对自己的信心。

单就培养踏实认真习惯方面的难度差异,家庭培育工作都具有"不可比性",何况还有心态素质和其他方面的差异呢。

● 事宜34　抓好对踏实认真习惯的"早期培养"

这里的"早期培养"指正规学习之前对孩子踏实认真习惯的培养。这个正规学习也包含在家里由家长安排的正规学习活动。

早期对孩子踏实认真习惯的培养,主要是通过他感兴趣的活动来进行的,主要是对孩子做事韧劲儿的培养。

如果孩子在这个时期,在自己喜欢且有一定难度的事情上,能稳稳、认真地干较长的一段时间,那对他后面的踏实认真习惯的形成,将非常有作用。但如果仅是在他喜欢但没有难度的事情上,能稳稳、认真地干较长的一段时间，那对他后面的踏实认真习惯的形成，作用不大。

因此，家长抓住那些孩子"喜欢""有益"且"有难度"的活动，来努力促使孩子出现稳稳、认真地去干的状态。

家长促使孩子"稳稳、认真地去干"的措施主要就是"陪"和"协助"。"陪"能让孩子干得更有兴致些，"协助"能让孩子遇到不顺时更耐心些。

孩子小时候活动遇到不顺时，他解决问题的能力比较弱，主要表现为缺乏解决问题的信念。所以，当孩子遇到不顺时，如果家长能协助孩子解决问题，可以强化孩子"自己能解决问题"的信念，这种信念的强化能促使孩子在活动时更有韧性。

对于那些先天活动韧劲儿不好的孩子来说，如果不这样去提升他的活动韧劲儿，那等他去学习的时候，也会一遇到有些难度的问题就退缩，就不干，那他在学习方面的踏实认真状态就很难形成了。

● 事宜35　努力让孩子学习时能"坐稳"

△ 强化"任务意识"，促使孩子"坐稳"

任务意识是孩子能稳稳地坐下来学习的基础意识。如果孩子没有任务意识，一心只想着去玩儿，那他是没法稳稳地坐下来学习的。

只是，由于孩子的先天素质不同，这任务意识"到位"的标准也不同。对在踏实认真状态方面先天素质比较差的孩子来说，这个到位的标准是比较高的。对在踏实认真状态方面先天素质特别差的孩子来说，这个到位的标准是特别高的。当自家的孩子没有像别的孩子那样坐稳学习的时候，并不见得是自家孩子没有任务意识，而可能是自家孩子的任务意识没有达到他自己所需要的标准。

如果遇到在踏实认真状态方面先天素质特别差的孩子，家长就要清楚，只有当自家孩子的任务意识达到特别强的时候，他的任务意识才能压制住自己对学习的"烦劲儿"，进而呈现出比较"稳"的学习状态。而当自家孩子的任务意识还没有达到他需要的强度时，家长能做的工作就只能是耐心地去强化孩子的任务意识。认清了这一点，家长就会对自家那个坐不住的孩子多一分理解，多一分耐心，少一些训责，这对促使孩子形成踏实认真习惯是非常重要的。

△ 要恰当面对因"学习不顺"而"坐不稳"的孩子

学习顺者，学习时的难受劲儿就小，就不会感到学习那么累，那么烦，所以就容易坐得住、坐得稳。

相反，如果学习不顺的话，学习时孩子就会很累、很难受、很烦。谁也不愿在感到很难受、很心烦的活动中长时间地待下来，于是就很自然地难以坐稳了。

对"学习不顺"的孩子还要做具体的分析。

如果是孩子"智力不太好"导致的学习不顺，家长除了理解孩子、贴近孩子、不责难孩子外，还要注意两点：一是降低对孩子学习成效的要求；二是不声张地全力协助孩子去解决学习方面的问题。

如果是孩子的"不操心""不努力"导致的学习不顺，家长要注意三点：一是通过引导，让孩子认清自己学习不顺的原因，促使孩子树立自己可以学好的信心；二是通过适当的管束，迫使孩子去把学习的事情做好；三是通过协助，帮助孩子去把学习的事情做好。

△ 要恰当面对因"特别喜欢玩儿"而"坐不稳"的孩子

即便孩子也觉得自己应该去学习，即便他自己也想去学习，但如果孩子特别喜欢玩，玩的活动对孩子的吸引力特别强，那就会导致孩子一心想去进行玩的活动，而不能稳稳地坐下来学习。

虽说喜欢玩是孩子的天性，但孩子之间的差异还是很大的。有些孩子仅是去随意地玩儿，而有些孩子却是有想法、有设计地去玩儿，并从中获得强烈的乐趣。一个孩子能从玩儿中获得很强的好感觉体验，那也需要有很多好的素质来支持的，也都不是太笨的孩子。当这样的孩子只想玩儿而不想干其他事情的时候，那也是孩子趋利避害的一种本能反应，是没有多大错的。但是，就是这原本没多大错的情况，却会对孩子的学习状态产生非常明显的影响。

面对这样的孩子，家长在理解孩子、引导孩子的同时，还要进行

【培育点 8】"培养踏实认真习惯"的"主要培育事宜"

一些限制。如果孩子放学后特别喜欢在外面玩儿，那就想办法限制他放学后在外面的自由时间。如果孩子特喜欢与一帮孩子搅在一起玩儿，那家长就要想办法让孩子与那帮孩子分开。如果孩子通过上网来玩儿，那家长就要从上网条件方面来限制孩子。

有一个六年级的孩子由于贪玩不学习，成绩倒数，把他父亲愁得直摇头，一点办法都没有，内心已经很无奈地认为"这孩子完了"。但上初中时，把他送到了我们学校的住宿班，结果孩子像变了一个人似的，稳稳地、一步一步地提升成绩，最后考上了一所重点大学。把他父亲高兴得不得了，见我时就说："这个转学，把孩子给救了。一个眼看完蛋的孩子竟然考上了重点大学！"

我对这件事情的思考是：这个孩子在转学之前，肯定是已经认识到"不能这样玩下去了"，只是在那个环境中，他难以控制自己。转学后，借助于住宿环境对玩的限制和学习环境优化后对他学习信心的增强，他一下子把自己的玩心给控制住了。在这里，改变的环境虽然只是一个促进作用，但在关键的时候，这个促进作用也是非常重要的。若没有这个促进作用，全靠孩子自己去控制，恐怕就困难很多了。

△ 面对"坐不稳"的孩子，家长不能"唠叨不停"

学习需要一个安静的环境。家长如果在孩子身边不停地唠叨，一是会破坏学习的安静环境，二是会搞差孩子的情绪状态。在这种情景下，孩子哪里还愿意稳稳地坐下来学习呢？

家长换位思考：如果你单位的领导对你的工作不满意，并在你工作的时候，不停地在你身边唠叨，你还能有心思把工作干好吗？

遇到这种情况，家长要做的是：如果有问题需要提醒孩子，那就在孩子学习之前，向孩子说清楚。而在孩子进入学习状态后，家长就要努力为孩子营造一个安静的学习环境，而不要在孩子耳边不停地说问题。如果家长在孩子的学习过程中发现了孩子的问题，对那些"点"一下孩子就会立马明白的，家长也可以提示一下孩子。但对那些已经说过很多遍的问题，即便家长发现，也不要再随口就说，而要

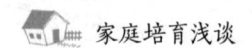

等孩子学习结束后再说。不但在孩子学习时不能唠叨孩子，即便是不学习的时候，家长也不能因学习的问题而过多地唠叨孩子，那样也会增加孩子学习时的烦劲儿。

△ 要恰当面对因"不能吃苦"而坐不稳的孩子

不能吃苦与不愿吃苦有所不同。不愿吃苦的孩子常常只是在他不感兴趣的事情上不吃苦，而在他感兴趣的事情上，他还是可以吃苦的。但不能吃苦的孩子则不同，无论是在他感兴趣的事情上还是不感兴趣的事情上，他都不吃苦。这样的孩子常常就是那些被家长娇惯得不像样的孩子。

出现这样的情况，家长要彻底改变自己娇惯孩子的做法，抓紧时间去补救性地培养孩子的吃苦能力。既可以借助其他活动来培养孩子的吃苦能力，也可以借助学习活动来培养孩子的吃苦能力。

● 事宜36　努力让孩子学习时能"专心"

△ 强化"任务意识"和"责任意识"，促使孩子"专心"

任务意识和责任意识是促使孩子学习专心的重要因素。

与促使孩子"坐稳"一样，孩子的先天素质不同，促其"专心"所需要的任务意识和责任意识的到位标准也不同。当自家孩子没有像别的孩子那样出现专心状态的时候，并不见得是自家孩子没有任务意识和责任意识，而可能是自家孩子的任务意识和责任意识没有达到他自己所需要的标准。这时，家长应该做的是：要进一步强化孩子的任务意识和责任意识，促其达到专心状态所需要的强度。

△ 要恰当面对因"先天专注力特差"而"不专心"的孩子

遇到因先天的专注力特差而不专心的孩子，你说他是主观上不重视学习，好像也能说通，因为如果他特别重视学习时，也的确就不会这样不专心了。但家长还是不能忽略孩子思维跳跃性强的原因，因为在这种思维跳跃性强的情况下，要达到一般孩子的专心状态，他所具备的任务意识和责任意识的强度要比一般孩子高很多才可以。认清了这一点，家长就不会说自家孩子因为任务意识和责任意识缺失而不专心，而会说自家孩子需要更强的任务意识和责任意识，才能像一般孩子那样专心。如果有了这样的认知，家长就会用更恰当的态度来面对孩子。

△ 要恰当面对因"担忧情绪"而"不专心"的孩子

孩子平时学习时的担忧情绪就像考试时的担忧情绪一样，都是会分散孩子思绪的，而这样的分散思绪又是讲道理所根本无法改变的，都是由客在性原因所决定的。

"担忧情绪"又分两种。

其一，**一般性担忧情绪**。指因没掌握好所学知识而担心自己把题做错或者担心考试分数太低所产生的担忧情绪。

其二，**心态性担忧情绪**。指只要面对学习活动，心里就会有一种担忧情绪，而不管当下自己所学的知识到底掌握得怎么样。

"心态性担忧情绪"是"一般性担忧情绪"的升级版，当一般性担忧情绪持续存在较长时间时，就有可能升级为"心态性担忧情绪"。一旦孩子把担忧情绪升级为"心态性担忧情绪"，那纠正起来就太难了。

因此，当发现自家孩子存在有因一般性担忧情绪而影响专心状态时，家长就必须要努力减淡孩子的这种情绪，这既是促使孩子专心的需要，也是优化孩子心态的需要。

家长减少孩子"一般性担忧情绪"的办法主要有三点。

其一，**帮助孩子把学的东西学会**。这点是最根本的，但也是最不容易做好的，因为面对这样的孩子，家长大都已经是很努力地帮助他了。只是当家长发现孩子因担忧情绪而影响专心状态的时候，家长就要"更加努力地"去帮助孩子把所学的东西学会。

其二，**减小孩子的学习压力**。引导孩子去认识：虽然学习好对一个人的发展非常重要，但也不是说学习成绩不好的孩子将来就一定没有出息，只要自己心态好，努力干，将来也能成为有出息的人。

其三，**减少因孩子学习成绩差对孩子的训责**。这点非常重要。有些比较正的孩子，他们对大人的态度特别在意，大人的态度稍微有点严厉，就会让他产生很难受的情绪，同时也会引发他对学习不好的更加担忧。面对这样情绪敏感的孩子，家长必须也要敏感些，要仔细观察孩子的情绪状态，努力减少对孩子的训责。

如果孩子已经形成"心态性担忧情绪"的话，那家长所面临的首要任务就不再是培养孩子的踏实认真习惯了，而是如何纠正孩子的"不自信心态"。

△ 一个促使孩子"专心"的简单办法——"陪"

在家里也有一个促使孩子专心的简单办法，那就是"陪"。

孩子在家长的眼皮子底下是不容易跑神儿的，环境的氛围能促使人更提劲儿地去控制自己。不仅孩子是这样，大人也是这样。

"陪"就是一种对自由的限制。当孩子学习的时候，有家长陪在身边，会明显减少孩子的跑神儿情况。

陪孩子学习，也是有讲究的，家长要注意三点。

第一点：要"**静**"。

"静"指家长要静，要安安静静地坐在那里陪伴孩子，而不能弄出各种声响，也不能时不时地离开座位去别处，为孩子营造一个"安静"的小氛围。

第二点：要"**干**"。

"干"指家长要干事情，最好是看书学习，最不能做的事情是在那里看手机，努力为孩子营造一个"干正事"的小氛围。

第三点：要"**不盯**"。

"不盯"指家长不要盯孩子。既不要盯孩子的状态是否到位，也不要盯孩子做题时是否做正确，写字时是否把字写好。既不能与孩子说话，也不能用眼睛一直看着孩子。如果发现孩子需要喝水的时候，你可以轻手轻脚地去给孩子倒一杯，然后一句话不说地放在孩子面前就是了。要努力为孩子营造一个"能让孩子安心"的小氛围。

记得我做高中班主任时，与一个精神不振、学习不提劲儿的男生谈话。一开口我就说："你是一个人住一个房间的。"他说："是。"二十世纪八十年代，城市住房紧张，能单独住一个房间的孩子很少。

【培育点8】"培养踏实认真习惯"的"主要培育事宜"

我之所以能确定他是一个人住一个房间，是因为只有每天都有大量的时间胡思乱想的时候，来学校后才会出现这种比较萎靡的精神状态，而每天都能胡思乱想较长时间的一个重要条件就是单独住一个房间。如果有家长在身边陪着，情况就不会是这样的了。

现在家庭住房条件普遍好了，孩子很小的时候都有属于自己的房间了，这是好事，但也有不好的一面，那就是限制的作用小了，孩子容易走神了，容易胡思乱想了，也容易偷看一些不健康的东西了，这是需要家长特别当心的。

● 事宜37　努力让孩子学习时能"用心"

△ 强化"任务意识"和"责任意识"，促使孩子"用心"

任务意识和责任意识是促使孩子学习用心的重要因素。

对能从学习活动中获得较多好感觉体验的孩子来说，他可能只是为获得这些好感觉体验，学习时就会用心了。但对于学习不顺的孩子来说，要想让他比较费劲儿地去用心，没有很强的任务意识和责任意识是根本不行的。

△ 要恰当面对因"习惯性学习标高低"而"不用心"的孩子

孩子学习时的用心离不开任务意识和责任意识，但也并不是有了任务意识和责任意识，就一定会用心。有些孩子的不用心是由"习惯性学习标高低"造成的。他不是因为知道自己没记住而不去用心背记，而是因为"觉得自己已经记住了"才不去用心背记。他不是因为知道自己没理解而不去用心理解，他是因为"觉得自己已经理解了"才不去用心理解。

遇到这样的情况，家长不要过多地训责孩子，因为学习标高都是习惯性的感觉，而习惯性的感觉不是你说改变就能改变的东西。

应对这种情况的主要办法是"**大量提问**"。

通过大量提问，一方面让孩子逐步认识到自己的那种"认为自己记住了"的感觉是不对的，那种"认为自己理解了"的感觉也是不对的；另一方面，通过提问，也实实在在地帮助孩子把该记的东西给记住了,该理解的东西给理解了。

提问的内容可以涉及多个方面。

比如,有些重点题的解题思路,要时不时地提问孩子,让孩子给你讲讲,以此促使他对这些题的理解更加到位。

比如,老师上课讲的内容,到家里后,也要提问孩子给你讲讲,以此促使他上课更用心地去听讲。

比如,家长给孩子讲的题,他表示听明白后,也要提问他再给家长讲一遍,防止他不懂装懂。

比如,写错的字词、公式、诗句等,更要反复提问,以此促使他记住。

"大量提问",有条理、有计划地"大量提问",要比用训责的办法效果好很多,它不但有效地促进了孩子的学习,还有效地避免了孩子在情绪方面受伤害。

在提问时,如果家长能引导孩子根据自己对某点内容的记忆程度,划出一二三的等级,然后再协助孩子把等级低的逐步向高处推进,那对提升孩子的记忆标高将会有明显的作用。

△ 通过"成功经历",促使孩子"用心"去想

孩子用心后的成功会给孩子带来很强的好感觉体验,这种好感觉体验会有力地促使孩子下次更好地用心。

家长要做好两点。

其一,让孩子**"想而能成"**。

家长要选择那些孩子用心后能成功的学习点,引导孩子有一定韧性地用心思考,并努力协助孩子去成功。

这里的协助也是要讲究方式方法的。比如可以先将提示的内容讲给孩子,然后向孩子说:"虽然我对你进行了提示,但剩余的部分难度还是很大,你要努力去想明白。"在这样的协助下,孩子突破后,就能获得较强的成功感体验。如果不是这样,而是先让孩子去用心,在孩子左冲右突都难以突破后,家长再去指点孩子完成突破,那即便家长指点的是同样的内容,但这种"点拨在后"让孩子获得的成功感

体验就大不如"点拨在前"的明显了。因为前者会让孩子有明显的顺感，而后者则会让孩子有更多的挫感。对用心思考的积极性还比较低的孩子来说，挫感还是要尽量少一些。若是个已经很能用心思考问题的孩子，那你让他去左冲右突一番，以此开拓他的探究思路，那倒是完全可以的。

其二，让孩子"**想而多成**"。

"想而多成"的"多"有两层意思。一是"想而成功"的次数要多。二是要尽量让"想而成功"比"想而未成"的次数明显多。也就是不但要让孩子增加想而成功的次数，同时还要尽量减少想而未成的次数，让想而成功所获得的好感觉体验在孩子的感觉构成中占有更大的优势，这样就会促使孩子对用心有更大的兴致。

● 事宜38　要恰当面对踏实认真状态方面的"老大难"

△ 面对六七岁"老大难"的"六点措施"

面对六七岁时踏实认真状态严重不到位的孩子，可采用六点措施。这六点措施是在三个时间点上的六种做法。

平时就注意的"**放手**"。

遇到问题时的"**训罚**""**平复**""**引导**"。

问题处理后的"**跟进**""**优化**"。

遇到六七岁时的"老大难"孩子，家长就要从这六点措施全面入手，做好对孩子踏实认真状态的促进工作。

如果家长认真落实了这六点措施，那坚持一段时间后，肯定都会有成效的。本来是这六个方面的工作，可如果家长只会去"训罚"，且未必能"训罚"到点上，那要想改变"老大难"的学习状态，就相当难了。

△ 要注意"平时"的"放手"

"放手"就是不要事事都去干涉孩子，让孩子有自主处理自己事情的机会，即便孩子处理得不是很恰当，不那么让家长满意，但也要放手让孩子自己去处理。

如果家长的前期培育工作还比较过关的话，那在踏实认真习惯方面的"老大难"孩子，大都是先天比较倔强的孩子。这些孩子自主自立的意念都是很强的，他们很想按自己的想法去行事，家长必须要让这些孩子的这份能量有个适当发挥的空间。如果不让他们去做，他们心里就不顺，就难受，就容易对你产生对抗情绪。当对抗情绪主导孩子并表现为对抗行为的时候，那家长的培育工作就很难有成效了。

放手就是弱化孩子对抗情绪的方法之一。"放"得越到位，孩子对家长的对抗情绪就越小，之后家长用强制的办法促使孩子形成踏实认真状态时，就会顺利一些。

△ 抓好"遇到问题"时的"训罚"

不是所有问题都能通过"亲和"的办法来解决。当孩子踏实认真状态明显不到位时，有时就要通过"训罚"而促其到位。

要靠"训责"来严厉地对他进行认知上的"警示"。

要靠"惩罚"来适当地对他进行效应上的"警示"。

"响鼓要用重锤敲"。对到这个时候还没有踏实认真状态的孩子，你不"敲"他一下是不行的。

这里的训责与大声嚷嚷是两回事儿。对那些很有些"功夫"的孩子来说，大人的大声嚷嚷对他的震慑力是很有限的，相反，那种声音很低的严厉话语，才更容易"敲响"他那面认知的"大鼓"。家长要用低沉而严厉的话语，说出孩子从来没有细想过的问题及与这些问题相关的道理，而不是大声地刺激孩子。

这里的惩罚必须是在协商基础上的惩罚，而不是家长拍脑袋就想出来的惩罚。

△ 抓好"训罚"后的"平复"

对于这个年龄段比较倔强的孩子，训罚很容易引发他们的对抗情绪，不训罚不行，但训罚之后，若不让他的情绪平复下来，那后续的工作将很难顺利。

"平复"的办法主要是家长和孩子一起坐下来"静谈"。

可以是家长平静地向孩子解说自己训罚的原因，说明家长不是为整治孩子而这样做，而是为了孩子的学习和前途不得不这样做。

可以听听孩子对家长做法的意见，让孩子把他窝在肚子里的话说出来。如果孩子的意见正确，那家长就听取孩子的意见，该向孩子认错的，就向孩子认错。如果孩子的评价不恰当，那孩子这样说出来，也等于给家长提供一个有针对性地进行解释的机会。

也可以用换角色的办法，来听听孩子的处理意见。问问孩子，假如他是家长，当他遇到有这样问题的孩子时，他会怎么处理。如果孩子的处理意见不错，那家长就要肯定孩子的想法，并表示今后自己可以参照孩子的意见来处理。如果孩子的意见不恰当，那家长就要向孩子分析这样处理不恰当的原因，以此提高孩子的认知。

当家长能这样坐下来与孩子谈的时候，这本身就表示着家长对孩子的尊重，这种尊重能促使孩子的情绪更快地平复下来。

△ 抓好"平复"后的"引导"

当孩子因家长训罚而产生的不当情绪平复之后，家长还必须要做一项工作，就是对孩子相关认知的引导。

一方面，要通过平等的交谈，了解孩子这样做的真正原因。另一方面，贴近孩子的真实情况，来进行有针对性的引导。

孩子的真实原因常常会出乎家长的预料，有时会出乎预料地简单，有时又会出乎预料地复杂。当孩子说出的原因与家长预测的相差甚远时，家长可以表示惊讶，但决不能对孩子进行指责。不但不能指责，而且还要迅速调整自己，让自己尽快能理解孩子的原因。家长只有在理解孩子之后，才能把引导工作做得更好。当然，这里还存在一个孩子是否说真话的问题。如果家长没有获得孩子的信任，那孩子就不会说真话，若是这样，就无法保证引导工作的针对性了。

只有孩子向家长说真话，而家长又能贴近孩子时，引导才会取得较好的效果。只有把孩子的认知引导到一个恰当的指向上，孩子才能较好地避免问题再次发生。如果不是这样，那就会出现"两张皮"的情况，家长讲得头头是道，而支撑孩子出现问题的认知却在他的内心岿然不动，这时的引导就是无效引导。

△ 抓好后续的"跟进"

引导工作结束后，并不是问题就彻底解决了，一方面引发问题的认知不见得一次引导就能让孩子彻底改变；另一方面有些问题也不是提升认知所能解决的。

针对认知不可能一下子到位的问题，在后来的时间里，家长只有继续做好引导工作，才能取得更好的效果。

针对能力方面的情况，在后来的时间里，家长只有帮助孩子提升了能力，才能取得更好的效果。

针对习惯方面的情况，在后来的时间里，家长只有帮助孩子改变了习惯，才能取得更好的效果。

针对心态的问题，在后来的时间里，家长只有帮助孩子优化了心态，才能取得更好的效果。

只有把后续的跟进工作做好了，孩子才能有效地避免问题的出现，进而呈现更好的踏实认真状态。

△ 抓好后续的"优化"

这里的"优化"主要指对孩子学习时的心绪状态的优化。严格地说，它也是跟进的一个方面。

踏实认真习惯明显不到位的"老大难"孩子，他们的学习也常常是比较差的，他们面对学习时的心绪状态常常是容易烦乱的，一个心绪烦乱的孩子，你让他怎么呈现踏实认真的状态呢？因此，要让这样的孩子出现踏实认真状态，就必须要抓好对他心绪状态的优化工作。

我观察七岁小女儿学习时的心绪状态，主要是四种状态。

第一种："对抗"状态。

第二种："低落"状态。

第三种："自在松散"状态。

第四种："提劲儿且兴奋"状态。

我小女儿内在的叛逆因子太强大了，到她七岁的时候，随着她自身能力的增强，与大人对抗时所彰显出来的那种不屈不挠的硬骨头架势是很多孩子所没有的。如果让这样的孩子长时间处于"对抗"状

【培育点 8】"培养踏实认真习惯"的"主要培育事宜"

态,那不但学习搞不好,还会引发她思路和关注点的偏移,并会快速滑向负面群体。

有时即便她没有明显地与家长对抗,但如果她感到学习的事情不顺,那就会处于"低落"的情绪状态。在这种状态下,她干什么事情都提不起劲儿,人就那样沉沉地麻木着,对周围人爱理不理的,这时要想让她呈现踏实认真状态,门儿都没有。

若大人不去管束她,她很快就会进入一种"松散自在"、置学习于不顾的状态。若想通过她的成绩差来刺激她觉悟,那几乎是不可能的。因为她的成绩一直很差,她觉得考差就是她的正常情况,而她的"大无畏"精神使她根本不会因为成绩差而影响她玩时的兴致。"学习就那样了,自己总得干点自己喜欢的事情吧?"当她这样想的时候,考差对她还能有刺激作用吗?当她这样想、这样做的时候,她在学习上还能出现踏实认真状态吗?显然是不可能的。当学习成绩差到要威胁她的自信心态时,我是特担心的,要努力不让成绩差的情况刺激她。但当她顶住了成绩差对她的打击而不怎么拿学习当回事儿的时候,我的心又揪起来了。

而只有在她"提劲儿且兴奋"的时候,才会出现有点踏实认真的状态。只有让她一次次地出现这样的状态,才能慢慢地形成踏实认真习惯。

可让这样的孩子在学习时呈现"提劲儿且兴奋"的状态真难啊!说得多不行,说得少也不行。眼看学习就那么差,你还得想法让她对学习有信心。眼看她把你气得不行不行的,你还得想办法去夸赞她、鼓励她。

我知道,她不是因为缺乏上进心而不提劲儿,而是因为看不到进步的希望才不提劲儿。我只有想办法让她看到自己在学习方面的希望,她的上进心才能更好地发挥主导作用,才能促使她比较提劲儿地去学习。

要她不能与你对抗,又要她不能太放松自己;要防止成绩差对她的打击,又要让她重视学习;这些都是优化她心绪状态时所必须要兼顾好的几个方面，我只有把这几个方面都兼顾好了，她才会出现"提劲儿且兴奋"的心绪状态。

有时，我也会忍不住发火。比如，对一般的孩子来说，一个字写错了，你让他订正时，他订正过来，就完事了。但她不行，字写错了，你让她订正时，她能照着那个写错的字一模一样地再写一遍。你再明确地给她讲是什么地方写错了，让她再订正时，她能还照原来的错字再写一遍。你第三次让她订正时，她可能把原来写错的地方写对了，但又把原来写对的地方给写错了。类似这种订正一个错误需要订正三四遍才能完成的事情经常发生。碰到这样的情况，你能不生气吗？尽管我也清楚，之所以会这样，并不是她的智力有问题，并不是她不想把字订正好，而是当你指出她的错误时，她的情绪就开始与你对抗了。当她的心绪用在与你对抗上的时候，她的脑子对你说的学习问题就不去进行仔细的思考了。脑子不围绕指出的问题转圈儿，她怎么能那么容易地订正过来呢？可理解归理解，心里还是生气啊。"她怎么能把劲儿用在与家长的对抗上，而不是用在学习的纠错上呢？"尽管我也知道这是相关的神经核团的动能特征决定的，但也还是生气，也还是会发火。但好在发完火之后，我都能及时地反思，都会很快认识到那样发火没效果，都会强行让自己静下来，然后再去运行理性的应对措施。

家长要清楚，不是孩子懂得"应该好好学习"的道理后，就会出现踏实认真状态的，还需要较好的心绪状态才可以。

△ 面对八九岁"老大难"的应对办法

如果孩子到八九岁时，他的踏实认真状态还明显不到位的话，那家长就要去仔细分析导致孩子严重不到位的原因是什么，然后再根据这些原因，采取相应的办法。

如果是家长的训责导致孩子产生了对抗情绪，那家长就必须要尽量减少对孩子的训责，先把亲子关系优化到位。

如果是信心不足导致孩子学习时提不起劲儿，那家长就要帮助孩子树立对学习和对未来的信心，而不能把孩子的未来说得一片暗淡。

【培育点8】"培养踏实认真习惯"的"主要培育事宜"

如果是任务意识不到位导致孩子不在意学习的事情，那家长就要讲究方式地去继续强化孩子的任务意识。因为这时孩子更容易产生对抗情绪，所以不讲究方式不行啊！

如果主要是一些先天性因素导致孩子难以进入踏实认真状态，而孩子的任务意识和上进心还是比较好的，那家长就可以放手让孩子去自主管理自己的学习，以此更好地落实对孩子的全面尊重，促进孩子有兴致地去积极面对自己的学习问题，并以此来培养孩子自主谋划能力。在放手让孩子去自主的时候，家长一是要为孩子提一些建议，供孩子参考；二是要提醒孩子学习中存在的问题；三是帮助孩子解决学习中的具体问题；四是为孩子加油鼓劲儿，及时夸赞孩子的进步。以此促使孩子完成学习状态的转变。

尤其是遇到那些有些倔、不愿听大人话、先天自主意念强且有较强上进心的孩子，家长这样放手让孩子自主，自己只去当好提醒者、参议者、协助者、鼓励者，不仅能让家长自己轻松很多，而且孩子发展的起势也要比家长用卡压的办法明显好很多。因为在这种情况下，孩子的兴致、活力、精气神儿都是比较好的，具有更大的向前冲的正能量。

△ 如何面对十岁后的"老大难"？

九岁左右，对很多孩子来说，是一个较多孩提意念的结束点和较多成人意念的觉醒点，在这个点上，孩子对以前不怎么关注的"许多正事"都开始关注了。借助关注点的这种变化，来引导孩子认知的提升，是一个非常重要的契机。于是，这个点也就成了强化孩子任务意识、促使其踏实认真状态进一步到位的关键点。错过这个点的话，是很可惜的。

如果错过了这个点，到十岁后，孩子的踏实认真状态还明显不到位的话，那就成了一件很麻烦的事情了。因为往后踏实认真状态的明显改变，主要靠的是孩子目标动力的明显提升来实现的，而让孩子目标动力明显提升则不是一件容易的事情，不是家长那么容易掌控的。

家长要清楚，孩子十岁之后，对其唠叨更是没有作用的，要想促

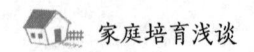

使孩子的状态发生改变，家长必须要变招儿。也许有些家长会说，在他们的唠叨下，孩子真的变了。我说，那是因为有其他原因的参与才这样的，只是他们不清楚那些原因罢了。如果靠他们的唠叨和讲道理能让孩子的踏实认真状态得到改变的话，那恐怕早就改变了，也不至于等到孩子的逆反心理更强的时候才起作用。

△ 相关问题：家长要"认"

无论孩子的状况多不好，但孩子"这样"都是有原因的，都是需要家长去正视、去接受、去"认"的。不能因为孩子"这样"而让自己太难受，也让孩子太难受。

"认"的口号是"**别去想孩子应该怎样，而是接受孩子现在的这样！**"

这个"认"的口号，其实是我面对将要上小学三年级的小女儿时，给自己提出的。当我难以从自己的努力中看到成效但又不得不继续努力的时候，就给自己提出了这样的口号。因为只有在这个口号的引导下，再继续努力的时候，自己心里才不至于太失衡、太难受。我对她妈妈说："不要给孩子定什么固定的目标，也不要给咱们的培育工作定什么固定的目标，大家只努力去做，然后孩子是什么样的情况，咱就接受什么样的情况。至于孩子以后干什么，到时候根据情况再定。但无论如何，咱们最基本的职能是要珍惜与孩子的缘分，陪伴孩子把日子过好。如果咱们和孩子过日子的感觉都没了，那要其他的东西还有什么用呢？"在这种自我劝慰下，再努力去做的时候，情绪就平静多了。即便面对的情况也很让人头大，但与孩子相处的时候，还是能体味到很多美好的东西，不至于经常处于剑拔弩张的状态，也没有出现那种鸡飞狗跳的情况。

在这里，我建议遇到"老大难"的家长，在努力的同时，也要去"认"。"认"了，就会平静很多，工作的条理性就会好很多，日子也会更像日子了。

【培育点9】"引导正向思路"的"主要培育事宜"

——多肯定，多鼓励，让孩子"知上进"！

● **基本认知**

△ 关于"正向思路"

我把"**积极向上，趋于正面群体**"的意识叫"**正向意识**"，也叫"**正向思路**"。因为意识就是引导思路的，正向意识是正向思路的**基本内涵**。

"让孩子思路正"是培育工作的四大要务之一。引导孩子形成正向思路，就是早期的让孩子"思路正"的工作。

在培育早期，正向思路主要体现在三个方面。

1. 长大意识。
2. 上进意识。
3. 趋正意识。

"长大意识"指孩子小时候在言行方面向大孩子或者大人靠近的意识。它显示了正向思路中"**要成熟**"的内涵。

"上进意识"指孩子在工作性活动中不甘落后的意识。它显示了正向思路中"**要上进**"的内涵。

"趋正意识"就是要努力获得正面群体成员夸赞的意识。在孩子小的时候，就是要努力获得老师和家长夸赞的意识。它显示了正向思路中"**要趋正**"的内涵。

在培育工作早期，抓孩子的正向思路主要就是做好三个方面的工作。

1. 促进孩子的长大意识。
2. 促进孩子的上进意识。
3. 保护孩子的趋正意识。

● 事宜39 促进孩子的"长大意识"

△ 靠什么促进？

促进孩子的长大意识靠什么？靠"引领"。靠大人用自己"认为孩子长大了"的意念去引领孩子，促进孩子"我长大了"的意念变强，直至变成能经常主导思维活动的"长大意识"。

"引领"靠什么？靠"说"，靠"夸"。

经常地说孩子长大了，经常地夸孩子长大了，孩子也就真的长大了。这是家长促进孩子长大意识的简单而有效的办法。

△ 要"说而有道"

其一，要"**不厌其烦地说**"。

要不厌其烦地向孩子说："这几天你又长大，比以前更懂事儿了。"

要不厌其烦地向孩子说："看到你长大、懂事，我们可高兴了。"

不要怕这些话让孩子听到耳朵起茧。

不要非等到孩子明显进步时才这样说，只要孩子有那么一丁点儿进步的时候，就要去说。而通常这样说的时候，还要把孩子的那个进步点向孩子点明，让孩子知道是他的哪些表现换来了家长对他的赞许，并不是家长在虚夸。

其二，要"**真诚地说**"。

孩子小的时候，辨别力弱，家长虚夸的话，他还分辨不出来。可随着孩子的长大，他的辨别力越来越强，如果家长还虚夸，孩子是能分辨出来的。如果被孩子察觉出来，那作用就适得其反了。

要真诚地夸的前提是家长要真的感受到孩子的长大。

这里的关键是家长对孩子的关注点。每个孩子都有好的一面，也都有差的一面。孩子在改正某个毛病的时候，好的一面就是"已改进点"，差的一面就是"未改进点"。面对孩子的这两个方面，若家长关注"已改进点"，那就会高兴，就会去肯定孩子；若家长关注"未改进点"，那就会生气，就难以去肯定孩子。

影响家长关注点的主要因素有两个："客在性分析"和"过程意

识"。通过客在性分析，家长认识到孩子改掉毛病的不容易，并在此基础上形成对过程性的认知，这样家长才能去关注孩子的"已改进点"，才会由衷地高兴。否则，想夸孩子长大就不容易了。

其三，要**"在与别人的谈论中说"**。

当家长与别人谈及孩子的时候，如果自家的孩子在一旁能听到的话，那就一定要夸赞孩子几句，起码也可以说："孩子这几天又长大了不少，变得更加懂事了。"这些话好像不是对孩子说的，但在一旁的孩子听来，那是多么地入耳啊。有时可以向与你说话的人递个眼色，让他明白你说话的意思，若对方再能应和着夸几句，那效果就更好了。

在孩子似睡非睡要进入梦乡的时候，你也可以对那一位说："孩子这几天真的又长大了，比以前更懂事了，真不简单！"这些话，看似是向那一位说的，但实际就是让那似乎入睡但还在听大人说话的孩子听的，要让孩子带着这个美好的赞许进入梦乡，这对孩子绝对是一件非常利好的事情。我把这种方式叫"入睡前的夸赞"。

其四，要**"与大人对孩子的态度的改变连起来说"**。

比如，在孩子稍大些之后，不能再用"反思角"来罚站的时候，家长可以向孩子说："若是在以前你还小的时候，你这样做就应该去'反思角'站一站了，可现在你大了，大人也应该更尊重你了，所以再让你站在那里已经有点不合适了。但是，既然大人都把你当作大孩子来尊重，你也应该像大孩子那样表现出更懂事的样子才可以。"

比如，当七岁时，家长要充分尊重孩子的时候，家长可以对孩子说："现在你都七岁了，都是大孩子了，因此，家长要更加尊重你，有些事情就要与你商量，要听听你的意见。"

比如，当孩子向家长提出要做某件事情的时候，家长可以向孩子说："这件事我原本是不同意的，可你现在已经长大了，家长要更尊重你的意见，所以才同意。"

要让孩子清楚，家长之所以改变对他的态度，是因为他"长大了"。这种对原因的说明，也能促进孩子的"长大意识"。

△ 现实中的"严重问题"

然而在现实中，很多家长不是经常夸孩子，而是训孩子；不是说孩子"如何懂事儿"，而是说孩子"如何不懂事儿"；不是把孩子往"大"处说，而是把孩子往"小"处说。他们不是用自己"认为孩子长大了"的意念，来引领孩子形成"我长大了"的意念。而是用自己"认为孩子没长大"的意念，来引领孩子形成"我没长大"的意念。

南辕北辙啊！家长把孩子的成长意识往回拉，还怎么让孩子成熟、长大呢？

有些家长在自己一个劲儿地往回拉时，还以为这是"激励"。不错，这也可以说成是一种激励，只不过它不是往"前"激励的，而是往"后"激励的。在这种"激励"下，有几个孩子能顺利成熟呢？

面对有问题的孩子，**家长一定要在肯定孩子长大了的前提下，来论说孩子的问题，而不是只去盯孩子的问题。**

甚至可以说，越是有问题的孩子，越要让他具有更强的长大意识，越要让孩子在他自己的长大意识引领下去成长，因为只有当孩子积极动起来的时候，才更容易解决问题。如果孩子不动，全靠家长在后面"推"，那多难啊！

● 事宜40 促进孩子的"上进意识"

△ 家长必须要肯定孩子有"上进心"

"上进意识"就是平常人们说的"上进心"，就是能经常主导孩子"要把事情做好"的意念，就是在做事方面"不能弱于别人"的意念。

孩子初始的时候都是有上进心的，因为在群体占位方面的超越感是每个人与生俱来的基本需求。但能不能让孩子保持并加强这种上进心，尤其是在主要事情上保持并加强这种上进心，是家长需要正确面对的重要问题。

这看似是一个大家都会明白的简单道理，但是现实生活中很多人的做法却不是这样的。他们不是一再说孩子在主要事情上有上进心，而是一再向孩子说："你怎么就没有上进心呢？""你怎么就不打算把学习搞好呢？"家长这种说法的作用，毫无疑问是在有力地打压孩子的上进心。

也许家长想用激将法来激励孩子，但是却没有把激将法的要旨搞明白。激将法的关键是"反差感"，是孩子的"形象"与"行为"之间的反差感。反差感越大，激励的效果越强。所以运用激将法的时候，就是要加强这种反差，就是要把孩子的上进心往好处说，往高处说，而把孩子的行为比较实在地往差处说，往低处说，在这种反差的强烈对比中，促使孩子认清自身行为与自身形象之间的矛盾，进而促使孩子的顿悟。如果家长把孩子的上进心往差处说，往低处说，那这种说法的本身不是在加强反差，而是在缩小反差，强化的是孩子对自身形象与自身行为的一致性的认知，这分明不是在促进，而是在"劝退"。

这里还涉及一个家长误判的问题。

在很多家长看来，孩子在学习上如果有上进心的话，那就应该在学习上超越别人。或者退一步说，即便孩子提高学习成绩是多种因素作用的结果，但他起码要有个努力的状态啊！连个努力的状态都没有，怎么能说他有上进心呢？

从一般道理上讲，家长这样想、这样说，似乎也没有错。但是，如果家长对"努力状态"的判定标准根本就不切合孩子的实际情况，在孩子切切实实努力的时候，在家长看来却连努力的边儿都不沾，那家长由此来推定孩子没有上进心，岂不谬矣！

孩子与家长的成长环境不同、承受能力不同、踏实认真的状态平台不同，所以在对"何为努力状态"的感受方面，孩子与家长也有很大的差异。因此，家长切不可觉得孩子没有呈现出家长感觉中的努力状态，就说孩子"没有努力""没有上进心""不想把学习成绩提上去"。

其实，道理很简单，孩子是不可能"不想把学习成绩提上去"的。即便孩子完全不为自己的长远发展着想，就仅是为了"能让家长不唠叨"这个极简单的原因，他都想把学习成绩提上去，更何况孩子还想超越自己的伙伴们呢？更何况孩子还想通过成绩的提高，来实现自己的一些其他愿望呢？在这众多原因的促使下，他怎么会不想把学习搞好呢？

因此，孩子想把学习搞好的意念是毋庸置疑的，孩子的上进心也是毋庸置疑的，家长必须要认清这一点。

至于孩子的学习成绩不好，甚至努力状态也不怎么被家长认可，那是另外的问题，不要把其他的问题与没有上进心混为一谈。

△ "肯定"孩子的"当下"，促进孩子的"上进意识"

要多方面地肯定孩子的当下。

学习成绩好，那当然要称赞孩子。

学习成绩一般，也要想法肯定孩子。比如向孩子说："考这个成绩也可以，但如果你再努把力，会考得更好的。"

学习成绩不好，但状态方面有进步时，也要肯定孩子。比如向孩子说："虽然这次考试的成绩不好，但你近来的学习状态进步很大，只要你坚持状态方面的进步，你的成绩肯定会慢慢提高的。"

在平时学习的过程中，也要不断地肯定孩子，肯定他的细小进步、细小成绩，还要肯定他的聪明劲儿。

在学习之外其他做得好的地方，也都要予以孩子充分的肯定。

总之，当孩子感觉到他在大人眼里是个"不错的孩子"的时候，这种感觉就会有力地促进他的上进意识。而那种自己在大人心里是"差孩子"的感觉，对孩子的上进意识是不会有好作用的。

△ "肯定"孩子的"未来"，促进孩子的"上进意识"

一个人的上进意识，与他对未来的希望感紧密相关。一个对未来充满希望的人，就会有更强的上进意识。反之，则弱。

一个学习成绩比较好的孩子，他自然容易对未来充满希望，所以他的上进意识就容易得到加强。

但是对当下学习成绩不好的孩子来说，他能否对未来充满希望，就是一个需要家长认真去对待的问题了。

如果家长能不死盯孩子的当下成绩，而是根据孩子的基本素质，来肯定孩子的未来，并把自己的这种想法多次地表达给孩子，就会大

【培育点 9】"引导正向思路"的"主要培育事宜"

大增强孩子对未来的希望感,也会由此强化孩子的上进意识。

在这里,家长要明白一点:激励就是激励,是促使孩子上进的一种手段,并不见得是需要非常准确的判定才可以。在家长未必能百分之百地判定孩子将来一定会一无是处的时候,就要用"肯定孩子未来"的办法,来强化孩子对未来的希望感。

比如面对一个有大马虎毛病的孩子。有些家长会对孩子说:"就你这怎么说都不改的大马虎,你再聪明都没用,学习成绩不仅不会上去,还会越来越差,谁都不如,长大后也肯定是什么事都干不成。"家长的这种说法能促使孩子去奋起直追的情况是极少的,它只会让孩子的心头蒙上一层"灰蒙蒙的东西"。这层"灰蒙蒙的东西"只会让孩子的希望感变小、上进意识变淡。当家长这样说孩子的时候,他没有去注意"如何让孩子更有希望"的问题,而仅是把自己心头上的那层"灰蒙蒙的东西"感染给了孩子。

如果家长注意激励之法的话,他会这样对孩子说:"你很聪明,将来也一定会很有出息的。但是有一点,你必须要改掉自己大马虎的毛病。其实像你这样有倔劲儿的人,真要去改的话,那也真不是什么难事儿,关键看你愿不愿改了。如果你能清楚地认识到一个大马虎就会把你的聪明才智全部葬送掉的话,你自然就会下决心去改了。傻孩子才会眼睁睁地看着大马虎把自己的聪明才智全部葬送掉而无动于衷呢。"这种说法,在清楚点明大马虎危害的同时,并没有让孩子的希望感变弱,甚至还会有所加强。

培育是要讲究培育之道的,不是随便去做都能算是培育。

我曾对一个数学素质很好的大马虎孩子说:"你的大马虎严重地影响了你的学习成绩,但改掉大马虎也不是一件很快就能完成的事情。所以,你的数学学习情况可能分为三个阶段。第一阶段是别的同学做错的,你也做错;别的同学做对的,你还做错。第二阶段是别的同学做错的,你会做对;但别的同学做对的,你却会做错。第三阶段是别的同学做错的,你会做对;别的同学做对的,你也会做对。等到第三阶段的时候,你的数学成绩在班里就很靠前了。"这样说,无疑会给一个由于马虎而学习成绩一直倒数的孩子带去很大的希望感，而这种希望感也无疑会增强孩子的上进心。且不论孩子将来的成绩是否真的会名列前茅，仅是为了促进孩子当下的上进意识，都是值得这样说的。

比如，对小学低年级自主逻辑思维强但学习不顺的孩子，可以这样说："人对知识的学习分两种类型，一种是接受型学习，另一种是理解型学习。接受型学习的孩子对早期的学习比较适应，成绩也会比较高一些。而理解型学习的孩子在小学低年级的时候，成绩往往还不如接受型学习的孩子好，但到了中学之后，随着理解在学习中分量的加重，理解型学习孩子的优势就会慢慢呈现出来。"这种说法对增强理解型学习孩子的上进意识有一定的作用。

● 事宜41 保护孩子的"趋正意识"

△ "保护"孩子"趋正意识"的关键点

在孩子很小的时候，家长和幼儿园老师在孩子的心里都有着极高的地位，孩子都是特别渴望能得到家长和老师的夸赞，很多孩子心里的理想就是将来当个幼儿园老师，由此可见，孩子的趋正意识原本是多么地明显啊。

在孩子刚上小学的时候，他们的理想虽然未必是当幼儿园老师，但也仍然非常希望能得到家长和老师的夸赞。

可到小学后期的时候，有一些孩子的趋正意识就明显减淡了，他们不是那么在意家长的称赞了，他们不再全是围绕着家长和老师所称赞的人和事来构建自己的发展了。

为什么会这样？原因主要有两个。

1. 家长和老师让孩子"远离"了自己。

2. 非正面群体"吸引"了孩子。

因此，保护孩子的趋正意识也要针对这两个原因来展开工作。

1. 不要把孩子从自己身边"推开"。

2. 严防非正面群体将孩子"拉走"。

【培育点9】"引导正向思路"的"主要培育事宜"

△ 不要把孩子从自己身边"推开"

家长无疑是孩子最重要的依恋对象,当孩子要远离自己最重要的依恋对象时,都是依依不舍的。即便依依不舍,为什么还是要远离呢?原因只有一个:家长伤了孩子。

家长对孩子的"伤"可能有三种情况。

其一,因孩子不听话,损伤到了家长的尊严而伤孩子。这与培养孩子适当放弃意识时对孩子的刺伤是不同的,两者的目的、性质都不同。推开孩子的伤就是家长心里怒气的发泄,根本不包含培育的意味。更何况,当家长这样去伤孩子的时候,管教期大都已经结束,应该进入全面尊重孩子的阶段了。

其二,因孩子让家长没颜面而伤孩子。当孩子学习成绩让家长没颜面,或是因为行为表现不好让家长没颜面时,有些家长就要数落孩子了,通过数落,来发泄自己心中的不快,根本不顾及孩子情绪方面的当下需求和孩子成长方面的长远需要。

其三,的确是为孩子着想,生怕孩子学习不好,生怕孩子不能把事情做好,但是,没有贴近孩子的实际情况,过于急切,恨铁不成钢,结果把孩子给误伤了。但误伤也是伤啊!

如果家长在这样伤孩子的同时,又能给予孩子很多的好感觉体验,让家长在孩子情感银行中的情感卡保持正值,那孩子也不会远离家长。但如果家长在这样伤孩子的同时,没有及时往情感卡里充正值,使情感卡严重透支,那孩子可就要含泪远离了。虽然有些孩子在表面上没有远离,但内心却是远离了。内心的远离所包含的危机也是巨大的,一旦孩子有了远离的能力,他马上就会把这内在的远离变成外在的远离。

如果家长不这样伤孩子,那即便家长给予孩子的好感觉体验很有限,孩子一般也都不会远离家长,所以我把孩子的这种远离说成是家长把孩子"推开"。

有些家长无情地将孩子推开,等孩子含泪远离后,他再义正词严地指责孩子不走正道儿,跟着坏人跑。世界上哪有这样"占理"的呢？这对孩子是极不公正的。

△ 严防"非正面群体"将孩子"拉走"

随着孩子长大，孩子的社会接触面越来越大，孩子接近非正面群体的机会也在增加。

家长切不可低估非正面群体对孩子的吸引力。

非正面群体的很多东西是不顾人的整体利益，只迎合人当下的本能性需求的。比如带有刺激性的叛逆行为、没有节度的狂欢行为、赌博行为、吸毒行为等，都是很能满足人当下的好感觉需求的。因此，家长必须要高度重视对非正面群体的防范工作。

也许家长会说："这很简单，别让孩子去接触那些非正面群体就是了。"其实，事情远没有这样简单。因为在典型的非正面群体与正面群体之间存在着一个很大的过渡地带，处于这个过渡地带中的不少人身上也是携带着非正面因素的。距离非正面群体越近，他身上携带的非正面因素就越多。防范工作的难点，不在于阻止孩子去接触那些典型的非正面群体，而在于防止那些处于过渡地带的非正面因素携带者对孩子的影响，在于防止自家孩子身上非正面因素的一点点的增加。当自家孩子身上的非正面因素增加到一定量时，一旦他有机会接触到典型的非正面群体，那他就会一下子投入其中，其势头是家长难以阻拦的。因此，防止非正面群体将孩子拉走的工作是一个典型的防微杜渐性工作。

要想做好这个防微杜渐性工作，就要有细微的观察力，看清那些微量的非正面因素的携带者，做好防止这些微量的非正面因素侵蚀自家孩子三观的工作，这绝对是一项很有难度的工作。

现在在电视和手机上现身的很多人物身上都携带有非正面因素，这些非正面因素对大人的杀伤力也许不大，但对小孩子的杀伤力绝不能低估。防止这些非正面因素对孩子的侵蚀，也绝不是一件简单的事情。

一旦孩子接触到携带非正面因素较多的群体，就不仅只有非正面因素对孩子的吸引力了，那些群体成员对孩子的"夸赞"，也会对孩子产生很大的吸引力。特别是那些很少能从正面群体那里得到夸赞的孩子，这个群体的吸引力就更大了。

之所以非正面群体的夸赞比较多，是因为非正面群体对正面群体常常会有一种叛逆性，这种叛逆性会形成相反的审美视角。这样一来，孩子身上不被正面群体肯定的问题点，常常正是非正面群体的夸赞点。而被家长伤的孩子，常常又是问题点较多的孩子，而这些较多的问题点常常也就成了非正面群体的较多的夸赞点。

家长这边既伤孩子，又很少给予孩子夸赞，而非正面群体方面既有诱惑他的当下好感觉，又能给予他很多夸赞。你说孩子会朝哪个方面"趋"呢？一方要"推"，另一方要"拉"，很多孩子的偏离正道儿，都是在这一"推"一"拉"中完成的。

△ 要当心一些不正的风尚，把孩子"引偏"

在很多人的思路都有点偏颇的社会中，流行的不见得就是好的，不见得就是对孩子的发展有正面作用的。家长一定要对这些东西加以明辨，要把"正面群体的风尚"与"社会流行的风尚"加以区分。当某种社会流行风尚并非正面群体风尚时，家长就要注意不能让孩子去跟风。家长一方面要与孩子一起讨论各种社会流行风尚的特点，引导孩子认清哪些风尚是正向的，哪些风尚是偏向的；另一方面要限制孩子参与那些与非正向风尚相关的活动。

比如年轻人的盲目追星是一种流行风尚，这种流行风尚对孩子的发展是不利的。面对这种情况，就要引导自家孩子不要去盲目追星，不能因为"星"出名，就去崇拜他。而要去综合分析这些明星身上的品质，对那些确实是靠自己努力而成功的人，要引导孩子去学习这些人身上奋力向上的精神，而对有些明星身上不好的品质则需要孩子用客观的态度来对待。甚至还要指出明星身上的一些不如自家孩子的地方，这样做既可以帮助孩子学会一分为二地认知一个人，也可以增强孩子的自信心。

当然，家长还要注意当下新一代人风尚的内涵与自己年轻时风尚的内涵并不是一样的，不能用自己的内涵来要求孩子们的内涵。

【培育点10】"引导宏观发展思路"的"主要培育事宜"

——有指点，有引导，让孩子"发展指向好"！

● **基本认知**

孩子的"宏观发展思路"在这里主要指"将来干什么的思路"。

在孩子的谋划能力还不足的时候，家长就要指点、引导孩子的宏观发展思路，以使孩子发展得更顺些，更好些。

决定孩子"将来干什么"的因素很多，我觉得最主要应该考虑四点。

1. **扬长避短**。
2. **兼顾兴趣**。
3. **兼顾经济收益**。
4. **体现人生价值**。

因为对"人生价值"的思考并不是每个孩子都能比较成熟的，所以对大多的孩子来说，主要是前三点，即扬长避短、兼顾兴趣、兼顾经济收益。

一般家长为孩子选择工作时，多会侧重于经济收益，一般孩子为自己选择工作时，多会侧重于自己的"兴趣"，于是家长与孩子商量时就容易出现矛盾的情况。其实，无论是家长还是孩子，都应该从这四点去全面考虑。如果大家都从这四点来考虑问题，那在商量的时候，家长与孩子的意见也能更容易统一起来。

当一个孩子形成了自己明确的"能体现自己人生价值"的人生志向之后，他就会毫不犹豫地以此来主导自己的发展。因为这个时候的他会觉得唯有这样做，人生才有意义。因为他能清晰地认识到：胸怀这种志向时所拥有的充实感和幸福感是其他志向所没法比的。这时家长一定要体谅孩子的这种感受。

如果家长觉得孩子这方面的意向不切实际的话，那就要耐心地贴

【培育点10】"引导宏观发展思路"的"主要培育事宜"

近孩子的认知去引导孩子，而不能急躁，更不能强硬地让孩子接受自己的意向。家长要清楚，能这样想的孩子都是相当有主见的孩子，且都是在认知方面有相当深度的孩子，可不是你几句话就能让他改变主意的。

● 事宜42　引导孩子要"扬长避短"

△ 家长要有让孩子"扬长避短"的意识

在社会竞争越来越激烈的今天，一个人只有发挥自己的长项，才能增大自己在激烈的竞争中胜出的可能性。

在素质方面，孩子都有擅长点和缺陷点，只是有些孩子的这些特点会明显些，有些孩子则不太明显。同样，在职业方面，有些职业对就业者的专项素质要求要明显些，而有些职业对专项素质的要求就不那么明显。

如果孩子的素质特点很明显，那在确定孩子的工作类型时，扬长避短就显得很重要了，家长就要更用心地做好这个方面的工作。如果孩子的素质特点不明显，且整体的素质水平又不是太高的时候，那在确定孩子的工作类型时，就要避开那些对专项素质有较高要求的专业。

△ 家长要了解孩子的"强项"与"弱项"

引导孩子扬长避短的前提，是要了解孩子素质方面的强项与弱项。

人在素质方面有很多不同的情况。

比如：

有人擅长"语言表达"，有人则不善言辞。

有人擅长"联想性思维"，有人则很不擅长联想。

有人擅长"逻辑思维"，有人逻辑思维则一塌糊涂。

有人擅长"原理探究"，有人则很难启动对原理的探究性思维。

有人擅长"实验研究"，有人则根本不愿去耐心地观察和分析。

有人擅长"结构设计"，有人对结构设计则一窍不通。

有人擅长"空间思维",有人就很难在想象中变换视角。

有人擅长"视觉审美",有人视觉审美则很差。

有人擅长"精细操作",有人则根本没有那个精细劲儿。

有人擅长"人际交往",有人与他人打交道的能力却很差。

家长要认真分析孩子在各种活动中的表现,以此来判定孩子的这些特点。

如果家长对孩子在某些方面的特点难以判定时,可以寻找机会,让孩子参加一些更能凸显这些素质特点的活动,借此完成进一步的判定工作。如果家长自己实在难以判定自家孩子的素质特点,也可以找比较内行的人帮助自己进行一些判断分析。

△ 在有可能成为发展方向的"强项"方面进行适当的"强化"

假如孩子在音乐方面的天赋不错,而家长又有让孩子在音乐方面发展的意向,那就要及早强化孩子在音乐方面的学习。在这一点上,不少家长都是这样做的,而一些培训机构也为此提供了很多方便。

但是,社会机构的培训较多地集中在体、音、美等专业和主要课程上,并不能涵盖所有孩子的强项点。所以,当社会的培训机构不能满足自家孩子的强项点时,家长就要想其他办法,采用其他方式,对孩子的强项点进行强化性培训。

当对孩子将来专业的判定还不太明确时,可以对孩子的多个强项点都进行一些适当的强化,待判定明确时,再进行更有针对性地强化。

● 事宜43　引导孩子兼顾"兴趣"

△ 要让孩子在工作中获得更多的"乐趣感"

人参加工作后,除了吃饭和睡觉,其余的时间大多是在工作中度过的。如果能让孩子在工作中获得更多的乐趣感,将会有力地提升孩子人生的幸福指数。

因此,在为孩子选择工作类型的时候,最好要兼顾孩子的兴趣,让孩子的兴趣点成为他的工作点。如果由于种种原因,无法让孩子从事他感兴趣的专业，那也要尽量让孩子对所从事的专业有一定的兴致。

△ **要努力让孩子"三点合一"**

如果孩子选择的专业不仅是他的"强项点"和"兴趣点"，而且还兼顾了"经济收益"，那就实现了在工作点选择方面的"三点合一"。

相对于"三点合一"，那种能兼顾两点者，就是"两点合一"。只有一点者，就是"单点选定"。而一项也没有顾及的，就是"瞎胡选"。

孩子的强项点是客在的，经济收益点也是客在的，在这两个方面，家长可以引导孩子去选择它，但却不能改变它。所以，家长可以通过自己的努力而促其"三点合一"的主要就是对孩子兴趣点的引导，即**"努力促使孩子对某一个或几个可能成为工作点的强项点感兴趣"**。

家长要清楚，引导孩子对某种活动产生兴趣的关键是什么？是让孩子在这种活动中多获得好感觉体验，少产生差感觉体验。当孩子在某个活动中的好感觉体验明显高于差感觉体验的时候，孩子对这个活动的兴致就产生了。当这种兴致能促使孩子很愿意去进行这项活动的时候，孩子对这个活动的兴趣就形成了。如果孩子在某项活动中所获得的好感觉体验没有占明显的优势，那他对这项活动是不可能有兴趣的。

孩子对某个活动的好感觉体验的积累是需要一个过程的，因此家长对孩子兴趣的引导也必须要有耐心，要经过较长时间的努力才能完成。

● **事宜44　引导孩子兼顾"经济收益"**

作为一个成年人，养家糊口是自己的基本责任，能让家人过上好日子，也体现着自己在家庭层面上的社会价值。

如果每个成年人都能让自己的家庭过上安稳幸福的日子，那这个社会就会减少很多很多的失衡。失衡越少，社会就会越和谐，越美好，越稳定。从这个意义上讲，在家庭这个较低层面的社会价值中，也就包含着一定的更高层面的社会价值。

而要让家人生活得安稳幸福，家里的成年人就要有较好的经济收入，而不是让自己的家庭靠政府的补贴过日子。

所以，"干什么才能获得较好的经济收益"也是为孩子选定工作点时应该考虑的问题。

在考虑这个问题时，要有一定的前瞻性，不能简单地跟风，不是当下什么热门，就打算让孩子将来去干什么工作。家长要仔细地判定"等孩子参加工作的时候哪种工作会比较吃香"，还要仔细地判定"哪种工作能比较持久地吃香"，然后再去做出选定。

● 事宜45　引导孩子"为国家为社会多做贡献"

何为人生价值？不同类型、不同层面的人有不同的答案。从培育孩子的角度来说，有些答案适宜自家的孩子，有些不适宜自家的孩子。

但不论处于哪种层面，只要一个人能为国家为社会做贡献，他就会获得一种特别的充实感和幸福感，这是毫无疑问的。

在物欲横流的社会中，那些把眼光全盯在金钱上面的人，会觉得那些为国家为社会做贡献的人有些憨、傻。但是，那些做贡献的人内心深处所获得的充实感和幸福感，也会强有力地支撑他们继续坚持下去。在为国家为社会做贡献的人眼里，那些眼里只有金钱的人是肤浅的，他们在为获得金钱而费心费力的时候，却失去了很多很实在、很宝贵的东西，他们也无法真正领会"人生之实"中较高层面的内涵到底是什么。

因此，为了能让自家孩子获得较高层面的充实感和幸福感，家长就要引导孩子形成具有较高层面的人生志向，就要引导孩子多做有益于国家和社会的事情。若能这样，无疑会让孩子的人生更充实，更幸福，更有价值。

如果人们都为国家为社会做贡献，那生活在这样社会中的人该是多么幸福的啊!

若说人类比其他动物文明的话，那这个文明首先就应该表现在对"个体利益"与"群体利益"关系的清晰认知上，而不是其他方面。若失却了这个方面的文明内涵，那其他方面的文明内涵又算得了什么呢？

● 相关问题

△ 高考填报志愿时要注意的事情

在协助孩子填报高考志愿时，不仅要看这所大学的社会名气，还要看该校在自家孩子所选的专业方面的业内评价。名校有名校的"效应"，名专业有名专业的"实用"，两者都要考虑。

还可以参考几个数字，一是该校和该专业博导、硕导、教授、副教授的总人数；二是该校和该专业博导、硕导、教授、副教授在总教师人数中的占比。总人数能反映该校与该专业在教学教研方面的实力，占比能估测出孩子入校后，教他的老师可能处于一种什么样的水平。

在看某校往年的录取分数的时候，不仅要了解该校的录取线，还要了解所报专业的录取线和这些分数线历年来的波动情况。

【培育点11】"培养自主谋划能力"的"主要培育事宜"

——要放手，要参议，让孩子"会盘算"！

● 基本认知

"自主谋划能力"是指自己主动盘算自己事情的能力。

培养孩子的"自主谋划能力"是培育工作的"四大要务"之一，也是一项起步较早且时间较长的培育工作。

这里从三个方面来讨论。

1. 让孩子从小学会"操心"。

2. 让孩子有较好的"自主学习力"。

3. 让孩子有较强的"谋划力"。

● 事宜46　让孩子从小就学会"操心"

△ 要"大胆放手"让孩子去"操心"

家长一定要大胆放手让孩子去操心，只有这样，孩子才能学会操心。你只有让小鸟"去飞"，小鸟才能"会飞"。

导致家长不敢大胆放手的是"生怕"二字，生怕孩子累着、生怕孩子做不好、生怕孩子小磕小碰不安全，就是唯独不怕孩子将来会缺乏自主谋划能力。

这叫什么？这叫糊涂，这叫目光短浅，这叫因小失大。

家长一定要为孩子的长远着想，一定要从大处考虑，一定要大胆放手让孩子去谋划他自己的事情。

△ 让孩子在"一些家庭事务"上，"学会操心"

其一，**利用孩子的"兴致期"，让孩子去"操心"**。

有些孩子在某段时间会喜欢买菜，那好，就将一些买菜任务交给孩子去操心，大人只去辅助性地提醒。孩子不会选菜，有些菜选得不好，家长可以趁孩子察觉不到时，将不好的菜放回去。如果不方便退回去，那吃点亏就算了，培养孩子是要付出一些代价的。

有些孩子在某个时间会对洗碗感兴趣，那好，就让孩子负责一些洗碗的事情。因为常常只有在某种能力形成的初始期，孩子才会有兴致，所以在他对洗碗感兴趣时，常常也是他还不怎么会洗碗的时候，这时家长就不能因为生怕孩子摔破碗，而不让孩子洗。家长不但要让孩子洗，还要向他说清楚，把这个事务长时间地固定给他，防止他兴致期一过，就打退堂鼓。兴致期过后的操心，才是更有意义的操心。

其二，**把一些孩子有能力做好的事情交给孩子，让他去"操心"**。

比如让孩子负责把门口的拖鞋摆放整齐。

比如让孩子负责某个小地方保持整齐、干净。

比如负责每天给金鱼、乌龟喂食。

别看这些事情不大，但能让孩子获得做事方面的成功感，能让孩子产生他也能像大人一样干事的感觉，能提升孩子在家庭群体中的地位感，增强孩子在家庭群体中的气势，这些对强化孩子的操心意识都是有用的。当孩子完成得比较好时，家长要及时予以夸赞，激励孩子把这件事情做得更好。

△ 让孩子在"应该自己操心的事情"上，"学会操心"

比如让孩子操心收拾书包。当天有什么课、该带什么东西都由孩子去操心。

比如让孩子操心记住老师布置的作业。不能让家长打电话向其他同学的家长询问此事。

比如让孩子操心去完成老师布置的作业，不能让家长不断催促。

比如让孩子操心穿校服、佩戴红领巾。

类似这些事情，都要放手让孩子去操心。他有失误的话，由他去承担后果。吃一堑长一智，他的操心就会更加到位了。

△ 让孩子在"不想让大人管的事情"上，学会"操心"

"凭什么就一定要听大人的？"这是很多孩子在与大人对抗时，自己认知上的支撑点。在这种认知的支撑下，他觉得自己的对抗是有理有据的，甚至是理直气壮的。如果家长把孩子想"说了算"的事情交给孩子去操心，不但能减弱孩子的对抗情绪，还能促使孩子学会操心。

比如上学不迟到的事情。在家长的催促下，也的确能有效地避免迟到的发生，但在这样的处理中，不但会让孩子对家长产生对抗情绪，还会错失培养孩子学会操心的机会。在孩子对家长催促表示厌烦的时候，家长可以换一个思路去处理，比如对孩子说："那好，我不再催促你了。今后在上学的事情上，你说了算。你说什么时间走，就什么时间走。当然，如果迟到了，也由你去给老师解释，且不能说谎话。"说完之后，家长就去干自己的事情，平静地面对孩子的反应。在这种情况下，只要不是太没上进心的孩子，只要不是被家长娇惯得不像样的孩子，都会操心这件事情，一般也不至于迟到。如果真的迟到了，那家长就让孩子吃一堑长一智。一次次地这样处理，自然就增加了孩子的操心意识。

比如按时完成作业的事情。当孩子对家长的不断催促表示不耐烦的时候，家长就放权让孩子自己去安排这件事情。但在孩子自主安排之前，要与孩子一起明确在某段时间中要完成的作业量，以及如果没按时完成时的惩罚措施，然后就让孩子自己去做，家长只需等孩子没按时完成时，去严格执行惩罚措施就是了。虽然这样做会有没把作业按时完成的情况发生，但惩罚几次之后，孩子的操心意识肯定会得到明显加强。

有时候家长可以去征求孩子的意见，孩子愿意自己操心的时候，就让孩子自己去操心。孩子不愿意操心的时候，就由家长去提醒或督促。在这样的征求意见之后，即便还是由家长去提醒和督促，但孩子的对抗情绪会因此而明显减小，因为这是他自己的选择啊！这与不征求孩子意见时的效果是很不一样的。

● 事宜47　让孩子有较好的"自主学习力"

△ 关于"自主学习力"

学习方面的自主谋划与落实谋划的能力，就叫**自主学习力**，又叫**自学力**。

不能"只会听令"，还要有"自己的安排"，这是"自主"的关键内涵。

老师布置了一些作业题，你去自主决定"什么时候做""怎么做"和"先做什么后做什么"，这好像也是自主，但这是"听令"下的"小自主"，不是自主学习力中的自主。

自主学习力中的自主，不仅是根据老师布置的学习任务去自主决定"怎么完成"，更主要的是还要自主决定在老师安排的学习内容之外，还要"再学些什么"和"怎么学"。

这种自主安排的学习内容也可为两类。

【培育点11】"培养自主谋划能力"的"主要培育事宜"

1. **强化性学习内容**。

2. **拓展性学习内容**。

"强化性学习内容"指"围绕着所学的课程知识",自己安排的看书理解、知识点整理、做题训练等学习内容。

"拓展性学习内容"指根据自己"后期学习的需要"或"长远发展的需要",而自己安排的课程之外的学习内容。

△ 培养孩子的"强化性自主学习力"

在小学阶段,学生们学习问题的共性特点比较多,所以老师针对学生的共性问题来讲课,也能较好地适应大多数学生的需要。但到初中以后,随着学习内容的复杂化和孩子们在学习方面问题的多样化,老师课堂的讲解和布置的作业就不像小学那样能适宜较多的孩子了。所以,就需要孩子根据自己的具体情况和具体学习问题,在完成老师布置的作业之外,自己再给自己安排一些学习任务,以此来更好地解决自己在课堂学习中存在的问题。

虽然强化性自主学习的效果到初中后才能比较明显地显现出来,但家长必须从小学阶段就要培养孩子的相关能力。若到初中的时候才去培养,那就来不及了。

"强化性自学"主要包含三步。

第一步,**查找"课程学习的薄弱点"**。

文科方面的薄弱点,主要是对某些概念的理解和某些知识点记忆的不到位,语文、外语的文章阅读、书面表达的不到位,外语还有听力方面的不到位。

理科方面,主要是对某些概念、公式、定义理解的不到位,对某些解题思路理解、运用的不到位。

开始的时候家长要协助孩子去查找学习上的这些薄弱点,慢慢地要引导孩子自己去查找这些薄弱点。

第二步,**拟定"强化措施"**。

强化措施就是"让薄弱点不再薄弱"的具体办法。

该加强"记忆"的,就去想具体的办法加强记忆。

该加强"理解"的，就去想具体的办法加强理解。

该熟悉"解题思路"的，就去通过做题来熟悉做题思路。

该加强"读"的，就去找些内容来加强读。

该加强"听"的，就去找些内容来加强听。

该加强"写"的，就去拟些题目来加强写。

先是家长协助孩子拟定强化措施，然后是引导孩子自己在明确自己学习薄弱点的基础上，针对自己的薄弱点，拟定出具体的强化措施。

第三步，落实"强化措施"。

落实强化措施的关键是时间。在完成老师布置的作业后，再去安排一些时间进行自学活动，小学时会容易些，初中时就不那么容易了，高中时就更难了。

时间从哪里来？

1. 靠加大学习投入，来"增添时间"。

2. 靠提高学习效率，来"省出时间"。

前者就是把一些用来干其他事情的时间，用来安排自主学习活动。

后者就是通过提高做题效率，把原本用来完成老师作业的时间"省"出来安排自主学习活动。

省时间的关键是提升速度。如果孩子完成作业时的做题速度能接近考试时的做题速度，那每天省出一个多小时是根本不成问题的。

当然，无论是"加大投入"还是"提升速度"，都是要有学习动力的明显加强才能实现的。没有学习动力的明显加强，孩子是不会改变自己已经熟悉的运行习惯，去费劲儿地"加大投入"和"提升速度"的。

而动力的明显加强并不是一件简单的事情，家长要多管齐下，在引导、鼓励、加压多种方式的共同作用下，才有可能增强孩子的学习动力。家长要清楚，在这件事情上，绝不是单单讲些大道理就能奏效的。

【培育点11】"培养自主谋划能力"的"主要培育事宜"

当孩子自己会"查找薄弱点",自己会"拟定强化措施",自己能"落实强化措施"的时候,他的强化性自主学习力就基本形成了。

△ 培养孩子的"拓展性自主学习力"

拓展性自主学习主要指课程之外的学习。在孩子小的时候,这方面的学习主要是家长安排的,但孩子到了高中,进了大学,就要靠自己去安排这方面的学习了。拓展性自主学习更具有自学的特点。

与强化性自主学习不同,拓展性自主学习首先要确定的不是薄弱点,而是"当学点"。即要围绕着自己的发展目标,确定自己应该学习的内容点。当学点明确后,再去拟定学好当学点的相关措施,然后落实这些相关措施。这些活动进行的次数多了,就形成拓展性自主学习力了。

为什么很多上大一的孩子会茫然不知所措?有的是因为志向性目标不明确,不知自己"要干什么";有的是因为缺乏自主学习力,除了上课之外,不知"还干什么"。

因此,要想让孩子的后期学习顺利,关键要抓好两点,一是引导孩子有明确的长远发展目标。二是培养好孩子的自主学习力。

△ 例说"自主学习力"

我担任高中文科班班主任时,见识了班里一个学生身上的志向性目标动力和自主学习力所爆发出来的巨大能量,而两种巨大能量的叠加所引发的结果也是非常惊人的。

这个学生高一时我也教他。在我的印象中,他非常聪明,但不怎么学习,还经常打架,成绩在班里比较靠后。高二分文理班,他到了我担任班主任的文科班。当初,我根本没有看好他,还生怕他打架给我惹麻烦。但后来他的情况绝对让我大吃一惊。

开学没几天,他就让我刮目相看了。一天早读,他走进教室见到我后,很沉静地对我说:"昨晚谁谁找人把我揍了一顿,我没还手。"说完,也不管我的反应,就向自己的座位走去了。一个非常倔强、非常有个性且经常打架的孩子,突然一下子在被打时不还手了,而更重要的是还如此镇定地将这件事告诉我,那是需要有多么大的志向支撑才能做到的啊！他这样说是在向我表明，他已经把打架方面谁赢谁输的事情看得不值一提了，他的心思已经不在这上面了，他的这种变化让我感到很震惊。

进班时他的成绩无论总分还是个各科分数，在班里都是靠后的，有些学科甚至是倒数的。但第一个学期的期末考试，他就把其中两科的考试成绩提升到了全班第一，而这时他其他几科成绩的班级排名还原地没动。第二个学期的期末考试，他又把除英语外的几科成绩提升到了全班第一，只剩英语还在原来几乎倒数的位置没动。之后，他通过高二暑期和高三的努力，到高考时，英语成绩也全班第一。结果，这个高二入班时成绩在班里很靠后的学生，通过两年的努力，高考时获得了市文科状元、省文科第三名的成绩。

如果他没有极强的自主学习力，而是老师讲什么，他听什么，老师让做什么题，他就去做什么题，他能这样逐科突破吗？如果他没有极强的目标性动力，他又怎么能挤出大量的时间来安排自己的自主学习内容呢？

我曾思索，是什么因素促使他一下子转变的呢？但没想出结果。但我知道，他家长是没有这个引导能力的，当然，也不是学校老师引导的结果。

我还见识过另一个学生的极强的自主学习力。

这个学生不在我教的班级，但我认识他，知道他家也是一个很普通的职工家庭。他高中还没毕业就自学完大学数学专业的本科课程，并参加了考研，还过了录取分数线，最终被一所重点大学录取为数学专业的硕士研究生，开高中生直接考取研究生的全国先例。

这个男生个头较高，也比较壮实，所以报考时冒充是学校老师，并蒙混过关了。等成绩出来后，我校向他报考的大学说明了实际情况。当时这所大学的相关负责人觉得难以置信，于是组织大学的专家教授会同我市的数学学会成员前来我校，在小会议室对该考生进行面试。结果，他的表现得到了现场专家的点头称赞。面试后，该大学动劲儿了，他们连续几次去当时的国家教委汇报此事，后经国家教委特批，录取了该生。

试想，如果没有极强的自主学习力，也是老师讲什么，他听什么，老师让做什么题，他就去做什么题，那他能在上高中的同时，就完成对大学本科数学课程的学习，并在高中没毕业就考上数学专业的硕士研究生吗？

这些学生惊人成绩的背后，都是有很强的自主学习力在支撑着的。

● 事宜48 让孩子有较强的"谋划力"

△ 让孩子有启动谋划的基本素质

要想让一个孩子去谋划，是需要有相应的基本素质为基础的，不是你说让孩子去谋划，孩子只要听话，就可以启动谋划行为的。

这些基本素质主要有三点。

1. 有上进心。

2. 有吃苦能力。

3. 有自信心。

上进心中包含着责任心，很多人的上进心其实就是责任心的一种体现。当一个人"要为自己人生负责""要为家庭负责""要为团队负责""要为国家负责""要为人类社会负责"的时候，他能不去上进吗？但当一个人缺乏这些责任，只贪求当下自己的安逸时，他又怎么去上进呢？如果一个人没了上进心，他还怎么会去费劲地谋划呢？

"有吃苦能力"也是谋划的基础素质之一。如果一个孩子从小被娇惯的一点苦都不能吃，本身就不愿去干事情，那你让他怎么去谋划事情啊？有些孩子不是没有责任心和上进心，是因为不愿吃苦而不去谋划的。

有了上进心和吃苦力，还要看自信心。当一个人觉得自己不可能把某件事情干好时，那他也难以围绕着这件事情去谋划什么。

有上进心、有吃苦能力、有自信心，这"三有"看起来与自主谋划不沾边的东西，却是孩子自主谋划能否启动的基础。因此，为了让孩子有较好的自主谋划能力，家长一定要先让孩子有上进心、有吃苦

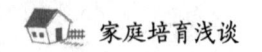

能力、有自信心，三者缺一不可。

当然，自信的基础是"**相应能力**"。若相关的能力不到位，那自信也只能是盲目的自信，而盲目的自信对谋划活动是没有正面效果的。因此，家长还必须要先让孩子具备某个方面的相应能力，然后才能促使孩子去启动这个方面的谋划活动。

△ **让孩子的谋划"更有层面"**

人面对的这个世界，对自己来说是非常重要的，自己要在这个世界中生存、做事、实现自己的价值、演绎自己的人生。所以，自己必须要站在高处，努力把这个世界看得清楚些。

要想把世界看清楚是不容易的，谁都没法说自己把自己所处的世界看清楚了。因此，看清楚只能是相对的，只是尽量看得清楚些罢了。

要引导孩子用自己的思维来"解读这个世界中的众多现象"。当孩子对很多人"为什么会这么说""为什么会这么做"都有个自己的基本结论的时候，他就形成了自己对这个世界的初步看法。当孩子能独自认知这个世界，而不是按别人的说法认知这个世界的时候，他就站在一个较高的层面上了。站在这样一个独自面对整个世界的高度，孩子的视野会开阔很多，在这种情况下去谋划，孩子的思路也会开阔很多。

当然，也可以借鉴别人的观点来认知世界，但最后自己的结论还必须是自己从现象的解读中得到的，而不是去念叨别人的结论。即便自己可能会得出与别人相近的结论，但那也是自己的结论。只有是自己从现象解读中得到的结论，自己的认知才能更着实、更有层面。

家长要引导孩子有独自面对整个世界的气势，引导孩子思考一些大问题，得出自己的认知世界的结论。

△ **让孩子的谋划"更切实"**

这里"切实"也是三点。

1. 切"**自身能力**"之实。
2. 切"**家庭情况**"之实。
3. 切"**社会情况**"之实。

"自己想干什么"与"自己能干什么"是两回事儿。在拟定宏观目标时，不能只考虑自己想干什么，还必须要考虑自己能干什么，这就是切自身的能力之实。

作为家庭中的成员，对家庭负有责任。在确定宏观目标的时候，不能把自己对家庭的责任扔在一边不管不顾，必须要切家庭的情况之实，在家庭条件允许的情况下来谋划。

社会的运转有其内在的规律，这个规律不以个人的意志为转移。因此在谋划时，要清楚相关的社会情况，必须要根据社会的客在情况来考虑自己谋划措施的可行性，这就是切社会的客在情况之实。

△ 让孩子的谋划"更有韧性"

现代社会给人提供的学习机会和就业机会有很大的机动性，几乎不存在一锤定音的情况。即便错过了一次，也还有很多补偿的机会。高考没上好的大学，还可以在考硕时努力。即便是参加工作了，也仍然存在着奋力一搏的机会。因此，不要轻易说："自己就这样了，没法改变了。"

错过了一些关键机会，在一般人看来是没法再进行包含有宏大发展目标的谋划了。如果有人在错过一些关键的机会之后，还能进行包含着宏大发展目标的谋划，那这种谋划中所显示出来的特点就是谋划的"**韧性**"。这种韧性体现了一个人不轻易服输的精神。

在我熟悉的学生中，就有不少体现这种韧性谋划的例子。

有个老师的孩子，高中时成绩在班里是倒数的，高考时上了一个大专班，毕业后分配到厂里工作。多年后，突然有一天，她妈见到我说："你的学生现在去读研究生了。"原来这个学生在他工作几年之后，突然产生了要考研的打算。当时，他不但结了婚，而且孩子都五六岁了。但在家人的支持下，经过一年多的闭门苦读，终于考上一个比较好的学校的研究生。这也让他妈妈很开心，与我说起这件事的时候笑得都合不拢嘴。

还有个学生，高考时成绩差，上了个委培的财经大专班，毕业后进厂在财务室工作。工作五六年后，又去考研了。第一年考研不顺，但仍不放弃，结果第二年考上了国内名牌大学的法律专业硕士研究生，后来又跟着这个导师直接读博了。高考失利，毕业后又工作几年了，却要去考不同专业的研究生，还是国内顶尖学校的研究生，并且在第一年考试失利后，再继续考，这样的谋划思路中所包含的眼光和韧性，也是很值得我们去学习的。

△ 让孩子的谋划"更有步骤性"

孩子发展计划的"步骤性"包含"**步骤性目标**"和"**步骤性措施**"。

一个人在步骤方面的谋划能力，启动于步骤意识。通过在步骤意识主导下的一次次实践，孩子在谋划时的步骤性就会逐渐地加强。

在孩子平时拟定具体计划的时候，家长要对孩子提出步骤性方面的要求，让孩子尽量体现出具体的步骤性目标和步骤性措施，以此增强孩子的步骤意识，促进孩子步骤方面的谋划能力。

当然，不能为步骤而步骤，而要注意步骤之间的承连关联和实际效应。

长远的目标不是一下子就能达到的，要靠"一步步"地向前走才能达到，而制定有步骤的计划就是走好这"一步步"的关键。实现计划目标不能是在跟着感觉走的状态下的一种说不准的期盼，而应该是在一步步措施的落实中的一种有把握的运行。

△ 让孩子的谋划"更讲究方式"

学习要讲究方式方法，做事也要讲究方式方法。做事的方式是否恰当，那也是谋划能力的一种体现。

因此，家长在孩子拟定计划的时候，要提醒孩子注意去选定恰当的方式方法开展活动，以此增强孩子的方式意识，促进孩子在方式方法方面的谋划能力。

还要引导孩子关注在同类事情上其他人的方式方法，通过加强对别人的方式方法的分析和借鉴，来提升自己在这方面的谋划能力。

当然，借鉴不是照搬，而是贴合自身实际情况的一种有取舍的学习。不是别人用着效果好的方式方法自己用着就也会出现好效果。人

【培育点11】"培养自主谋划能力"的"主要培育事宜"

的内在性格、素质情况不同，而相适宜的方式方法也不同。机灵的人有机灵人的做事方式，实在人有实在人的做事方式；人缘好的人有适宜他的做事方式，人缘差的人有适宜他的做事方式；专业能力强的人有适宜他的做事方式，专业能力差的人也有合适他的做事方式。因此，借鉴只能是在经过仔细分析后的有选择的学习。

如果一个人在对某项工作的计划中，既有步骤性的精心谋划，又有方式方面的精心谋划，那就能更好地体现出他的谋划能力。

△ 让孩子谋划中"包含对变化情况的分析"

做好对相关情况的分析，是拟定一份好计划的重要前提。而分析好相关情况的关键，不只是对当下能感受到的情况进行分析，还要对事情发生后可能出现的新情况进行分析。

其一，对人的可能变化的态度分析。

不是某个人平时对你好，在这件事情上就也会对你好，你要仔细地分析这件事情会给对方带来的好处和这件事情会给对方造成的影响，进而预测对方对你的态度是否会改变。如果分析后的结论是会改变，那还要去分析对方的这种改变是"显性改变"还是"隐性改变"。然后再根据这些改变，来拟定自己的对策。也不是某个人平时对你不好，在这件事情上就也一定会对你不好，也是要经过分析，才能做出更好的判定。

其二，对"突发情况"的预测和分析。

在谋划中，要有对可能突发的情况进行预测和分析，并明确针对各种突发情况的应对预案。就像打仗时的预备队一样，有了这方面的预案，整个方案会显得更稳妥一些。必须要清楚能左右事情发展的因素有很多，有些还是你难以想象到的。而在与较多人的利益密切相关的事情上，料想不到的因素会更多些。

引导孩子用变化的眼光来预测和分析未来情况，就会使他的谋划具有更大的可行性。

【培育点12】"优化学习动力"的"主要培育事宜"

——抓学习动力，让孩子"有劲儿学"！

● 基本认知

孩子进行学习活动的第一要素是动力。有了学习动力，才能进入较好的学习状态。动力越大，学习状态就会越好。

学习动力主要有五种。

两种"基础动力"。

1. 习惯性基础动力。

2. 兴致性基础动力。

三种"目标动力"。

1. 主动性目标动力。

2. 逼迫性目标动力。

3. 压抑性目标动力。

基础动力指"不感到怎么费劲儿"就能进入某种学习状态的动力。

基础动力中的"习惯性基础动力"在这里主要指踏实认真习惯所形成的动力。在踏实认真习惯的作用下，孩子可以不费劲儿地呈现出踏实认真状态。

基础动力中的"兴致性基础动力"就是人们说的兴趣动力。对学习来说，很多孩子达不到兴趣的程度，在不得不学的时候，能有些兴致学就不错了，所以这里把兴趣动力说成是兴致性基础动力。当孩子对学习有兴致时，孩子也可以不感到那么费劲儿地就能呈现出某种较好的学习状态。

除习惯性基础动力和兴致性基础动力外，还有一种能让孩子不感觉怎么费劲儿就能呈现出某种较好学习状态的动力，这就是"**氛围性基础动力**"。氛围性基础动力是指在好的环境氛围的作用下所形成的

【培育点12】"优化学习动力"的"主要培育事宜"

动力。好的环境氛围会无形中对人的状态产生促进作用，之所以这样，是因为人内在的"从众意识"作用的结果。人的从众意识越强，这种作用就会越明显。

目标动力指通过确定目标所形成的动力。这里的目标包括"长远目标"和"阶段性目标"。根据引发目标形成原因的不同，目标动力分成了三种：主动性目标动力、逼迫性目标动力、压抑性目标动力。

"主动性目标动力"指孩子根据自己对发展的认知而"主动"确定的目标所产生的动力。

"逼迫性目标动力"指孩子在家长的"逼迫"下，去接受家长规定的目标所产生的动力。

"压抑性目标动力"指别人学习成绩好对自己造成的"压抑感"促使自己确定的目标所产生的动力。

逼迫性目标动力和压抑性目标动力都属于"被动性目标动力"。

在小学前期，多数孩子主要是在基础动力的作用下进入某种学习状态的。到小学后期，有些孩子就形成了目标动力。那些到初中后学习状态能发生明显变化的孩子，大多是靠新的目标动力促成的。如果没有新的目标动力的作用，那要想让一个进入初中的孩子的学习状态发生明显改进是很难的。

● 事宜49　抓"踏实认真习惯"，强化"习惯性基础动力"

"踏实认真习惯"所促成的踏实认真状态是最为基础的学习状态，它形成了一个孩子最稳定的学习状态平台，而其他动力所促成的状态变化，都是在这个平台上的提升。

如果一个孩子的踏实认真习惯非常好，那他即便在不怎么努力的情况下，所呈现出来的学习状态也会是比较好的，很可能比那些踏实认真习惯很差的孩子，在比较努力的情况下所呈现出来的学习状态还要好。

由此可见，一个孩子的学习状态，不仅与他的努力程度相关，而且与他的踏实认真习惯所形成的学习状态平台也密切相关。

因此，家长必须要下大力气去抓孩子的踏实认真习惯，让孩子形成较好的基础动力平台。

孩子进入小学前后的几年是孩子形成踏实认真习惯的关键期。顺的孩子会形成得早一些，家长也会省很多心。不顺的孩子会形成得晚一些，家长也会费些劲儿。

虽说踏实认真习惯所形成的动力是基础动力，但在促使孩子呈现出踏实认真状态并通过多次呈现而形成习惯的过程中，常常也是需要其他动力来促进的，通过其他动力促使孩子呈现出更好的踏实认真状态，并通过一次次的呈现而形成踏实认真习惯。

习惯的形成靠"经历"，经历的形成靠"促进"，家长的着力点就要在这"促进"上。如何耐着性子促使孩子形成一次次的踏实认真的经历就成了家长必须要着意思考和认真解决的问题。

● **事宜50　抓"学习感觉优化"，增强"兴致性基础动力"**

从当下感觉的角度来说，人是否去干某件事情是由两种因素决定的。一种是由当下好感觉情景所形成的愿意去干的"趋劲儿"，即"兴致力"。另一种是由当下差感觉情景所形成的不愿意去干的"烦劲儿"，即"躲避力"。当兴致力大于躲避力占主导地位的时候，表现出来的就是愿意去干的**"兴趣状态"**。当兴致力小于躲避力不占主导地位时，则需要有其他力的参与，孩子才会去干那他原本不愿干的事情。在这个时候，虽然兴致力没占主导地位，但并不等于它没有作用，它的作用就是抵消一部分躲避力，使人对那件事情的烦劲儿小了一些，我把这时兴致力的作用状态叫作**"抵消状态"**。

孩子们在学习方面的兴致力所表现出来的状态更多的是抵消状态，而不是兴趣状态。但即使这抵消状态，也是非常重要的，能让孩子对学习的烦劲儿小一些，就能让孩子呈现出来的学习状态更好些。

对学习顺的孩子来说，他能轻松地从学校获得较多好感觉体验，而越是这样的孩子，回家后家长越是唠叨得少，所以这些孩子的兴致力都会比较高,对躲避力的抵消效果也会比较好,所以他就容易呈现出相当好的学习状态。

对学习不顺的孩子来说,他在学校获得的好感觉体验比学习顺的孩子要少很多,而到家后家长的唠叨又比学习顺的孩子多很多,在这"好的少""坏的多"的情况下,他们对学习的兴致力要小很多,其抵消效果也更差,所以他们很难呈现出较好的学习状态。

不少家长会拿学习好的孩子的学习状态来要求自家孩子。"你看人家谁谁谁,人家的学习多踏实,多认真啊,你要像人家那样该多好啊!"两个孩子的学习兴致力存在着很大的差异,你让孩子仅凭你这句话,就去呈现出那样的学习状态,可能吗?

要想改变孩子的学习状态,方法之一就是提高孩子的学习兴致力。

增强孩子的学习兴致力,说来也简单,就是做好两点。一是增加孩子在学习活动中的好感觉体验;二是减少孩子在学习活动中的差感觉体验。但做起来并不简单。

家长最要注意的一点就是:要"**少唠叨孩子**"。针对孩子学习中存在的问题,家长可以利用周末或其他时间静坐下来,专门与孩子展开讨论,并征求孩子解决问题的办法,但不能整天挂在嘴上去唠叨。要清楚,整天的唠叨会很明显增加孩子的差感觉体验,会很明显减少孩子的学习兴致力。你把孩子的学习兴致力都减少了,还怎样促使孩子的学习状态朝好的方面转化呢?

● 事宜51 抓"主动性目标动力"

△ 做好形成"主动性目标"的基础工作

形成"主动性目标"的前提是孩子"能去谋划"。而孩子能去谋划的前提是孩子有"上进心"、有"吃苦力"、有"自信心"。

因此,家长要先让孩子"三有",然后孩子才有可能去形成主动性目标。

如果这些基础工作没做好,那孩子是很难形成自主性目标的。

△ "主动性目标"的三种类型

孩子的"主动性目标"有三种类型。

1. 向往性主动目标。

2. 长远性主动目标。

3. 阶段性主动目标。

"向往性主动目标"指孩子不成熟的时候将自己所向往的情景当作自己努力学习后要实现的目标。

"长远性主动目标"指与人生发展的宏观思路相关联的目标。

"阶段性主动目标"指某段时间里自己要努力实现的目标。在上学时，常常是期中或期末的成绩目标。

△ 要恰当对待孩子的"向往性主动目标"

当孩子的认知还很不成熟的时候，他脑子里出现的目标只能是向往性主动目标。虽然只是个向往性主动目标，但也是很可贵的，能对孩子当下的学习产生激励作用。

面对孩子的向往性主动目标，家长最应该做的事情是鼓励孩子。

比如可以说："只要你努力，目标一定会实现的。"

比如可以说："你这么小就有远大目标，真不简单！"

比如围绕着孩子的目标设想，与孩子进行一些交流。家长要津津有味地听孩子讲述，并时不时地予以夸赞。

家长不能把孩子的向往性目标当作正常的规划性目标来审核它的恰当性与可行性。

家长最不应该做的是拿孩子的向往性目标来诘难孩子。不能说："就你这表现，想实现目标，门儿都没有。"当孩子感受到他向家长说出自己的目标给自己带来的是差感觉体验时，他就不会把自己的目标再说给家长了。孩子把自己的目标向家长说出来的本身，就会使孩子心中的这个目标得到强化，如果家长再予以鼓励，强化的作用就更明显了。如果孩子不说了，那这些强化作用就都没有了。

家长也不能在孩子的认知还不太成熟的时候，就急于让孩子去接受自己给他谋划的目标。即便将来孩子的认知比较成熟了，家长也只能用引导的方法，来促使孩子趋于自己谋划的目标，也不能把自己谋划的目标强加到孩子身上。

△ **要引导孩子的"长远性主动目标"**

引导孩子形成长远性主动目标是一项难度很高的工作，然而一旦引导成功，对孩子的发展就会特别有意义，因为长远性主动目标所引发的能量是稳定而强大的。那些上初中后或上高中后能异军突起的孩子，大都是长远性主动目标驱动的结果，"浪子回头"也大都是在长远性主动目标的驱动下发生的。

影响孩子形成长远性主动目标的因素很多，除了有上进心、有吃苦力、有自信心、有能力外，还有一点也很重要，那就是孩子"对自己需求指向上的好感觉愿景的感受"。当这种感受达到一定的强度，使好感觉愿景足以吸引他的时候，在其他条件允许的情况下，他就会围绕着这个愿景而形成长远性目标。

因此，在引导孩子形成长远性主动目标的事情上，让孩子有上进心、有吃苦力、有自信心、有能力的同时，还要"**强化孩子对与目标相关联的美好愿景的感受**"。

家长可以通过各种方式来强化孩子的这种感受。比如家长讲述、别人讲述、看书、看视频、听演讲、现场体验等等。

在引导孩子的长远性主动目标的事情上，也存在一个"趋""避"的问题。"趋"就是让孩子去感受能促其形成恰当目标的情景。"避"就是让孩子不要去感受那些能促其形成不当目标的愿景。家长不但要分辨清楚这两种不同的情景，还要想办法促使孩子当趋则趋，当避则避。这些事情做起来有些细碎，但对孩子认知的引导就是包含在这细碎之中的。

在这个引导的过程中，最主要的不是家长把自己想让孩子形成的目标说给孩子，而是用相关的美好愿景去"诱导"孩子。家长明白了这一点，也就抓住了解决问题的关键。

△ **引导孩子的"阶段性主动目标"**

拟定"恰当"的阶段性主动目标是获得较好的目标效应的关键。

这里的"恰当"主要是要兼顾好两点。

1. 阶段性目标要有"激励性"。

2. 阶段性目标要有"可行性"。

激励性指拟定的阶段性主动目标不能太低，要对孩子有激励的作用。

可行性指拟定的阶段性主动目标不能太高，要让孩子能实现目标。

没有激励性，制定目标就失去了价值。但若目标太高而不能实现的话，又会影响孩子的自信心，且会对后面的谋划行为产生明显的负面影响，也会让后来所定目标的激励作用变小。

所以，家长要努力引导孩子制定一个既有激励作用又有可行性的阶段性主动目标。

阶段性目标与向往性目标不同，后者不怕高，越高越有激励作用。向往性目标在转变成为长远性目标的过程中，会有多次调整的机会，若目标偏高了，那利用调整的机会，把它调整回来就是了，也不会有明显的负面作用。但阶段性目标不同，没有什么可调整的机会，定高了就无法实现，就会让孩子体验到计划落空的感受。

● 事宜52　谨慎地使用"逼迫性目标动力"

面对七八岁时踏实认真状态还明显没有到位的孩子，采用一些惩罚性措施促其改进，我觉得是可以的。但若面对成绩差的孩子，能否使用惩罚性措施来促其提高成绩，情况就比较复杂了，要根据具体情况来处理。

如果是很有能力只是因为不用心而成绩差的孩子，用惩罚措施去促进一下，倒也可以，把握好"度"，适当就行。如果如狼似虎地逼迫孩子提升成绩的话，我是很不赞同的。如果一个孩子的成长期就是在"虎""狼"的威逼下度过的，那他所丧失的绝不仅是童年和青少年的幸福，而由此形成的心态，将会影响他一生的幸福。也许孩子会在"虎""狼"的威逼下考上大学，甚至是比较好的大学，但决定一个人幸福的绝不仅是能上大学这一个因素，还有很多其他因素。如果没有了一个健康的心理状态，那上大学又有什么用呢？

如果是能力一般且已经比较用心去学习的孩子，家长再用惩罚的措施来逼迫孩子提升成绩的话，那是不恰当的。即便孩子在学习方面的状态也会有一点改变，但综合的效果并不见得好。

如果是自信心不足或有些心态问题的孩子，那用惩罚措施来逼迫孩子提升成绩的做法就绝对是不可行的。如果这样对待这些孩子，正面的促进作用不会有，负面的作用将是很明显的。

逼迫的做法完全无视了孩子的上进心和自主力，这对孩子的后期发展是非常不利的。若是遇到趋正意识较弱的孩子，家长的这种逼迫行为还会促使孩子从心里远离家长，而这种远离所潜藏的危险也是非常令人担忧的。

所以，我这里提出要慎重使用惩罚措施去逼迫孩子提升学习成绩。

● **事宜53　恰当地利用"压抑性目标动力"**

压抑性目标动力又叫"**去压抑动力**"。"压抑性"是从形成目标的原因上来说的，"去压抑"是从实现目标的目的上来说的。

压抑性目标动力主要是由同群人的成绩好而引发的，它与孩子的争胜心密切相关。孩子对那个或那些明显超越自己的同群人越在意，孩子的争胜心越强，面对被明显超越的情况，他的被压抑感就越强，同时拟定目标后所引发的去压抑动力就越大。

那种学习成绩"一高一低"的情况，常常就是在去压抑动力主导下形成的。当他的成绩明显不如自己在意的同群人的时候，他就会产生很强的被压抑感，也会由此而产生去压抑动力。在这种去压抑动力的驱动下，他加大学习投入，于是下次考试时成绩就上来了。而随着成绩的提升，原来的那种被压抑感消失了，于是去压抑动力也就不存在了，学习又退回到原来的投入状态，结果成绩就又掉下来了。如此反复，就形成了成绩的波浪变化。

面对由去压抑动力驱动的孩子，家长要注意"两步走"。

第一步，利用去压抑动力，先把成绩促上去。

当孩子因成绩明显不如自己在意的同群人而产生去压抑动力的时候，家长一方面要为孩子加油鼓劲，另一方面要协助孩子打好翻身仗。不要对孩子进行过多的其他方面的训责，也不要急于把孩子的压抑性目标动力转变成主动性目标动力，要先帮助孩子把成绩提上去。

第二步，待成绩提升后，再说事理。

当孩子成功地把成绩提升上去，去压抑动力要消失的时候，就该"说理"了。一是要夸赞孩子不服输的争胜心是棒棒的。二是要说孩子提升成绩的潜能是很大的。一个被压抑感就能让他成功逆袭，这个潜能能小吗？三是要引导孩子提升争胜心的层面性。不是等被挤压之后，才想起要争胜，而是要一直处于争胜的状态，把"被挤压，然后再消除挤压"的节奏，变成"碾压对方，自己一直不受挤压"的节奏，把争胜由被动层面提升到主动层面。也许一次这样的说事理还不能提升孩子的争胜层面，那也别责怪孩子，耐心地去向孩子说第二次、第三次。只要肯定着孩子，肯定着他的争胜心，肯定着他的学习潜能，再加上他对被压抑情景和成功情景的一次次认知，就一定能把他的争胜层面促上去。

● 事宜54　让孩子形成"恰当的""好感觉构成"

为什么要抓"好感觉的恰当构成"？因为它是影响孩子对学习关注度的重要因素。也只有在孩子关注学习之后，他才有可能去谋划学习方面的事情，他才会产生要去学习的动力。

根据来源点的不同，人的好感觉可分为三个大类。

1."条件类"的好感觉。

2."非主要活动"的好感觉。

3."主要活动"的好感觉。

人对某类好感觉的需求有个基本量，当他能在一些方面轻易满足"好感觉"的基本需求时，就不会再那么费劲儿地从其他方面去获得

【培育点 12】"优化学习动力"的"主要培育事宜"

这类好感觉了。因此,为了能让孩子关注学习,就要控制孩子"条件类好感觉"和"非主要活动类好感觉"的获得量。

比如,带孩子去高档饭店吃饭,但吃饭就是吃饭,家长不要当孩子的面谈论这家饭店如何如何高档,避免为孩子向别人炫耀提供更多的说辞,更防止孩子在物质条件方面的好感觉过多。

比如,当自家有豪车的时候,家长不要当着孩子的面,谈论自家的车如何如何好,也不要引导孩子去区别哪些是豪车,哪些是一般车,以防止孩子在条件类方面的好感觉过多。

比如,当孩子说自家的房子比别人好时,家长也要去淡化孩子这个方面的优越意识,要说:"其实各类房子都有各类房子的特点,即便是大杂院,也有大杂院的很多乐趣。"

比如,当孩子对某种非主要活动表现得过分关注时,就要适当限制孩子的这类活动,适当减少孩子在这类活动中的好感觉体验。

让条件类好感觉、非主要活动类好感觉、主要活动类好感觉在孩子的好感觉构成中,都有个恰当的分量,这就是恰当的好感觉构成。

我接触过一个初三的男孩,从表面上看,这个孩子非常好,尊重大人,对人礼貌,脑子也不笨,很机灵,有理想,也想把学习搞好,可就是考试成绩很差。我搞不清楚是什么原因,于是我去他家对他进行免费辅导,想通过更多的了解,找出他成绩差的原因。去他家几次后,我终于发现了原因,就是他与几个好友结伙玩游戏,经常玩得天昏地暗的。他爸妈开了个餐饮店,每天晚上忙到十点多才回到家,家里就他一个人,所以玩儿得无所顾忌!即便有我去陪他学习,他还是禁不住要去"战"一会儿,因为好友都在线上。他还很礼貌地对我说:"老师,对不起,有个程序下载了一半,我去把它下载完。"有时还很诚实地对我说:"老师,不好意思,那边的一个朋友还在线上,我对付一阵就过来。"我心想,有老师在场还这样,那要没人在场时,就可想而知了。查明原因后,我给他妈发了一条短信,我没有把孩子的情况全揭给她,只是提醒她,孩子到初三这个关键时候了,应该早点回家多陪陪孩子,不能只顾生意,不顾孩子。见她妈没什么反应,我就不再去给这个孩子辅导了。但心里还是很遗憾的。多好的一个孩子啊！就让结群玩游戏把自己给害了。

与枯燥无味、难以获得好感觉体验的学习相比，结群玩游戏对他这个脑子机灵的孩子来说简直是太有吸引力了，也仿佛让他从那里找到了自己在群体中的应有占位。在这种感受方面悬殊极大的情况下，若不利用外因的严格控制，一个十四五岁的孩子是很难控制住自己不去玩游戏的。越控制不住自己，学习越差，学习与玩游戏之间的感觉悬殊就越大，他对学习的关注度就会越小。最后没办法，一个很懂事也很积极上进的孩子，变得破罐子破摔。让人痛心啊！

我想，家长若盯紧孩子，一开始就别让他同那些玩游戏的孩子搅在一起，控制他从玩游戏中获得的好感觉量，别让他对游戏产生那么大的关注度，这个孩子的发展之路就会大不一样了。

人的生活离不开好感觉体验，但要区别类型。面对成长阶段的孩子，家长要清楚不同类型的好感觉对孩子的不同作用，要及早调整孩子的好感觉构成，不要让这个构成过多地影响孩子对学习的关注度。

【培育点13】"优化学习方法"的"主要培育事宜"

——优化学习方法，让孩子"会学"！

● **基本认知**

人们都说学习方法很重要，老师也强调学习要得法，这都没错。但是，学习方法的优化，远不是人们想象的那么简单。

在一般人看来，只要孩子明白了某个学习方法的具体内涵和重要性，就可以运用这个学习方法了，其实根本不是这回事儿。很多学习方法都是与孩子的先天智力、基础习惯、基本能力相关联的。

比如"数学预习"，这种方法的运用效果，就与一个孩子对数学的基础能力紧密相关。如果一个孩子上课的时候都难以听明白，那他预习的时候能有什么效果呢？他能通过预习划出来已懂点和难懂点吗？如果他把用来预习的时间放到课后加强对老师所讲内容的消化上，恐怕学习的效果要好很多。

比如"记忆方法"，也是与一个人记忆方面的素质特点紧密相连。视觉记忆强的孩子会有他的记忆方法，听觉记忆强的孩子会有他的记忆方法，而整体记忆力都不好的孩子也会有适应他的记忆方法，你很难说哪个记忆方法是所有孩子都适用的。

因此，家长在优化孩子的具体学习方法的时候，必须要充分考虑孩子相关的基础素质情况，而不是离开这些基础来优化。

下面从"计划""记忆""理解""整理"这四个大的方面，谈些与优化学习方法相关的问题。

● 事宜55　让孩子学会"计划"

△ "基本内容"的安排要"明确"

计划首先要明确的是在某段时间里要完成的**学习任务**，然后围绕任务，明确要完成任务的**步骤**和要采取的**主要措施**。

任务的内容要恰当，一是要紧扣当下整体学习的需要，二是要有恰当的难度，应该是努力后就能完成的。

是否要有步骤？要视计划大小和具体情况而定。较长时间才能完成的大计划一般要有步骤。

计划的基本内容必须要明确，至于是否用文字写出来，也视具体情况来定。内容较多的计划最好写出来，内容简单的计划未必写出来。

△ "具体时间"的安排要"恰当"

在具体的什么时间学什么的安排上，也是有讲究的。

其一，**注意整、碎时间的合理安排**。背记的巩固性内容可以放在零碎时间去进行，因为它不怕"碎"。而那些综合性整理的内容、综合性理解的内容则应利用大块的时间去进行。

其二，**根据生物钟的特点来安排**。一个人一天中不同时间点的思维兴奋度是很不一样的，有特别活跃灵光的时候，也有发钝发闷的时候，这都是生物钟决定的。要引导孩子对自己一天中大脑的灵光情况有个清晰的认知，然后将思维难度大的学习内容放在比较灵光的时候去完成，把不太费脑筋的学习内容放在不太灵光的时候来完成。

其三，**注意用脑的调节性**。做一会儿理科的题，再安排些文科的学习。在背记性学习、整理性学习、理解性学习、做题性学习之间也可以有个搭配，让大脑的各部分轮番上阵，相互之间有个调节。

△ "学习方法"的安排要"恰当"

在学习方法的安排方面，要有两个意识。

其一，**要有讲究方式方法的意识**。要去思考"我用什么样的方式方法，才能取得更好的效果"，并不是不假思索地随意安排。

其二，**要有反思改进方式方法的意识**。当觉得效果不好的时候，就要反思一下方式方法方面是否存在问题。如有问题，就要去分析问题出在哪里。问题清楚后，再去思考对学习方法的改进。

在对学习方法的计划方面，家长要当好参谋，要贴合孩子的情况，给孩子提一些建议，供孩子参考。

△ 与"制订计划"相关的"基础因素"

要制订出好的学习计划也是与一些基础素质相关联的。

比如，自主学习力。如果没有自主学习力，所有的学习安排都是围绕着应付老师的作业展开的，那即便也有学习计划，充其量就是个对老师作业的应对性计划。而真正好的学习计划，不单是应对作业的计划，还应包含着对完成作业之外的学习活动的计划。因此，没有自主学习力，就不可能有高水平的学习计划。

比如，探究力。对时间的恰当安排，那是需要动一番脑子才能完成的。对学习方法的改进，则更是需要动一番脑子才能完成。如果缺乏探究力，那是无法完成对这些方面的恰当安排的。

所以，一个看似简单的学习计划，那也是孩子素质的综合体现。

【培育点 13】"优化学习方法"的"主要培育事宜"

● 事宜56　让孩子学会"记忆"

△ 孩子在"记忆"方面的常见问题

关于记忆的分类有不同的说法，我把记忆分为：当下记忆、短时记忆、长时记忆。几分钟或几十分钟内能记住的叫"当下记忆"。一两天后能记住的叫"短时记忆"。一两周后还能记住的叫"长时记忆"。

除了极个别过目不忘的记忆神童之外，一般孩子的记忆都要通过巩固才能完成对学习内容的长时记忆。

孩子们在记忆方面的常见问题，主要有两点。

其一，"**记忆标高低**"的问题。

有些孩子把自己的当下记忆误认为是长时记忆，有些孩子把自己的短时记忆误认为是长时记忆。

其二，"**巩固措施不条理**"的问题。

缺乏通过有条理的巩固措施，来促使自己对内容的背记达到"长时记忆"。

△ 让孩子明白"记忆"的类型和特征

要让孩子明白遗忘是很正常的，当下记住了可不等于就长时间记住了。让孩子明白要想让当下记忆变成长时记忆，没有其他办法，只有靠巩固。

巩固分有意巩固和无意巩固。看到一个吓人的场面，即便你没有着意去记住，它也会让你一辈子都忘不掉。因为即便你不着意去巩固，那情景也会实实在在地在你脑子里再现无数次。再现是什么？再现就是印痕的加强，就是巩固。但一般的学习内容，是很难自动地在你脑子里再现的，你必须有意让它再现时，它才会再现，这就是有意巩固。

△ 引导孩子"有条理"地完成"长时记忆"

要根据自家孩子的特点，引导孩子形成适宜自己的背记程序，然后按这个程序去有条理地背记。

在高考的复习中，我大女儿巩固的办法主要是"连三遍"。第一天选一些内容完成第一遍的背记。第二天的背记分两块：先背前一天第一遍背记的内容，划出不顺的，进行第二遍背记，然后再新选出一些内容进行第一遍背记。第三天的背记分三块：先背前一天第二遍背记的内容，划出不顺的，进行第三遍背记。再背前一天第一遍背记的内容，划出不顺的，进行第二遍背记。然后再选一些新内容进行第一遍背记。以此类推。之后每天也都是三块背记的内容。这样对一些难背的内容就连续背记了三次，所以我把这种巩固方法叫"连三遍"，又把一个"连三遍"叫作一个背记单元。

如果孩子相当聪明，那进行一个背记单元，就能对较多的内容完成长时记忆。但对一般孩子来说，需要多进行几个背记单元才能对较多的内容完成长时记忆。家长要根据孩子对所背记内容的熟悉程度、孩子的背记能力、背记所需要达到的精确度三方面的情况，来安排孩子用几个背记单元来进行巩固。

单元之间要有时间上的间隔，间隔的时间一般为两周至两个月不等，这也因人而异，也常常还要受复习时间的限制。

家长要根据自家孩子的情况，来探索适应自家孩子的巩固方法，也许是"连三遍"，但也许是"连两遍"或"连五遍"。

总之，家长要通过有条理地巩固，让孩子有序地完成长时记忆，而不是让孩子觉得自己好像是记住了，而到考试的时候才知道有很多东西自己根本就没记住。

△ 利用"每日巩固本"完成对零碎内容的背记

对平时的零碎东西的巩固则需要搞一个"每日巩固本"，以此来记录临时发现的需要巩固的零碎内容。

这些零碎内容主要是三个"背记出错点"。

1. 做作业时发现的背记出错点。

2. 考试时暴露出来的背记出错点。

3. 进行背记复习时发现的背记出错点。

几乎每日都会有要巩固的内容往上写，几乎每日都有要巩固的内容去背记，所以就叫每日巩固本。

运用每日巩固本时的巩固方法也类似"连三遍"，只是有时每天会巩固两次，甚至三次，有时不是"连三天"，而是"连"更多天，以此确保较好的记忆效果。

不论是"连"多少次，在复查性背记时都要划上记号。划的符号要容易分辨些，比如顺利背记出来的划"○"，不顺利者划"×"。我是用黑铅笔划"○"或"×"，当连续划出三个"○"时，就用红铅笔划一个大圈将这几个连续的"○"圈起来，以示已成为本次背记单元的"已过关内容"。

在大考前，对每日巩固本上的内容要全部复查一遍，能顺利背记出来的，可划上醒目的记号，以显示"已基本完成长时记忆"。对不顺的进行巩固性背记，努力让全部内容都能划上"已基本完成长时记忆"的记号。

为了背记方便，在考前复习时，可以把平时每日巩固本上的那些没有达到长时记忆的内容集中整理到一个新本子上，这个新的本子叫"难点综合本"，以此来便于集中背记。难点综合本与每日巩固本搭配使用，会让对零碎内容的背记更加条理。

● 事宜57　让孩子学会"理解"

△ 关于"理解"

在学习活动中有两种重要的"理解"。

1. 对"概念"和"定义"的理解。

2. 对"解题步骤"的理解。

无论是对概念和定义的理解，还是对解题步骤（或思路）的理解，都可分为三个层面。

1. 大致理解。

2. 深入理解。

3. 归纳理解。

在对"概念"和"定义"的理解中，"大致理解"就是仅知道字面的大致意思;"深入理解"就是不仅知道字面的大致意思,而且还扩展开来,与一些相关的情景或结论联系起来;"归纳理解"这就是把同类或近类的概念放在一起,不但理清了它们的共同点与联系点,也理清了他们的区别点。

在对"解题步骤"的理解中,"大致理解"就是仅能大致明白这样做是对的;"深入理解"就是不仅明白这样解题是对的,还能明白为什么对,甚至还知道其他的解题方法;"归纳理解"这就是把同类或近类的解题步骤放在一起,理清它们的共同点、联系点、区别点。

让孩子学会理解,就是引导孩子学会对概念、定义、解题步骤的深入理解和归纳理解。

△ 引导孩子更好地理解"概念"和"定义"

引导孩子更好地理解概念和定义,就是不要让孩子对概念和定义的理解只停留在知道字面意思的层面,要努力引导孩子完成"通过联想的深入理解"和"通过综合比较的归纳理解"。

在通过联想进行深入理解时,对"情景"的联想叫"情景性深入理解"。对"结论"的联想叫"逻辑性深入理解"。

比如对磁场中导体感应电流方向或受力方向的理解就可以进行情景性深入理解。你就想象磁力线在运动导体的切割下,是如何变化的,或者去想象导体通电后,它周围的磁力线是如何变化的,再运用最基本的右手螺旋定则,来分析这种变化会促成什么情况的发生,并结合书上的定义,形成自己能自圆其说的解释。且不管你的解释是否科学,但有这套能自圆其说的解释,对你做题却是非常有用的,甚至根本不去管什么电动机定则和发电机定则,就能准确地判定出感应电流方向或受力方向。

比如对摩尔这个概念就可以进行逻辑性深入理解。引导孩子不仅会背记摩尔的定义,还要努力去明白"阿伏伽德罗常数的实质是什么",即阿伏伽德罗常数是原子量为1的质量与1克之间的换算关系数,即阿伏伽德罗常数个原子量为1 的质量为1克。那么常数个某物质微粒(原子、分子、离子等),它的克数就是它的原子量数,这就是摩尔质量。为什么要确定这个摩尔质量呢？那是因为通过摩尔质量，可以算出某克数的某物质的摩尔数，并由这个摩尔数算出某克数的某物质参加某种反应时的总化合价，即"摩尔数×阿伏伽德罗常数×在该反应中的化合价"。由这个总化合价倒算过去，就知道了反应时相应物质的摩尔数和克数了。如果说成是"当量"的话，那这里的"当量"就是"总化合价对等时的质量"。如果孩子完成了这样的理解，能抓住"总化合价""对等""相当"这几个概念去理解题意，那让很多高中生头疼的摩尔题，对他来说就是小菜一碟了。如果没有理解到这个层面，仅去靠"克当量"来做题，有时就会被绕进去而把题做错。

△ 引导孩子更好地理解"解题思路"

在生活中会有这样的事情：当你第一次随一个朋友走着去他家后，你对去他家的行走路线就会有一个大致的认知。当第二次你再随着这个朋友去他家时，他每次转弯的时候，你就会觉得："哦，是这个路线。"好像你真的认路一样。但是，如果第二次让你独自去，你未必能在每个岔路口都能正确判定该怎么走。而只有你在第一次走的时候，对每一个路口的特征进行过仔细地辨认，你才能在独自走的时候，准确地判定出该朝哪边走。这就是大致理解与深入理解的区别。

听老师讲题时也是这样，如果你对老师讲的解题步骤没有仔细的认知，仅是觉得老师这样讲"应该是对的"，自己也似乎听懂了，那就是对解题思路的大致理解。而只有当你对老师讲的每一步都能仔细认知，并清楚地知道为什么要这样做的时候，那才是对解题思路的深入理解。

至于"归纳理解"，无论是对概念和定义的归纳理解，还是对做题思路的归纳理解，都是在深入理解的基础上的综合性理解。这种理解是高考时考高分的关键。

有一年，我带学校的省高考理科状元参加市里的状元座谈会。会上让状元们谈学习经验，他说他的方法只有两个字"归纳"。我当时一听就从心里为他叫好。归纳，这可是高层面的理解啊！会运用这种理解的孩子，他的成绩能不好吗？他之所以能从高一时年级的十几名，进步到高考时的全省第一名，不正在于他很好地运用了归纳之法吗？是归纳理解为他的超越插上了翅膀。

我当高中班主任时，经常利用班会时间，给学生讲一些专题性的问题，其中一次讲的就是"比葫芦画瓢说标高"。这里的标高就是指理解的不同层面。

大致是这样说的：老师在课堂上讲一道例题的解题步骤，课后布置几道作业题，无疑这几道作业题的解题步骤与老师讲的例题是相同的或相近的。这就像老师摆放一个"葫芦"，然后让你比着这个葫芦来画一个"瓢"。只要你达到了大致理解的水平，你就能"比照"着葫芦的样子，把这个"瓢"画出来。但是凭这个水平的理解来应对考试那就不行了。考试时没有人给你摆放这个"葫芦"，你无法"看着"葫芦的样子画"瓢"，只能靠自己在老师讲过的众多"葫芦"中寻找出对应的那一个，然后再回想着这个葫芦的样子来画"瓢"。这时，如果你把"葫芦"选错了，或者没有把"葫芦"的特征记清楚，那你就会把这个"瓢"画错。对重点高中的学生来说，不是你平时的作业做对了，你就能考出好成绩，而是只有你对做题思路深入理解之后，你才能考出好成绩。如果你不但把老师所讲过"葫芦"的特征都能清晰辨识，而且还把这些"葫芦"放在一起进行综合的分析归纳，那你在考试时取得高分就是很自然的事情了。

我又说，在高中的考试中，如果你仅是凭对做题思路的大致理解而把作业做对，那你在考试时就是六七十分的水平。只有你达到了深入理解的水平，才能考出八九十分的成绩。只有达到归纳理解的水平，才能让成绩稳稳地在九十分以上。在这个方面，高中与初中和小学是很不一样的，即便都是对解题思路的大致理解，在初中也能考七八十分，在小学还能稳稳地在九十分以上。原因很简单，考题的难易结构不同，通俗说就是送分题的多少不同，拐弯题的多少不同。

我的这些讲解，让学生们在理解标高方面有了更好的认知。

【培育点 13】"优化学习方法"的"主要培育事宜"

△ 家长要及早培养孩子的"探究韧性"

"深入理解"的关键是什么？是思维的"**探究韧性**"。

探究的韧性首先是体现在探究的时间上。在做作业时，一个孩子在读完一道题后，仅进行五秒钟的思索，就得出"自己不会做这道题"的判定，与一个孩子读完题后，经过五分钟，甚至二十分钟的思索，才得出"自己不会做这道题"的判定，能一样吗？五秒钟没有想出解题思路的题，经过五分钟或二十分钟的思索，就有可能找到解题的思路。即便没有找到解题的思路，在这较长时间的思索过程中，他也在运用所学的知识进行着分析，他也在加深着对这些知识的认知，这些都在无形中提升了孩子这方面的能力，也不是白白地浪费时间。

因此，加强一个孩子的探究韧性是提高孩子学习效果的一个非常重要的方面。如果一个孩子缺乏探究韧性，那他对概念、定义、解题思路的理解就很难达到一个较好的层面。

让孩子在认真思维的前提下，保持较长时间的探究活动，就会提升孩子的探究韧性，经历得多了，就会形成探究方面的韧性习惯。一旦孩子形成了探究方面的韧性习惯，后面的事情就好办多了。

在初始引导孩子提升探究韧性的时候，有一点家长必须要注意，那就是要让孩子在长时间的探究后获得成功感。当他通过长时间的探究，把那些原本认为不会做的题做出来后，他就尝到了长时间探究的甜头，他就会继续采用这种办法来解决学习中遇到的问题。

如果孩子通过一段时间的思索，还是想不出该怎么解题的话，那家长就要及时在孩子探究的基础上，给孩子讲明白。让孩子感受到：即便他没有想出来这道题该怎样做，也没有白白探究，他的探究能帮助他去更好地理解大人所讲的内容，这也算是一种成效，以此避免探究给孩子带来失败的差感觉体验。

探究韧性不仅有利于孩子提升理解的层面，还有利于孩子去探究适宜自己的学习方式，甚至有利于孩子参加工作后对所遇到的问题进行探究。因此，探究韧性是一个人高水平发挥智力的关键。

△ 家长引导孩子提升"理解层面"时要注意"顺应孩子"

不论是引导孩子提升对概念和定义的理解，还是提升对解题思路的理解，家长都必须要顺应孩子。

理解层面不是家长说提升就能提升上去的，它是需要一些相关的素质做基础的，基础的东西不到位，想提升上去是很难的。

另外，理解的标高是一种感觉，不是讲道理能讲清楚的。当孩子没有产生这种感觉的时候，那就是没感觉，家长再急都没用，讲道理也没用。在提升孩子理解层面这件事情上，家长只能适当地促进，耐心地等待。即便孩子一直不会深入理解，那家长也只能顺应自然，接受孩子的这种情况。

我曾引导一个高二学生对物理进行深入理解。引导一年多，直到高三上学期结束，都没有什么效果。可正当我觉得没希望的时候，高三下学期一开学，他摸到感觉了，于是物理成绩由班里的中上水平一下子进入了前几名。物理成绩的提升使他高考的信心倍增，于是又带动了其他学科成绩的提升，最后在高考中取得让家长非常满意的成绩。当他成功后，他就想指导他上高二的妹妹也用这种方法学习物理，可直到妹妹参加高考，他也没有引导成功。见到我的时候，他还说："不难啊，怎么妹妹就不明白呢？"我说："怎么不难啊？你忘了你高二时那艰难劲儿了？"他笑笑说："也是。"

学习中的很多标高都是感觉，摸到感觉的人觉得很简单，可要想帮助别人摸到感觉，那就是一件很难的事情了。所以只能顺应，不能强求。

● 事宜58 让孩子学会"整理"

△ 关于"整理"

不是让学习的重点内容散布在书上，而是用某种方式将它集中起来，以此便于再学习，这个过程就叫"整理"。

整理的方法主要有两大类。

1. 简单摘抄法。

2. 归纳整理法。

仅判定出是重点内容，并把它抄下来，这就是"简单摘抄法"。

不仅判定出是重点内容，而且还在进一步思考的基础上，形成了一些认知结论，并用某种方式展示了这些结论，这就是"归纳整理法"。

能展示这些结论的方式很多。常见的有三种。

1. 一问一答整理法。

2. 列表（或表格）括弧整理法。

3. 思维导图整理法。

这三种都属于归纳整理法，是归纳内容的不同表现方式。

△ "归纳整理"的"关键点"

"归纳整理"不是"抄"，既不是把书上老师让标记的东西"抄下来"，也不是将别人整理好的东西"抄过来"。"归纳整理"是靠自己动脑，从原始的学习材料中，"**找出**"自己认为重要的知识点，并"**归结**"出这些知识点的某些特性及与其他知识点的区别与联系，然后，用一种相适应的方式把这些思维成果"**展示**"出来。

而要完成找出、归纳、展示的步骤，与深入理解和归纳理解是分不开的，它是在对所学内容进行深入理解和归纳理解的基础上进行的。而这些又都是与自主学习紧密相连的，离开了自主学习，离开了深入理解和归纳理解，就不可能有真正意义上的归纳整理。

因此，不是知道了一问一答整理法、表格括弧整理法、思维导图整理法，你就能用这些方法去进行整理的，只有在进行深入理解与归纳理解的基础上，才能把这些整理法运用好。

△ 关于"一问一答整理法"

"一问一答整理法"是背记内容较多的学科在集中复习时的一种主要整理方法。

在对某个背记内容较多的学科进行初始复习时，要逐字逐句地将书本"吃"一遍。通过这一遍"吃"，一方面对书上的所有内容起码都有一个模糊的印象，考试时万一遇到一些比较偏的题，凭这个模糊的印象去答，也不至于太不沾边。另一方面，把那些很重要但自己还没有记牢的内容，归纳成问题，用一问一答的方式记在本子上（如软面抄）。为了方便反复背记，在软面抄的左边写"问"，右边写"答"，一一对应。巩固性复习时，可盖住右边的"答"，看着左边的"问"来背。背不出时，盖的东西下移，露出"答"的内容，再进行读背。"答"的内容的详略依自己生疏程度而定，生疏的就详写，已经记得差不多的就略写，甚至只写几个关键性提示词就可以了。

"吃"一遍书本虽然很费时间，但它是非常重要的。它让学生进一步熟悉了课文，不但能更好地应对考试时的偏题，还能提高老师上复习课时的听讲效果，而整理出来的"一问一答"对后续复习的作用就更大了。

我大女儿在高考前复习地理、历史时，就用了这种方法。她上大学后的有一天对我说："爸，在高考复习时，眼看就二练了，别人都在忙着做综合练习，你却让我看着书一点一点地去整理地理。说真的，要不是我一练考砸，我是肯定不会按你说的这种方法复习的。可后来发现整理出来的这东西真管用，并且越靠后的复习越觉得它管用。现在我上大学后对很多学科的复习也还用这个方法。"

△ 关于"列表括弧整理法"

"列表括弧整理法"含"列表整理法"和"括弧整理法"，由于两种方式所表现的内容从实质上说是一回事儿，所以就放在一起讨论了。

这是一种比较传统的整理方法，运用起来并不难。引导孩子运用列表括弧整理法，难的不是如何用这种方法把自己的认知结论表示出来，而是如何通过自主学习得出自己的认知结论。

因此，在引导孩子运用列表括弧整理法时，学会整理的方式是次要的，让孩子通过自学去深入理解，得出自己的认知结论才是主要的。当孩子能较好地运用列表括弧整理法的时候，所体现出来的不仅是孩子对整理方法的运用，更是自主学习的成效。

【培育点 13】"优化学习方法"的"主要培育事宜"

△ 关于"思维导图整理法"

"思维导图整理法"是近些年不少人提倡的一种方法。其实，同列表括弧整理法一样，运用思维导图整理法，重要的不是对这种方式的运用，而是要先通过自主学习把自己要整理的内容给思索出来。

与列表括弧整理法相比，思维导图整理法有两个特点：一是更形象；二是能表示逻辑关系更为复杂的内容。

如果能在孩子自主学习的基础上，引导孩子利用思维导图来更形象地表现一些比较复杂的逻辑关系，也是很不错的。

在运用思维导图方法时，要注意实用性，不能"花哨"。因为考试复习时，时间大都是很紧张的，不能在形式美上花费太多的时间。

△ 对现成"整理资料"的恰当利用

现在的复习资料非常到位，有许多现成的整理好的资料供孩子们复习时使用。这些资料的优点是：不用孩子们自己费劲，就获得了比较规整的材料。缺点是：孩子们缺少了对课本"吃"的过程，缺少了自己思索的过程，缺少了通过自己的思索而解悟逻辑关系的效果，把对逻辑关系的深层的解悟变成了文字性的死记。

因此，我建议：

1. 自学能力强的孩子，要先撇开那些资料不管，通过自己对课本的"吃"，整理出自己的东西，然后再参照那些资料，对自己整理的东西进行适量的补充或修正。

2. 自学能力和自学时间都很有限的孩子，可以以资料为本，然后通过自己有限的自学，来对资料进行一些适当的补充或修改，以更适宜自己的使用。

3. 学习比较吃力且也没有自学时间的孩子，那就接纳资料的内容，不进行什么修改，只是在记住资料内容的同时，也尽量加强对其中逻辑关系的理解。

【培育点14】"优化学习条件"的"主要培育事宜"

——优化学习条件,让孩子"更好地学"!

● **基本认知**

前面谈的学习动力和学习方法是促使孩子取得好成绩的内在因素,而这部分谈的则是促使孩子取得好成绩的外部因素。这些外部因素主要是"教"方面的情况。

根据"施教者"的不同,可分为三种。

1. 学校的"教"。
2. 校外老师的"教"。
3. 家人的"教"。

虽然前两点的施教者不是家长,但家长却有一定的选择权与干预力。家长选择得好了,或者与这些施教者沟通得好了,也照样能促使孩子学得更好些。

在十五个主要培育点中,家长普遍做得最认真的就是这个培育点了。但还存在一些需要家长注意的问题。

● **事宜59　为孩子选择适宜的"学校和老师"**

如有可能,家长要为孩子选择适宜的学校和老师。

在选择学校和老师时,并不是越出名的就一定越好,而是适宜自家孩子发展需要的就好。

这里"适宜"的内涵主要有四点。

其一,**要适宜自家孩子"学业成绩"的提升**。

即使很有名的学校,也常常不是对所有层面孩子的提升都适宜的,有的适宜尖子生的提升,有的适宜较好学生的提升,有的适宜中下层面学生的提升。

自家孩子的学业成绩在哪个层面,家长就去关注能让这个层面的学生得到较好提升的学校。如果自家孩子初三毕业时是较好的学习成绩，那家长就要去关注高一入学时较好水平的学生在哪个学校的高考成绩好，而不用考虑其他层面的学生在这个学校的高考情况。如果自家孩子高中成绩提升较好的话能考上二本大学，那就不用去管这个学校考上一本大学的人数有多少，更不用关注这所学校考上名牌大学的学生有多少，因为那些情况与自家孩子的发展关联不大。

当家长难以借助学校的数据资料进行分析的时候，可以通过熟人，来打听与自家孩子成绩相近的孩子入高中后的成绩变化情况，以此来大致地判定哪所高中更适宜自家孩子。

其二，要"适宜"自家孩子"学习动力的激发"。

孩子的特点不同，学习动力的激发点也不同。有些孩子特别不自觉，需要在一个严格管理的氛围中，才能促使他呈现出较好的学习动力。有些孩子的竞争意识很强，那就需要把他放在有竞争力的氛围中，来激发他的斗志。有些孩子自信心态不太好，那就需要放在一个压力较小的氛围中，他才能更有信心地去学习。有些孩子的逆反意识比较强，那就把他放在一个管理温和的氛围中，他才能把劲儿更多地用到学习上。如果把一个逆反意识强的孩子放在特严厉的老师手下，那孩子就会把较多的精力用在与老师的抗争上。因此，家长一是要认清自家孩子的学习动力的特点，二是要判定学校和班级的氛围是否适宜这个特点孩子的动力激发，然后做出比较恰当的选择。

其三，要"适宜"自家孩子"自主学习状态的需要"。

有些老师以大量的习题训练为主，有些老师则以综合能力培养为主，两者的区别是比较大的。有些孩子在进入高中学习之后，自主学习能力就开始显现出来了。对自主能力强的孩子，就要选择作业量较少的老师，以此让孩子能有较多的自主学习时间。而对自主学习能力差的孩子，不妨让他去老师管得很细的学校就读。

其四，要"适宜"自家孩子的"思想发展的需要"。

一个学校的校风、一个班级的班风、一个宿舍的室风对孩子的思想都有很大的影响。别小看宿舍的室风，由于孩子们长时间共处于老师不能监管的状态下，所以其负面的信息交流会有很多，这些信息对孩子的影响力绝不小于老师在课堂上的"说教"。如果自家孩子的思想比较稳定，那影响还会小一些。如果自家孩子的思想不太稳定，那影响就很明显了。孩子越不成熟的时候，其负面信息交流就会越多。一旦负面的群性意识浸染了孩子，家长纠正起来就相当困难。

因此，家长一定要关注校风、班风、室风，要思考这些风气是否适宜自家孩子思想发展的问题，而不是只盯学习成绩的提升。

当然，让自家孩子上个名校，家长向别人说起来的时候，脸上能多几分光彩，这也是人之常情。如果不与孩子的适宜相矛盾，那也是可以兼顾的。但如果与孩子的适宜相矛盾，那就不能因小失大了，家长就应该把自己的虚荣放到一边，而去为孩子着想了。

● 事宜60　为孩子选择适宜的"校外辅导"

一个孩子需不需要校外辅导，是一个很难简单回答的问题。

一般来说，学校的师资情况比较好，孩子学得也比较顺，那就不用校外辅导。或者孩子虽然在学习上有一些问题，但家庭也有一定的辅导能力，基本上能帮助孩子解决这些问题，那也不用校外辅导。

如果孩子的学习不太顺，而家庭的辅导力又很有限，家长想通过校外辅导来提升孩子的学业成绩的话，就要注意两点：一是家长要清楚自家孩子学习中的问题是什么，二是家长要去找能帮助孩子解决问题的校外辅导。

如果孩子是因为基础差而导致上课听不懂老师讲的内容，那家长就要找能给孩子补基础知识的老师来辅导孩子。如果不是这样，而仅是让孩子在辅导老师那里又听一遍与学校课堂内容相似的讲解，那对孩子的作用是很有限的。

如果孩子是因为对知识的理解标高低而影响成绩提升的话，那家长就要找能引导孩子提高理解标高的老师来辅导孩子。如果不是这样，辅导老师仅是给孩子讲题，而孩子的理解仍是达到某个点后就停了下来，那对孩子的作用也是很有限的。

如果孩子是因为对知识的系统整理不到位而影响成绩提升的话，那家长就要找能引导孩子进行知识整理的老师来辅导孩子。如果不是这样，辅导老师仅是把零碎的知识又零碎地讲一遍，那对孩子的作用也是很有限的。

如果家长想让高手指点孩子，那也要搞清高手的擅长点与自家孩子需要点是否一致。如果不一致，那效果也不会明显。

总之，在这个方面，不是孩子的学习一有问题，就把孩子送出去让别人辅导，而是应该仔细分析，区别对待。在扶贫工作上有个词语叫"精准扶贫"，借用过来，在安排孩子校外辅导的事情上也要"精准辅导"。

● 事宜61　为孩子提供适宜的"家庭辅导"

△ "家庭辅导"应该注意的几个问题

家人有辅导孩子的能力，这当然是好事，但也要注意一些问题。

其一，**不能"急"**。

家长常常会有让孩子"马上纠正错误""马上改掉毛病"的急切心情，这是可以理解的。但心里急归心里急，不能在面对孩子时表现出来。如果时不时地就表现出来，那很多事情就容易搞乱了。

其二，**不能"碎"**。

当把"急"表现出来的时候，常常就是"碎"。发现孩子的一个小问题就说出来，发现一个毛病就想让孩子马上纠正，不停地说一两句，不停地训责一两句，全然不去想这些毛病岂是你这种简单的一两句话就能让孩子改掉的？全然不顾孩子学习时需要一个安静的氛围。

其三，**要有"章法"**。

让孩子经常做错的题不再做错的办法主要是指导和训练，家长要拟定一个整体性的甚至还要分步骤的措施，来帮助孩子把题做正确，而不是不停地唠叨。可很多家长却把不停地唠叨当作让孩子把题做正确的主要办法了。"都给你说过多少遍了，怎么还做错呢？下次一定注意不能再错了。"唠叨得孩子心烦，他哪还有心思去把题做对呢？

难道孩子就不知道应该把题做正确吗？难道孩子就不想把题做正确吗？题能否做正确，那是能力的问题，而不是想不想的问题。

其四，**要有"针对性"**。

如果不是很笨的孩子，可你把题讲了几遍，他硬是不明白，那问题很可能就出在你对孩子的迷惑点没有搞准上。遇到这种情况，不是对孩子发火，而是要平静下来去思考孩子的迷惑点到底在哪里，然后再根据自己的判定，来拟定辅导思路。如果家长能这样处理问题，那辅导不但会更有效，而且还避免了对孩子的伤害，也会让自己少生很多气。

其五，**要"讲究方法"**。

辅导孩子也是要讲究方式方法的。你给孩子讲是一种辅导的办法，让孩子给你讲，也是一种辅导的方法。你给孩子出题是一种方法，让孩子给你出题，你也有模有样地去做，也是一种方法。别小看这出题，那也是需要动脑筋的，而在这种动脑筋的活动中，往往能激发起孩子的一些兴致。家长要有意识地根据自家孩子的特点，去运用一些更有效果的方法。

△ 对"语文辅导"的两点建议

建议一：**让孩子的阅读"更恰当"些**。

语文老师都会强调要多读书，这是绝对没错的。但不是"读"就好，而是"恰当地读"才好。

从目的的角度，阅读可以有五种类型。

1. **"认字识字"** 阅读。

2. **"熟悉词语"** 阅读。

3. **"文意解析"** 阅读。

4. **"写作模仿"** 阅读。

5. **"思想提升"** 阅读。

"认字识字阅读"时要读的书多是浅显有趣的小故事书，以有趣的故事来吸引孩子去读，在读的过程中强化他对一些字的读音和字义的认知。如果孩子学会了拼音，那就买带拼音的书让孩子读，效果则更好。这时的书可以有插图，以此来强化孩子的形象认知。但插图不能过多，不能喧宾夺主，不能让孩子把大量的精力放在看插图上。

"熟悉词语阅读"指以熟悉词语的词义和用法为主的阅读。在孩子对某个字会读、会认之后，就要强化孩子对与这个字有关的词语的认知。虽然通过老师讲解和查字典，孩子也可以了解某个词语的意思，但只有通过阅读，在具体的语言情景中，孩子才能更好地体味某个词语的词义和用法。这时阅读的书就不再是那些只有浅显词语的小故事书，而是表达内容稍丰富一些的故事书，当然也要有一些浅显的诗歌散文之类的书。

"文意解析阅读"指以理解文章意思为主的阅读。可以利用孩子同年级的阅读题来让孩子阅读，也可以利用与这些阅读题相应的阅读资料让孩子阅读，但更多的则是要让孩子阅读与阅读题文体相近的书籍。与认字和熟悉词语的阅读不同，在阅读文章后，孩子最好能向家长大致讲一下文章表达的内容、特点，及自己对文章的简单评议。做阅读练习题时还要注意一点，就是不要一开始就"就题而读"，而是先要理清文章的整体文意和脉络，在对文章有个整体了解的基础上，再去思考那些问答题。在考试的时候，其实也要这样去读，只是考试的时间紧，整体阅读的时间不能太长，阅读会粗一些。但即便粗一些，也要有这一步，在对整体的文意和脉络有个大致的把握后，再去思考那些具体的问答题，正确率会高很多。

"写作模仿阅读"指以提高孩子的写作能力为主的阅读。语言的学习主要是仿学，初期的写作更是这样。因此，除了一般性阅读为孩子积累语言素材外，还要专门针对孩子当下要训练的写作文体，为孩子提供一些具有可借鉴性的文章让孩子来读，让孩子"写有可仿"。

"思想提升阅读"指以提升孩子思想、培养孩子情操为主的阅读。这看似是政治思想课的内容，其实与语文也有很大的关联。让孩子有了思想，有了情操之后，他的作文才会有一定的内涵而不显得空泛。尤其是对一些名人事迹、演讲性文章、哲理类文章及包含着丰富思想内涵的散文、诗歌的阅读，更容易把孩子的认知引领到一个新的高度。

从"安排"的角度，阅读可分为两种。

1. 规定性阅读。

2. 随意性阅读。

"规定性阅读"指对"看什么书""用多长时间看完这些书""怎样去看这些书""看完这些书后要完成哪些相关性作业"都有明确规定的阅读。以此来保证阅读的重点性，不至于阅读得太偏。如果一个孩子只会去看小说，并且只是被其中的情节吸引而津津有味地看，那对孩子早期的认字识字、熟悉词语是有帮助的，但对后期语文水平提升的作用就很有限了。因此，到小学后期，家长就要逐渐加大对孩子阅读文体的关注力度，防止只会看小说、只被情节吸引的情况出现。

"随意性阅读"指由孩子自己随心去安排的阅读，以此增加孩子的阅读兴趣，丰富孩子的阅读内容，要让随意性阅读成为规定性阅读的一个有益的补充。其实在这随意性阅读中也有规定性，主要是规定不能看那些质量低劣不适宜孩子成长的书。

另外还有一个与阅读相关的问题，那就是一定要限制孩子看电视、电脑、手机的时间。否则，有不用费心理解的直观性画面情景在吸引着，孩子哪还愿意费劲儿去阅读呢。然而，书籍之所以是那些视频不可替代的，就在于读书能对人的认知产生很强的促进作用。而过长时间地看电视、看电脑、看手机，给孩子视力及其他身体方面带来的伤害，也绝对是一个不容小觑的问题。

建议二：要多方面促进孩子的"作文水平"。

要想让孩子把作文写好，需要从四个方面去促进。

其一，**让孩子有经历、有思想。**

有经历，能让孩子在记叙的时候有东西可"叙"。有思想，让孩子在议论时有东西可"议"。"叙""议"有了，无论是写以记叙为主的作文，还是写以议论为主的作文，还是写夹叙夹议的作文，内容就容易充实了。

要让孩子多感受、多经历些事物的情景，并且还要通过家长的讲评和与孩子的讨论，引导孩子更好地感受和认知这些情景。

让孩子"有思想"需要长时间引导才能有效果。思想，即对世界认知的总和，是先天的智力、后天的经历、家长的引导、自身的思索四个方面的因素共同作用的结果。虽然家长的引导仅是诸多因素中的一个，但家长引导与不引导、用心引导与不用心引导，对孩子思想提升的作用是大不一样的。因此，家长一定要重视对孩子认知的引导，加强孩子对一些具有普遍意义的社会问题的分析和思索，努力让孩子形成自己对这些问题的一些基本想法，这不仅是写作文的需要，更是孩子认知世界的需要。

其二，让孩子清楚一些"基本框架"。

当孩子刚上小学的时候，作文的基本框架就是两个字——相关。只要孩子能把相关的东西写出来就可以了。待孩子有点写的感觉后，到二三年级的时候，就可以给孩子讲"三段法"的基本框架。比如写《我喜欢的一个玩具》，三段法就可以是"玩具的由来""玩具的特点""自己对玩具的喜爱"三部分。待孩子再大些，就可以将"三段法"扩展成"四段法""五段法"。这里的"段"是"部分"的意思，并非一定与自然段相应。三段法也可以写成四个自然段或更多个自然段。

到中学写作文的时候，类型要更多一些，家长也要尽量给孩子提出一些基本框架方面的建议供孩子参考。如果家长的能力有限，难以给孩子提出什么框架方面的建议，甚至担心自己提出的建议与老师的指导不一致，而给孩子造成混乱，那还有一个简单的办法，就是要提示孩子在动笔之前先有一个大致的构思，最好让孩子将这个大致的构思先给家长讲一讲，然后再动笔写，这对孩子把文章写出条理性是很有帮助的。

基本框架式的作文训练有点"八股文"的味道，但在孩子写作训练的基础阶段，有个基本框架，会让孩子写得更有条理且更容易。何况孩子还面临着应试任务，在应试写作中，"八股"一点会更稳妥些，不容易被扣分。如果孩子把写作基础扎实了，待他长大后，自然会根据表达的需要而放开去写的。这叫"先学会扶着走，然后再自己跑"。

其三，**要顺着孩子的感觉，慢慢打开孩子的写作思路**。

框架是可以引导的，但在框架下具体写的时候，家长不要有太多的要求，要让孩子循着自己的思路去写。在初始写作的时候，这一点尤为重要。孩子刚开始写的时候，不会写得那么顺，那么有条理，家长也不要过多地去纠正孩子。要先让孩子产生"顺"的感觉，不要一开始就让孩子觉得写作文是件很难应对的事情。一旦孩子写作文时产生"怵"的感觉，他的思维就难以活跃，思路就难以顺畅了。一定要让孩子"有感而发"，不要让孩子冥思苦索地去拼凑，不要让孩子为写作文而太犯难。即便孩子写得不好，但也要让孩子顺着自己的感觉去写，慢慢地引导孩子把写作思路打开，进而让孩子形成自己的渐趋成熟的写作模式。

其四，**加强阅读**。

通过阅读，既可以让孩子积累语言素材，让孩子"写有可仿"，也可以丰富孩子的知识，提升孩子的思想，让孩子"言之有物"。

△ 对"数学辅导"的一点建议

建议：**给孩子补好"基础"，让孩子的课堂听讲更"顺"些**。

这是给孩子数学学习不太好的家长的建议。

这里的"基础"包含"情景基础"和"概念基础"。

比如，在学校老师讲人民币之前，家长要让孩子接触人民币、使用人民币。家长可以与孩子进行买卖东西的游戏，让孩子在游戏的实践中了解人民币。

比如，在学校老师讲钟表之前，家长要让孩子接触钟表，简单地认知钟表，并在一些活动中简单地使用钟表，这样等老师讲的时候，孩子就不会感到那么难以理解了。

等孩子上初中，尤其是上高中后，老师在课堂上讲的内容要涉及较多以前学过的基础知识。如果涉及的这些基础知识孩子没有学好，或者由于时间长而模糊了，那就会影响课堂的听讲效果。而由于课堂时间紧，很多老师又没有专门安排基础知识回顾这个教学环节，所以若自家孩子存在这方面的问题，就要靠家长的预习性辅导来给孩子补了。

当孩子的情景基础和概念基础都比较到位时，那他的数学课堂效果就会好很多，这要比课堂上没听明白，课后再努力复习相关概念，然后再去理解老师讲的内容，效果要好得多。

因此，如果自家孩子的数学学习不太好，那在老师讲新课前，家长就要做"补好基础"的工作。

△ 对"物理辅导"的一点建议

建议：引导孩子用"深入理解"的方法学物理。

在理解方面最典型的学科是物理。如果孩子学会了对物理进行深入理解，就会使物理学习变得容易很多。物理方面的计算公式都是各概念之间逻辑关系的集中体现，如果把它们之间的逻辑关系理解到位了，那它们在公式中的关系自然就清楚了，根本不用死记公式，也不会把公式写错。万一某个复杂的公式想不起来时，由几个基本公式一拼就出来了。

我的大学专业是中文，毕业后教的也是语文，但是现在，每当熟人让我辅导他们家孩子学习语文的时候，我常常会说："别让我辅导语文，我辅导物理吧。"我是在没碰物理近三十年后，在一次偶然中发现自己还有辅导物理的能力。后来我又试着辅导几次，觉得还行，于是我这个高中语文老师在课外就主要给熟人家的孩子辅导物理了。我上高中时，数学成绩也是挺好的。曾在一次考试中，考了全年级唯一的一个满分，并且比第二名高十分，因为有一道十分的题，只有我做对了。但是，三十年后的今天若让我去辅导高中数学，我连想都不敢去想。但物理就不同了，我当年全是用深入理解的办法学物理的，学完后，那些知识在大脑中好像变成了永恒的东西，以至于三十年后稍一翻书，基础知识就全浮现了出来。这种情况让我对"深入理解"的魅力有了更深的认知。

我又想起大女儿的物理学习。初三时，他们年级组织了一次物理竞赛，设一、二、三等奖共一百五十名。我从光荣榜的第一名看到最后一名，没看到她的名字。回到家，我问女儿："在物理竞赛光荣榜上，我怎么没找到你的名字呢？"她说："我考了一百七十多名。"我听后心里"咯噔"了一下，但也没在意，而后也没有加强对女儿的物理辅导，因为那时我还不知道自己具有辅导物理的能力。可就是初三时物理一百七十多名的她，到高二时物理成绩却稳居年级前五名，参加省竞赛，还获得了二等奖。女孩子到高中后，物理名次大多是下滑的，她却能迅速地向前冲，靠的是什么？靠的就是她学会了深入理解。但大女儿的深入理解是她自己摸到的，还真不是我引导的。临高考前，别人都在着力做物理的综合练习，她却在翻着书仔细地看。别的同学很不理解，说："什么时候了，怎么还在那里看书呢？"她回到家后对我说："他们不清楚，考点都在书上呢。"我听后很高兴。是的，都在书上，只是理解层面低的孩子是无法明白这一点的。

物理学习中的深入理解，也分情景性深入理解和逻辑性深入理解。

比如，可以把电源形象地想象成一个大水库。

水库的上面相当于电源的负极，底部相当于电源的正极，水通过管子从上面冲到库底，相当于带负电荷的电子从负极流到了正极。水从上面落到下面的水位差就相当于电荷从高电位到低电位的电位差。

如果水库里的水通过多根粗细不同的管子向下冲，那么这些管子两端的水位差都是一样的，因为都是从同一个高度落到了同一较低的地方，与管子的粗细没有任何关系。这就是"并联电路各支路的电压相等"。

如果水库里的水不是一下子冲到下面河床的，而是分几个台阶才到河床的，那么每个分段的水位差之和必然等于从水库上面到下面河床的总水位差。这就是"串联电路的总电压等于各部分电压之和"。

水从高处冲到低处会产生能量。能量的大小与水的多少有关，水量越大，所产生的能量就越大。能量的大小还与水位差有关，所降的水位差越大，所产生的能量就越大。对应于水量的是电量，对应于水位差的是电压，于是$W=QU$。而"Q"的大小又与电荷的流速"I"、流的时间"t"有关,即Q=It,于是W=UIt。这就是电能的基本公式。

这样通过把抽象的电源、电荷、电压差与形象的水库、水、水位差的比照,就会使这些难懂的物理关系变得简单多了。

当要理解电流、电压、电阻的关系时,你可以想象,把出水的管子安装在水库下面与河床高度相近的地方就可以了。水库的水位越高(电压越大),管子里的水向外喷得就越有劲儿,单位时间里流出的水就越多(电流越大),而管子越细越不通畅(电阻越大),则单位时间里流出的水就越少(电流越小),这就是"$I=\dfrac{U}{R}$"。

比如,可以引导孩子把光线的照射想象成前行的"车"。

当车左右两边的轮子同时从一种物质进入到另一种物质中的时候,车的速度会改变,但车的方向不会变,因为两个轮子同时变速。这就是"垂直射入不发生偏转"。若不是垂直射入,车一边的轮子先进入新的物质,发生速度的改变,而另一边的轮子还在原来的物质中,还是以原来的速度前进,那两个轮子一快一慢,车的方向就要向一边偏转了。待到另一边轮子也进入新的物质后,两个轮子的速度又相同了,于是"车"就又开始沿直线向前了。这就是"折射"。根据两个车轮快慢变化的异同,来判定"车"(光线)的转向,虽然未必规范,但却能很轻松地把题做对。

比如,可以引导孩子对一些概念进行"每字性"的理解。

速度是什么?是"每秒移动的米数"或"每小时移动的千米数"。

压强是什么?是"每平方米所承受的牛数"。

电流是什么?是"每秒流过的库仑数"。

电压是什么?是"每库仑电量所产生的焦耳数"。因为1库仑电量产生1焦耳能量时所消耗掉的电位差叫1伏特。从W=QU中也能明白这一点。

这样去理解概念,不但能更好地理解公式,还不容易把单位搞错。

【培育点15】"引导应对思路"的"主要培育事宜"

——引导应对思路,让孩子"把事情办得更好"!

● **基本认知**

要应对好面临的事情,就要制定出恰当的"应对措施"。而要制定出恰当的应对措施,是与很多思路相关联的,我把这些相关的思路叫"**应对思路**"。

下面谈的应对思路分两类。

第一类,拟定对很多事情的应对措施时都会用到的"基本思路"。

基本思路一:整体思路。

基本思路二:明因思路。

基本思路三:规则思路。

基本思路四:策略思路。

基本思路五:辩证思路。

第二类,在一些关键事情上的"关键思路"。

关键思路一:应考思路。

关键思路二:择偶思路。

关键思路三:对那一位的"包容思路"。

帮助孩子形成好这些思路,会让孩子把事情办得更好些。

● **事宜62 引导"整体思路"**

"整体思路"就是从整体着想的应对思路,就是不"就事论事"的应对事情的思路。

比如,领导对你进行了不恰当批评时的应对。在对方的批评中,有合理的地方,也有不当的地方,你是"认",是"忍",是"温和辩解",还是"强硬反驳"?这就要通过整体考虑来确定了。这里的"整体"主要是两个方面,一是领导对你的整体态度,二是自己整体发展

【培育点15】"引导应对思路"的"主要培育事宜"

的需要。

如果领导对你一直比较公正，只是偶尔的不当，那就去"认"，认真地承认自己的过错，而不要在意领导批评中的不当。

如果领导对你的态度有好有坏，那你也可以试探着进行"温和辩解"，试探着让领导认识到自己的不当。

如果领导对你的态度一直不善，这时就要看你自己整体发展的需要了。

如果你暂时还离不开这个公司，需要借助这个公司来提升资质，或者需要在这里获取其他利益，那你就得"忍"，忍受领导对你的不公。

如果你整体发展的需要对该公司的依赖性不强，离开也不会有大的影响，那你也可以来一次"强硬反驳"。其结果要么是领导发怒，将你炒了，要么是领导考虑到你对公司的作用，而改变了对你的态度，要么你只是出了一口恶气，领导无可奈何地将事情不冷不热地放到那里。但无论哪种，对你都无大碍，那何不让自己率直一次呢？

比如你想在专业技术方面发展自己，可领导却要安排你到管理岗位上工作，你怎么办呢？是拒绝，是接受，还是缓一缓再说？也是要从整体的思考中来确定的。既不是一味地听从领导，也不是一味地坚守自我，而是在整体分析的基础上，当听从则听从，当拒绝则拒绝，当缓一步则缓一步。

在应对很多事情时，是需要从整体出发来确定应对策略的。

运行整体思路的最大障碍是"情绪"。如果控制不住情绪，一看到那个一直对你不善的领导又来找你的毛病，火气就不打一处来，越想越生气，就要去找领导论理，讨个公道，那整体思路就很难运行了。

所以，要想运行好整体思路，不但要有对相关情况的恰当分析，还要能控制好自己的情绪。要理性思维，而不是情绪思维。要理性行为，而不是情绪化行为。

控制情绪是一种修为。这种修为不是你说有就能有的，也是要经过长期培养才能具备的。家长要引导孩子通过对自己或别人情绪化行为的一次次思考，来不断地增进这种修为。

● **事宜63　引导"明因思路"**

"明因"就是明白对方那样做的"真实原因"。

家里雇个保姆，干得挺不错，家人都很满意，可保姆突然提出不干了，这时保姆向你说明的原因大多都是借口。这倒不是保姆不诚实，而是因为保姆的身份，使她不便把真实的原因说出来。她能说"我无法承受你们家老人的苛刻要求"吗？她能说"我看到你们夫妻两个整天闹矛盾，心里很烦"吗？当然不能，一是怕伤害了你们，二是不想引发不必要的争执。既然不能干，那自己离开就是了，何必再扯其他事情呢？遇到这种情况，你如果想挽留对方，就要去搞清楚对方离开的真实原因，然后才能较好地判定是否能留住对方，才能拟定出有针对性的留人措施。如果不是这样，而是根据保姆说的原因去想办法，那你是很难留住对方的。

在分析真实原因时，有一个很重要的分析点，这就是"目的点"，也叫"利益点"，也叫"**价值点**"。当某人对你好时，对方的利益点，就是你对对方的价值点。

价值点分两种。一种是"**情况性价值点**"，一种是"**事务性价值点**"。

"情况性价值点"指某人的身份和情况在你心里有特殊的占位，你在对某人好的时候，能获得某种心理上的平衡、情绪上的愉悦或其他方面的好处，即使某人对你什么都没有做。比如你帮助弱者，虽然弱者并没有回报你什么，但弱者对你也是有价值的，这个价值就是为你怜悯心或慈善心的满足提供了条件。对方对你的这个价值越高，你出手帮助的力度就会越大，两者完全是正比例关系。并非所有的弱者都对你有这种价值，那些没有这种价值的弱者，你就不会出手去帮他。当然，有些帮助弱者的行为并非是为了满足怜悯心或慈善心的，而是为了获得舆论的好评，这时那个弱者对你的价值就是为你获得舆论好评提供了条件。

【培育点15】"引导应对思路"的"主要培育事宜"

"事务性价值点"指他做的事情对你有好处，或者他能帮助你把事情做得更好。刘关张三结义，义薄云天，其内在也都是事务性价值在作用着的。如果张飞没有能力，什么事都干不成，什么忙都帮不上，刘备会与他结义吗？

当判定你对某个人有没有价值的时候，还必须要清楚一点，那就是对方的"**价值需求点**"。只有当你的"价值点"与对方的"需求点"相吻合的时候，你对对方才会有价值。而只有当你对对方有价值，而对方对你也有价值，即出现"**共赢**"情况的时候，你们之间才会产生"情谊"。

"情谊"是一个很美好的东西。当对方真心愿意为你做些什么的时候，那就说明对方对你是有情谊的。尽管你清楚对方对你好是因为你在对方的眼里有价值，但你也要珍惜对方对你的情谊，因为这对你的生存有好处。并且你还要去做一些对对方有益的事情来回报对方，因为这是共赢的需要。

做"对对方有益的事情"与"为对方好去做事情"是有所不同的。你为对方的好去做事情，未必能吻合对方的价值需求点，而只有吻合对方的价值需求点的时候，对方才会有受益感，你为对方做的事情才是对对方有益的事情。

人都希望能获得永久的情谊，但获得永久情谊是有前提的，这个前提就是相互对对方的价值都不"衰减"。年轻人在海誓山盟的时候，大多也都是真心的表白，但为什么能兑现的却很少呢？不为别的，就是因为价值变了。要么是自己的价值需求点变了，要么是对方的"情况性价值"和"事务性价值"变了。如果相互的价值不衰减，那兑现海誓山盟的承诺也就不是多难的事情了。

人在评估别人对自己的"价值"时，有两种思路。一是"**长线思路**"。这些人看重的是对方对自己长远的潜在价值，于是会显得很"朋友"，很"义气"，不怎么计较当下的得失。二是"**短线思路**"。这些人看重的是对方对自己的当下价值，于是会显得斤斤计较，患得患失，没有大气的样子。长线思路者，容易在自己身边聚起较强的人势，形成自己的共赢联盟。而短线思路者就难以与别人形成这样的共赢联盟。当你估测自己对对方的价值时，也要先明白对方是什么样的价值思路，长乎？短乎？如果你想与一个短线思路的人结成长久的共赢联盟，那事情将很难顺利。

在明白了对方的长线、短线和价值需求点之后，也明白了自身的情况占位和做事能力，稍加分析，就能较好地估测出自己对对方的价值了。清楚了自己对对方的价值所在，就更容易清楚对方对自己好时的真实原因了。清楚了这个原因，并不妨害你们之间的情谊，但当对方对你改变态度的时候，你就能较快地查找到原因所在，也就能拟定出更好的应对措施了。

当对方对自己"使坏"时，那起作用的就不是自己对对方的价值点，而是自己对对方的"妨害点"了。

妨害点分两种，一是"**有意妨害**"，二是"**无意妨害**"。前者是有妨害目的的妨害，后者是无妨害目的的妨害。比如当上级安排你去担任某个职务时，你只是服从了领导的安排，没有任何针对别人的想法，但你的这种似乎与别人没有任何关系的服从，就有可能对那个一心想担任这个职务的人造成了妨害。比如当你做事非常成功、非常顺利时，就可能会让一些做事不顺的人感到更加失落或更加失衡，这种失落感或失衡感的增加，也是一种妨害。当别人对你使坏，你分析原因时，不仅要注意自己对对方的有意妨害，还要注意自己对对方的无意妨害，而不能觉得自己对对方无任何恶意，自己就不会妨害对方了，对方就不应该对自己使坏了。

人对人的"价值"和"妨害"都是很微妙的，甚至是不讲道理的，因此有时也较难判定。但是，只有认清这些很微妙的东西，你才能把原因分析得更准确，才能让自己制定的应对措施更有效。

● 事宜64　引导"规则思路"

办事不仅要依德、依法、依制度，循这些"大理"，还要知道各类事情的具体规则，循这些"小理"。我把这种循"小理"的思路叫

【培育点15】"引导应对思路"的"主要培育事宜"

"**规则思路**"。

在不同的群体中,在不同的事情上,都会因为长期运转而形成一套约定俗成的规则。你可以不赞成这些规则,但你却很难改变这些规则。这些规则常常不像公司的规章制度那样,用明确的文字表述出来并公示与众,而是不言而喻地存在于群体成员的心中,并体现在群体成员的行动上。在这样的群体中做事情,你只有在依法、依德、依制度的同时,再去遵循这些规则,你办事才会顺一些,才会更容易成功。甚至在有些单位,这些不成文的规则,比那些明文规定的规章制度还更具影响力。

遵循规则的前提是了解规则。

当你打算去某个群体"干事"的时候,就要先对这个群体的运行规则有一个大致的了解。基本了解之后,如果你觉得自己不太适宜这个群体的规则,那就放弃去这个群体"干事"的打算。若不放弃,那就要有应对这些群体规则的心理准备。

如果一个人已经进入某个群体,在对这个群体的规则不太熟悉的初始阶段,就要有意识地去尽快了解这个群体的规则情况。可以通过自己的观察,或是与一些老成员的谈话聊天来了解。

"规则"几乎是无处不在的。比如办喜事。农村办喜事有农村的规则,城市办喜事有城市的规则,且不同地域的农村之间、不同地域的城市之间也都有很大的差别。你很难说哪个合理,哪个不合理。到什么山,唱什么歌。不能抱着自己在原来群体中对规则的认知,来拟定在一个新群体中的应对方案,而是要在了解新群体的运行规则之后,来制定相应的应对方案。

其实规则也是文化的一部分,甚至还是文化中很重要的一部分。群体规则就是群体文化的一种体现。

在孩子小的时候,家长就要借助各种机会,引导孩子加强对各种群体在各种事情上的规则的认知,以此加强孩子的规则意识。

家长还要引导孩子将"**依法**""**依德**"放在前面。当某些规则与依法依德存在冲突的话,就要依法依德办事。切不可因小失大,把自己人生的这盘大棋给走乱了。

● 事宜65　引导"策略思路"

"策略思路"就是在办某件事情的时候，不是简单地"直通通"地去办，而是讲究方式方法地去办的思路。

策略思路包含着很多"小策略"，就像三十六计中的小计策一样。

比如"**隐隐点破策略**"。在给别人指出毛病的时候，有时如果直通通地说出来，可能会让对方感到难堪，但又不能不指出来，那就用隐隐点破策略，既能让对方意识到他的问题，你自己又能装成不知道那么多的样子。

比如"**变相解释策略**"。比如一个关系很要好的朋友误解了你，你若直通通地去解释，那就等于向对方表明你清楚对方误解你了，这会给双方的关系留下阴影。怎么办？可以借助一些机会，看似随意地向对方说明你的某些做法或你对某些事情的想法和态度，以此让对方的误解释然，就好像对方根本没有误解过你一样。这比直通通的解释效果要好很多。

比如"**和为贵策略**"。对方对你做了不友好的事情，但这个人又是你需要长期相处好的人，这时，你就可以无视对方对你的不友好，而依然对对方好，用你对对方的好，来让对方不好意思再对你不友好，这就是和为贵策略。和为贵策略也叫"以不变应万变策略"，即不管对方对你好与不好，你只管一直对对方好的应对策略。这种看似憨傻的做法，却常常能获得很好的效果。

比如"**以退为进策略**"。有时看似是"不要"，但却为更大的"要"留下了机遇，有时看似"谦让"，但却为更大的"争取"占据了更有利的优势，这就是以退为进策略。并不是想"要"就直通通地去"要"，想"争"就直通通地去"争"，而是要用"退"的行为，去取得"进"的效果。

比如"**信任为上策略**"。在与别人商谈某项合作的时候，如果你的眼光不仅是放在这次商谈的成功上，而且更关注通过商谈来获取对方的信任，这就是"信任为上策略"。这种策略也许会让你失去一些当下的利益，但却会给你带来更多的长远利益。也许会让你在一些人身上失去一些利益，但通过声誉的作用，会让你从更多人的身上获得利益。

引导孩子加强策略意识，注意办事时的策略，改进办事时的策略，会促使他把事情办得更好。

● 事宜66　引导"辩证思路"

辩证思路就是一分为二看事情的思路。

事情都有两面性，当遇到好事的时候，还要看到它坏的一面；当遇到坏事的时候，也要看到它好的一面。"在遇到坏事时，还要看到好的一面"是辩证思路中更有价值的部分，我把这种辩证思路叫作**"变坏事为好事思路"**。

遇到一个调皮捣蛋的同桌，这是坏事，但如果通过与他的相处，让孩子学会与这类同学的相处之道，提高了孩子这方面的应对能力，那坏事不就变成好事了吗？

上中学后，由于转学，自己来到了一个新的班级。在这个班里，自己没有熟人，没有朋友，这好像是坏事，但这不正给自己提供一个安静、不被打扰的学习环境吗？在这样的环境下，自己如果能不为没有朋友而苦恼，而是通过静静的学习，来提高自己的学习成绩，通过静静的观察，来提高自己对周围事情的分析能力，那这个坏事不就也变成好事了吗？

某次小考没考好是坏事，但自己如果通过对这次考试失误点的详细分析，制定出了相应的应对措施，并有力地落实，进而在后面的大考中，避免了这类失误的出现，那这个坏事不就也变成好事了吗？

不留心做了一件对不起同事的事情，这是坏事。但是，如果自己真诚地向对方说明原委，并表示深深的歉意，有时不仅会得到对方的原谅，甚至还会促进两人关系的更进一步。若能这样，坏事不就变成好事了吗？

通过一次次类似这样的引导，自然就能加强孩子的"变坏事为好事思路"。

要引导孩子在遇到坏事时，不要只盯着不好的地方去难受，而要把着眼点放在对可能蕴含着的机遇的寻找上，抓住机遇，化难受为力量，把相应的措施做实做好，努力实现"坏事变好事"的最大"转化率"。

● **事宜67　引导"应考思路"**

△ 引导孩子制定"最佳投资方案"

中考、高考之争，实质上就是优质教育资源之争。

在这样的竞争中要制胜靠什么？主要就是靠总分。

为了在有限的复习时间里，能让总分得到最大的提升，就要制定**"最佳投资方案"**。在学习里，这个"资"就是**"时间"**。

如果时间有限，孩子不可能把所有学科都学透的话，那就存在一个取舍的问题。取舍的依据是什么呢？依据就是对提升总分的作用是否显著，哪方面可以显著提分，就把时间多投放在哪个地方，这就是最佳投资方案的主要思路。

依据这样的思路制定的最佳投资方案主要是"三个取舍"。

其一，**不同学科之间的取舍**。要对自己各科的提分情况进行分析，在同样时间里，容易提升分数的学科要多投资时间，而难以提升分数的学科只"保温"，只适当提升，而不做过多的投入。

其二，**同一学科不同部分之间的取舍**。在同一学科的几个部分中，也存在提分难易的差别，自己要在容易提升分数的部分多下功夫，在难以提升分数的地方少下功夫。比如语文中最容易产生突破性提升的是格式化的作文训练，而其他部分要想在短时间里有明显的提升就很难了。当然，这也要因人而异，如果孩子的作文特别好，可提升分数的空间很小，那就不能把作文作为投资重点了。

其三，**同一类内容不同题型之间的取舍**。针对同一部分内容的考题，有基础题、一般题和很有难度的大题。如果孩子的学习不太好，在有限的时间里不可能在难题方面有所突破的话，那就不要围绕难题去花费时间了，直接放弃这部分的分数，而是将较多的时间放在自己似懂非懂的基础题和一般题上，把这些"似懂非懂"的题变成"懂"的题。通俗点说，就是要先把基础题和一般题这些"半成品"加工成"成品"，而不是把"半成品"扔在那里不管，去加工难题这个"生坯子"。

△ 引导孩子的"打歼灭战"的思路

"打歼灭战" 的复习思路，就是利用自主学习时间，集中精力，逐科突破的复习思路。

学校里，各科老师每天轮番登场的复习模式，是没法运行打歼灭战的复习思路的，所以打歼灭战就必须要靠自主学习来完成。

运行打歼灭战的复习思路，特别有利于对某科知识点的综合梳理与综合掌握，特别有利于对某类解题思路的综合理解。

我大女儿高考时的应考思路之一就是打歼灭战思路，并取得了很好的成效。

她本来是备考理科的，可到高三上学期快结束的时候，省高考制度突然变脸，要考大综合了。她文科学得很差，期末考试时（本市习惯称之为高考一练），她在市里排第3665名（当时全市每年上一本线的人数约1800人）。这对在理科班排名一直比较靠前的她来说，是一个很大的打击。为了应对这种突发的变化，我这个平时不怎么管孩子学习的人也开始全力协助孩子学习了。

为了让大女儿打好歼灭战，我与她一起制定每周的主攻科目及主攻办法。大女儿则全力落实。经过近四个月的努力，到五月初第二次大练习时，她在全市的排名从一练的3665名提升到697名。到六月份三练时，她在全市的排名又从二练的697名提升到43名。当时市里的晚报公布了前45名的学生名单，她也赫然在列。她在年级的排名，一练是第115名，二练是第30名，三练是第3名。年级的第1名是高考时的市状元。

在大女儿三次大练习的全市排名由四位数变成三位数，再由三位数变成两位数的事情上，虽然也有其他原因的作用，但打歼灭战的思路绝对是最关键的原因。

一个考生要提升成绩靠什么？靠突破。而打歼灭战就是实现突破卓有成效的办法，只是它要靠自主学习来完成。如果你不会自主学习，或者挤不出时间来自主学习，那就难以运行打歼灭战的思路了。

△ 引导孩子的"磨炼"思路

"有韧性的拼搏"是一种能力，但"有爆发力的拼搏"也绝对是一种能力。

人生会遇到很多"时间紧、任务急"的情况，在这个时候，有爆发力的拼搏常常就成了制胜的关键。因此，一定要利用一些机会，来磨炼孩子的爆发力，让孩子能更好地应对那些时间紧任务急的情况，而中高考复习的最后阶段就是磨炼一个孩子爆发力的很好机会。有些因某种原因而被提前录取的学生，要说也是好事，但却失去了利用中高考磨炼爆发力的机会。

在中高考复习时，引导孩子形成磨炼爆发力的思路，除了能提升爆发力之外，还有一点好处，那就是让孩子不再把复习仅仅与考试成绩挂钩，还与磨炼自己的爆发力这个具有长远意义的事情挂钩。有了这后一个挂钩，会让孩子觉得：即便自己拼搏后仍然没有考好，那也是有意义的，也不是白费劲儿的。有了这样的想法之后，孩子学习时的拼搏状态会一下子稳定很多，也会使孩子考试时的心绪状态一下子平稳很多，没有那么多的担心了。

△ 引导孩子"做一题忘一题"的思路

我教高中语文多年，我觉得要把语文题做好不单要靠语文基础，还要靠做题时的"灵性"。因为做语文题与做数学题不同，没有那么多的逻辑分析，而更多的则是要靠感觉。当一个人灵性好的时候，感觉才能更灵敏更准确，才更容易捕捉到那个正确答案。而要灵性好，就必须要"心净"。而要心净，就必须要"做一题忘一题"。

如果做下一题时，上一题的很多思绪还在脑子里飘着，或者对上一题是否做对的担忧还在脑子里闪动着，那他做下一题的思维灵性肯

【培育点15】"引导应对思路"的"主要培育事宜"

定会受到很大的影响。只有"做一题忘一题",及时清空与上一题相关的思绪,才能促使对下一题的思维更有灵性。

要想运行好"做一题忘一题"的思路,就要做好两点。

1. 形成明确的"做题步骤"。

2. "认"。

即便是语文,对某种类型的题来说,先想什么,再想什么,那也是有步骤的。由于知识基础与思维特点的不同,对同一类型的题,你的步骤可能与别人的步骤不同,但也都是可以有步骤的。要通过训练与摸索,将自己做某类题时的步骤清晰化、熟练化,逐渐形成自己做这类题的步骤格式。

考试时,如果自己能在精力比较集中的状态下,按步骤格式做完某道题,那无论这道题是做对还是做错,也都是自己水平的正常发挥了。既然是自己水平的正常发挥了,无论对错,那都要"认"。"认"了,才会"净",与上一题相关的各种思绪才容易清空。至于最后的复查,那是复查的环节,但在复查之前,就要这样去"认"。

有了做各类题的步骤格式,有了"认"的意识,有了"做一题忘一题"的思路,那做题时就会出现这样的节奏:"哒、哒、哒——过——走"。"哒、哒、哒"是一步步的做题步骤。"过"是这一题做过了,不想了。"走"是全心进入到下一题的思维中去了。

在这样的节奏下,不但能让孩子的思维具有更好的"灵性",还能明显地提高做题的速度。

我大女儿在高考二练的时候,其他科的成绩都比较好,但语文考了105分,其中20个3分的选择题,她错了9个,扣了27分。再有两个月就高考了,怎么办?我清楚提高语文水平绝非易事,如果花费较多的时间让她去加强语文复习,不但语文难以上去,还会把整个复习计划打乱,更会因为对语文的担心而影响孩子的学习心态。于是,面对语文考砸的情况,我反其道而行之,不是加强语文复习,而是停止语文复习,而是去"认"这种情况。在"认"的同时,我培养孩子做一题忘一题的做题思路。结果在两个月后的高考中,语文考了123分,其中20个3分题仅错了2个，扣6分，成了她上高中后这类题扣分最少的一次。

大女儿的这次经历，让我对做题的"步骤格式"，对"认"，对"做一题忘一题"的思路有了更深的认知。倘若当时我不是在引导"步骤格式"和"认"的基础上，来培养孩子"做一题忘一题"的应考思路，而是加大语文的复习投入，那最后会是什么样的情况，真的不敢去想，恐怕很难出现20道3分题只错两道的情况。

● 事宜68　引导"择偶思路"

△ 引导孩子认清"夫妻相处"与"朋友相处"的不同

夫妻相处与朋友相处是有很多不同的。

其一，"**相处范围**"的不同。

朋友是部分方面的相处，而夫妻则是很全面的相处，朋友相处好的，未必夫妻相处时也能好。而朋友相处差的，未必夫妻相处时就一定也差。因为随着其他相处面的开启，总体情况和总体感受是会发生变化的。择偶时，要对"将开启的相处面"的相处情况进行估测，然后结合朋友相处时的情况，才能做出更好的判定，而不能只是根据朋友相处时的情况进行简单推定。

其二，"**涉及人员**"的不同。

朋友相处可能只是两个人的事情。但夫妻相处时，就不单单是两个人的事情了。家庭的和谐是整体的和谐，对方的介入会给整个家庭的和谐带来什么样的变化？是"促好"，还是"促差"？这是需要认真考虑的问题。当然还要考虑在下一代方面所涉及的很多问题。

其三，"**价值需求点**"的不同。

一方面是价值需求点"**多少**"的不同。把对方当朋友时，你可能仅仅是因为自己对对方欣赏价值点的需求，就去喜欢对方，甚至还处得不错。但当你把对方当作人生伴侣的时候，就绝不能仅是欣赏价值这一个需求点了。即便你家非常富有，不需要对方干家务，也不需要对方为增加家庭收入做贡献，那也是不行的，也要考虑其他方面的价

【培育点15】"引导应对思路"的"主要培育事宜"

值。如果你家还不是那么富有，需要让对方承担家务，还需要对方为增加家庭收入做贡献，那就更需要考虑其他方面的价值了。

另一方面是价值需求点**"虚实"**的不同。你把对方当朋友时，"虚"的价值点的分量可以重一些，但当你把对方当生活伴侣的时候，"实"的价值点的分量就必须要重很多。因为生活是实在的，有很多很实在的事务是需要两人共同应对的，远不像朋友相处时，没有那么多实在事情的纠缠，可以轻松自在、随意浪漫。

其四，所看到的**"形象审美面"**的不同。

我曾经有多次这样的经历，当"远观"一个人时，觉得这个人身上表现出来的气质非常好，于是自己心里对这个人就有了一个美好的形象。可是与这个人接触交谈后，随着对方其他形象面在自己眼前的展开，自己心中"远观"时的那个美好形象，却在"近看"之后破碎了。这让我认识到"远观"与"近看"不是一回事儿，"远观"时的美好，不见得"近看"时也美好，因为所看到的形象审美面不同了。

朋友与夫妻之间，也存在着"远观"与"近看"的区别，朋友相处是一种"远观"，夫妻相处是一种"近看"，"远观"时看到的形象面仅是"近看"时看到的形象面中的一部分，甚至还是很小的一部分，于是"远观"时的形象感受与"近看"时的形象感受就会有很大的不同。

在择偶的时候，一定要清楚这种不同，不能简单地进行由此及彼的推定。

△ 引导孩子有"实在"的"择偶标准"

假若不是择偶，而是去找一个自己要崇拜的对象，那你可以用理想的标准去寻找。若没有找到，那就空缺吧，也没什么大不了的，因为一切都发生在自己的心里，也不会因为没有崇拜对象而引发其他问题。

但婚姻不同，它不是仅关乎自己一个人的事情，还关乎对方的意愿，关乎自己家人的意愿，关乎生活中的很多问题，不是你想怎样就可以怎样的。

273

在现实的择偶问题上，能让人觉得理想的人真的是太少了，而当你觉得对方理想时，对方也恰好觉得你也理想的情况就更少了。

因此，择偶时不是要选择理想的那一位，因为那太难，可遇不可求，而是选择"**与自己相当的那一位**"。尽管在择偶的事情上还有很多缘分的作用在里面，也许你真的会碰到理想的那一位，但作为你的择偶思路，就要去选择"与自己相当的那一位"。

这个"相当"还不是综合情况方面的相当，也不是才能方面的相当，而是在男女择偶群体中的"**占位层面**"的相当。比如男方在男群体中处于中上层面，那么女群体中的中上层面，就是与之相当的层面。也许由于男女整体情况的差异，与你相当层面的对方的综合情况远不如你，但对方也照样是与你相当的人。

如果你判定不清占位层面的话，那就试探着去求偶。当遇到你可以接受对方，对方也接受你的情况时，那你就把这时的对方，当作与你"相当"且"有缘"的"那一位"去珍惜就是了。

很多文艺作品创作了一些饱含着理想的美好故事，以此让人们从阅读中获得在现实生活中难以获得到的审美享受。但它也有个副作用，容易让一些年轻人把那些理想的东西当作现实的东西来追求，于是形成了不当的择偶标准。文艺作品中的故事之所以会吸引人，就在于它与现实之间的巨大差别，当你能够从中获得审美享受的时候，也要清楚这正是巨大差别起作用的结果，而不要由此让自己的择偶标准理想化。

在文学作品中描写的理想情感，有不少是偏执的。比如那种丝毫不顾家人意见而一心追求自己心仪中的人的做法，在故事中，可能是被大家所赞颂的，但在现实中，有时却是偏执的。一个人的生存是同群体中的众多人相关联的，并不是只与某一个人相关联的，所以一个人的情感应是亲情、爱情、友情以某种比例的综合，而不是其中的一情独大而不顾其他。那种亲情独大而不顾爱情的做法是不对的，但那种爱情独大而不顾亲情的做法也是不对的，尽管它在小说中是那样的熠熠闪光。如果小说描写的重心不是放在家人无情阻挠的行为上，而

【培育点15】"引导应对思路"的"主要培育事宜"

是放在家长内心深处为担心孩子将来的幸福而引发的痛苦心情上，那阅读的效果就大不一样了。

△ 引导孩子正确面对择偶中的"被拒"

出现被拒的情况，大致有四种原因。

其一，**自己的择偶定位"偏高"了**。

当自己的择偶定位偏高，而自己又没有幸运地遇到择偶标准偏低的人，那自然就被拒绝了。偏高的原因可能是自己对自己的占位层面评估过高造成的，也可能是自己理想化的择偶思路造成的。

其二，**"低评"了对方的"占位层面"**。

就是自己的择偶标准并没有偏高，但自己没有看清对方的情况，低估了对方的占位层面，而对方的择偶标准又没有偏低。

其三，**对方的择偶标准"偏高"了**。

即便对方的占位层面与你相当，但当对方的择偶标准偏高，而你又没有被对方误判时，那你就不在对方的关注范围内，当然要被拒绝了。

其四，**你的"价值点"与对方的"需求点"之间"错位"**。

你与对方的占位层面是相当的，但你展示给对方的价值点与对方的需求点之间"不对号"，就也会被对方拒绝。不对号的原因可能有两种，一是真的不对号，二是由于你没有让对方全面了解你的价值点而让对方觉得不对号。其实择偶也是一种推销，你要把自己的价值点尽可能全面地展示给对方，这样就不容易错失本可以牵手的缘分。

当遇到被拒的情况时，要进行具体的分析，努力认清被拒的原因所在。若是第一种情况，就要调低自己的择偶定位。若是第二种情况，那在今后的择偶工作中，努力把对方的占位情况判定得更准确些。若是第三种情况，那就什么也不用考虑，继续认真做好自己的择偶工作就是了。若是第四种情况，那就是面临"舍"与"追"的选择了，要综合考虑自己价值点的展示潜力及对方的需求点情况来做出决定。

总之，一切都是有原因的，要着意于对原因的分析，在分析的基础上，提升认知，把后面的事情做好。而不要过多地停留在情绪难受上，也不要过多地归因于自己的某个细小行为的失当，事情往往不是那么简单的。若对方觉得你"对眼"，那即便你有点失当，也断然不会影响大局。若对方觉得你"不对眼"，那即便你处处用心也没用。缘分就是缘分，有的时候真的与"追"的关系不大。是否要"追"，要依自己在"追"的过程中，能向对方展示出的价值点的多少来确定，而这些价值点还必须是符合对方价值需求点的价值点。价值点就是价值点，与你对对方的热情没有多大的直接关系，对方是不会单单因为你的热情而接受你的，而是因为你的价值才接受你的。

△ 让孩子认清"领证结婚"就意味着对对方的"全盘接受"

选择好了另一半，要领证结婚的时候，那意味着什么呢？

那就意味着：你对这个与你"相当"的人的"接受"，并且是**"全盘接受"**。这里的全盘接受，指不但要**"接受对方的优点"**，还要**"接受对方的毛病"**。

人家是与你相当的人，你有什么理由不去全盘接受人家呢？

如果你认为对方不是与你相当的人，那你为什么要选择对方呢？你可以去找一个与你相当的人，然后再领证结婚啊！那种在领证前就发现对方的毛病，而想通过婚后的生活来让对方改变毛病的想法是不可取的。即便对方在结婚前，也保证结婚后一定要改掉自己的毛病，那也是不能指靠的。不是对方在说假话，也不是对方不愿意改，而是改起来太不容易了。

如果你坚信自己有能力让对方改掉毛病的话，那你就让对方先把毛病改掉，然后再与之领证结婚。在领证之后，除非你的行为能进一步地感动对方，或者你有能力压制住对方，否则对方要改变自己毛病的动力就会比结婚前大大减小。

如果你非要坚持在婚后通过自己的努力来促使对方改掉毛病的话，那你要切实记住一点：这个促进的方式一定不是"指责"，在现代社会的一般夫妻关系中，你是很难通过"让对方不愉快"来促使对方为你改正毛病的。

【培育点15】"引导应对思路"的"主要培育事宜"

　　如果等你结婚之后，才发现对方有毛病，于是认为自己择偶时的认知存在失误的话，那在解决这个问题时就必须要考虑"有没有孩子"的情况。如果有了孩子，那怎么处理，就不是你们两个人的事情了，还必须考虑孩子。如果共同相处时，对方没有对孩子造成明显的伤害，那就尽量不要分手，因为分手后对孩子心理上的伤害太大了。这个时候，你就要为自己择偶时的失误买单，而不是让孩子为你的失误买单。"买单"是什么？买单就是要全盘接受对方的毛病，通过自己对对方好，来促进家庭的安稳，来保护孩子的成长。

　　如果有了孩子之后，你不是通过对对方的好而为自己择偶时的失误买单，而是不顾对孩子的影响，与对方"闹"的话，那只能说明你在失误的路上越走越远，因为你不是用当下的行动来补偿以前的失误，而是用当下的行动再产生新的失误。一个失误太多的人是难有好报的。

　　当然，也不是说有了孩子之后就不能分手，但在处理这件事情的时候，一定要充分考虑孩子的因素，一定要慎之又慎。

　　为什么有些人在面临终老的时候会那么孤独，有很多都是与他（她）年轻时在处理孩子事情上的不当做法有关。年轻时，你有势力，你可以守着自己的"理"，而不理睬孩子。但等你老的时候，孩子有势力了，孩子也可以守着自己的"理"，而不理睬你。若出现这样的情况，你不孤独谁孤独！

　　人在情感上的报应都是很实在的，虽然有时涉及的因素太多而让人难以辨清，但其内在也都是有原因的。一些看似很"无情"的做法，其内在都是有很多情感方面的"受伤因素"在作用的，都不是无缘无故的。

● 事宜69　引导对那一位的"包容思路"

△ 引导孩子认清与那一位"思路分歧"的"正常性"

　　人与人的思路怎么会没有分歧呢？
　　人的遗传素质不同。

人的成长环境不同。

人的生活经历不同。

人的文化层面不同。

人的认知平台不同。

人的心态气势不同。

人的情绪状态不同。

人的角色占位不同。

人的生活习惯不同。

人的需求构成不同。

在这众多不同的共同作用下，出现这样那样的思路分歧，不是非常非常正常的事情吗？

即便遗传相近，且在同一年代、同一家庭中长大的双胞胎，都会有很多的分歧，更何况其他人呢。

在一般家庭的夫妻相处中，夫妻需要共同面对的事情又特别多，所以出现一些分歧意见是在所难免的。夫妻双方都要认清这种分歧的正常性，都要用恰当的态度来面对这些分歧。相反，如果在家庭中，那一位事事都与你的意见一致，那才叫不正常呢？那才让人不可思议呢？

△ 引导孩子明白"家庭和谐的重要性"

家庭幸福在哪里？家庭幸福在"和谐"中。

即便家境很一般，但只要家庭和谐，就会让家人获得很大的家庭幸福感。即使家境很好，如果家庭成员之间合不来，甚至明争暗斗、反目成仇，那怎会有家庭幸福感可言？

和谐从哪里来？和谐主要是从对对方"行为过失"和"分歧意见"的包容中来。

人有过失是必然的，人与人之间有分歧意见也是必然的。面对对方的行为过失，不依不饶地去指责，面对对方与自己的意见分歧，不依不饶地去争辩，那和谐能从天上掉下来吗？

道理很简单，但能明白且又能在行动上落实的人真的很少。为什么会这样呢？情绪在作怪。为什么会让情绪作怪呢？是修养不够。因此，在那些比较和谐的家庭中，至少会有一位"高修养"的人在支撑着。要想让孩子的小家庭和谐，只让孩子懂道理是不够的，还要把孩子的修养提上去。

△ 引导孩子明白"家庭的和谐不是讲道理讲出来的"

影响家庭和谐的关键是什么？是总"坚守"自己的"理"啊！

"人不能不讲道理。"这是很多人的人生信条。但在家庭相处上，这个人生信条应该是两句，一句是"人不能不讲道理"，还有一句是"人不能只会讲自己心里的那一套理，还要会讲对方心里的那一套理。"

对家庭的和谐来说，后一句的意义更大。如果一个人只会讲自己心里的一套理，而对对方心里的那一套理一无所知，那能叫"会讲道理"吗？

但在现实中，有很多明明"根本不知道对方的理是什么"的"根本不会讲道理"的人，却要坚定地理直气壮地去讲道理，甚至还固执地认为："只有讲好了道理，家庭才会有更好的和谐"。这样的"讲道理"若能促进家庭的和谐，那都见鬼了。

在与家人相处中，要么你包容为上，别去讲什么道理。要么你不但能讲自己心里的理，也会讲对方心里的理。切不可"根本不会讲道理"，却还要"硬去讲道理"。

△ 引导孩子认清家庭和谐的大敌——"是己非人"

有分歧是正常的，但"有分歧"与"对方错"它不是一回事儿。

当你选择与对方结婚时，就意味着对方与你是"相当"的。一个与你相当的人，在认知上即便与你有点差距，但能差到哪里去呢？哪能在所有的分歧上，都是对方的错呢？假若对方真的在所有分歧上都是错的，那他还是那个与你"相当"的人吗？

假如你的认知水平真的明显比对方高出一大层次，那以你这样高的认知水平，当初怎么会选择这么差的人作为自己的那一位呢？那时候你的高认知水平跑到哪里去了呢？而在我看来，一个连家庭问题中

"孰为轻，孰为重"都看不清的人，他（她）的认知水平是高不到哪里的。

人在思考问题的时候，都是依照自己的思维逻辑进行的，所以，"是己"是可以理解的。但在"是己"的同时，去"非人"就不对了。你的做法和想法，是你自身的综合因素综合作用的结果，对方的做法和想法，也是对方身上综合因素综合作用的结果，凭什么你综合出来的东西就全是正确的，而这个与你相当的人综合出来的东西就全是错误的呢？这合乎逻辑吗？

在家庭事务上的分歧，常常只是思路的不同，而没有绝对意义上的对错之分。因此，在很多时候，很难说谁的对，谁的错。"清官难断家务事"，难就难在这"难有对错之分"上，难就难在这"常常要情重于理"上。

分明是在很多时候都没法分辨谁对谁错，却要在任何分歧的时候都要去"是己非人"，非要让对方有个认错的态度不可，那不是把家庭关系往死胡同里挤吗？

"我想的分明有道理啊！我为什么就不能坚守呢？"这是对解决问题思路的多样性缺乏认知所造成的一种很偏执的想法。要清楚解决问题的思路绝不只是你这一条，而是还有很多条。你要想知道自己的思路到底处于什么水平，你就要对其他思路也要进行一番了解分析，在全面比较之后，才能做出较为准确的判定。而不是只会沿着自己的一条思路去思考，就去是己非人。

为什么"当局者迷，旁观者清"？不是旁观者就一定比当局者的认知水平高，而是旁观者是从双方的理上来思考问题的，而当局者常常仅是从自己一方的理上去思考问题的。当局者要想"清"也不难，那就是也从双方的理上来思考问题。若只会从自己单方面的理上去思考问题，那能"清"吗？若自己连"清"都做不到，还处于"迷糊"的状态中，却还要去义正辞严地是己非人，那不是找事儿吗？

如果作为年轻夫妻的娘家人或婆家人也糊涂，也不从双方的理上去思考问题，而是出于一种狭隘的爱，坚定地站在自家孩子的这边，支持自家孩子是己非人的错误认知，那不是把孩子的家庭往火坑里推吗？有多少本可以凑合相处的家庭，就是在这样的糊涂家人的助力下破裂的。

虽然凑合相处对夫妻双方并不是多好的相处状态，但是与夫妻分离相比，给孩子的感受就大大不同了。用自己的"凑合"，来换取对孩子的"明显利好"，这才是对孩子的"大爱"啊！

△ 引导孩子学会"理解性包容"

有一种"最自然"的包容叫"理解性包容"。

如果父母引导孩子也能对那一位的想法与做法进行客在性分析，认识到那一位想法与做法的客然性，那包容对方的这些想法与做法，也就成了很自然的事情了。

有一种最有效的理解方法是"源头性换位理解"。

"换位理解"有三。

其一，**"处境性换位理解"**。即想象身处对方的处境，来体会对方的想法与感受。就是人们常说的"换位思考"。

其二，**"平台性换位理解"**。即不仅想象身处对方的处境，而且还把对方的认知平台、情绪平台作为自己的认知平台和情绪平台，然后来体会对方的想法与感受。

其三，**"源头性换位理解"**。即不仅是通过当下的换处境、换平台来体会对方的想法与感受，而且是从若干年前某种情况的始发时开始，在几个关键的时点上，依次换处境、换平台地体会对方的想法和感受。

一个人若能耐心地对对方进行源头性换位理解，那理解所能达到的贴近度将会非常高。在一个人能贴近度很高地理解对方的时候，包容当然就会很容易了。

只是源头性换位理解说起来容易，做起来却比较耗人能量，只有当你有很大的耐心和热忱的时候，才能把这样的换位理解做好。

△ 引导孩子学会"修为性包容"

有一种"很超然"的包容叫"修为性包容"。

如果遇到这样的情况：即便自己很注意从对方的角度去思考问题，但自己对对方的做法也还是难以理解，还是无法让自己安然地去对对方好，但自己又不能放弃对对方好，这时该怎么办呢？

我想到的办法就是"修为性包容"。

有修为的出家人在帮助别人时，他不会考虑对方对自己的态度，也不会考虑对方怎样回报自己，他就仅仅是去做自己该做的事情，我把这种做法叫"无求而为"。

在家庭中，当你决计要去护对方，而对方的做法又让你很无语时，你就可以进入这"无求而为"的"高层"，只管为对方去做，而不求对方回报自己，以此让自己静下来，让自己得到情绪上的安然，能平静地继续对对方好，从而等待转机的出现。这有点像有修为的出家人的做法，所以我把它说成是"修为性包容"。

修为性包容其实也是自我保护的一种办法。自己进入那种无求而为的状态，好像自己真的很有修为的样子，好像自己就真的身处高层之上了，其实是为了避免对方的做法对自己的伤害。等对方的做法自己可以接受了，再从"高层"上悄悄地下来，就像什么事情都没发生一样，继续正常地和好相处。这不仅有效地保护了自己，而且避免了矛盾的激化，对家庭关系非常利好。

△ 引导孩子懂得"珍缘性包容"

如果一个人懂得珍惜人生，那他就应该珍惜缘分，去包容与其很有缘分的那一位，我把这叫作"珍缘性包容"。

人生是美好的，但这种"美好"是通过你对"不完美"的接受换来的。如果你不接受生活中的不完美，整天盯着这些不完美生气，那你的人生就不可能是美好的。

就像一个人去旅游。旅游景点都肯定会有一些不完美的地方，你如果只去盯着这些不完美的东西，并陷入痛苦的思索之中，那你的旅游肯定是不快乐的。相反，你只有忽略了一些不完美，而着意于对美好东西的感受，你的旅游才会充满快乐。

其实，人生何尝不是一次旅游呢？说完就完了，说没就没了，说

【培育点15】"引导应对思路"的"主要培育事宜"

结束就结束了。如果等你行将就木的时候，才感慨"我怎么没去感受风景，而只盯着那些自己根本改变不了的问题而苦索呢"，那就晚了。什么叫人生的遗憾？我说，只盯"问题"，不感受"风景"，就是人生最大的遗憾。对美好的东西视而不见，对自己根本改变不了的东西紧抱不放，你不遗憾谁遗憾呢？

人如果能时不时地站在行将就木的时点上，来想想现在的当下"自己该怎么活"，就能明白很多事情，就能把很多事情做得更好，其中就包含对那一位的珍惜。

在这里，我想说，尤其是要珍惜"初始的"那一个。原因是人对"初始气场"的感受是非同一般的。

人在第一次结婚的时候，双方所投入的内在能量都是很大的，由此而汇成的小家庭的初始气场的能量也是巨大的，而人对小家庭初始气场的感受也是特别强的，这些都是后来再结婚所根本无法相比的。即便生活中有矛盾，即便两人之间有磕磕碰碰，但人对初始小家庭气场的依恋和对这个气场中的那一位的依恋都是其他的无法替代的。若失去了初始的那一位的陪伴，你的人生就会塌陷一大块。

这有点像人对故乡气场、对祖国气场的感受一样。人在十五六岁之前，他接受了故乡的气场，也接受了祖国的气场，于是这些气场就成了他这些方面的"初始性气场"。"接受"就是接受，就会在他的内心形成根深蒂固的东西，就像小鹅把看到的"第一个"当作妈妈一样。离开故乡的人，离开祖国的人，当他年事渐高，心里浮躁的东西平静之后，他对故乡、对祖国的依恋感就会凸显出来，他甚至会不顾一切地要叶落归根，这都是对初始性气场的印刻效应所致。

△ 引导孩子懂得"责任性包容"

人都有呵护家人的责任，也都有呵护那一位的责任。这既是对家人的好、对那一位的好，也是对自己的好。因为自己是在家庭这个群体中生存的，因为那一位是与自己相扶相伴共走人生之路的最紧密的人。

呵护是什么？呵护是让对方好的，呵护是让对方不难受的。

而包容就是让对方不难受的一个非常重要的呵护方式。如果盯着对方的毛病不依不饶，如果在与对方有分歧时，一定要与对方一决高下，那是无法让对方感受到你对他（她）的呵护的。

如果一个人能把履行对那一位的呵护当作自己的责任，并把对这个责任的履行当作自己人生价值的一部分，并清楚在这种呵护中，自己其实也得到了很多精神上的益处，那他（她）对夫妻关系的解悟就进入到一个相当高的层面了。

如果夫妻都能相互呵护、相互包容，那家庭不就和谐了吗？

如果家庭都和谐了，那对整个社会的和谐也必然是一种有力的促进。

如果社会和谐了，那社会中的每一个成员也都是受益者。

人类的真正文明在哪里？就在这"共赢思路"的弘扬中。

写在后面

△ 家庭培育工作的"总口号"

总口号：

关注家庭培育工作的"**五大方式**"；

落实"**过程理念**""**激励理念**"这两个关键理念；

运用"**客在性分析**""**平等谈话**"这两种重要方法；

做好"**十五个主要培育点**"的"**六十九项主要培育事宜**"；

努力在先天素质的基础上，让孩子有一个"**较顺的发展**"！

△ 家庭培育工作的"十个一定要"

1. 从出生开始，一定要"**十分关注孩子的心态保护**"。

2. 在五岁之前，一定要"**把管教工作做到位**"。

3. 在八岁之后，一定要"**把充分尊重孩子做到位**"。

4. 为优化亲子关系，一定要"**严防自己的情感卡透支**"。

5. 通过对娇惯孩子的反思，一定要"**让孩子形成良好的吃饭习惯**"。

6. 为保护视力和条理生活，一定要"**控制孩子的看电视和看手机**"。

7. 从细微事情的引导入手，一定要"**保护好孩子的正向思路**"。

8. 为了让孩子能更好发展，一定要"**培养孩子的自主谋划能力**"。

9. 当孩子情绪非常痛苦难受时，一定要"**无条件地去安抚孩子**"。

10. 无论孩子的境况多么不好，一定要"**引导孩子生活得阳光向上**"。

△ 要坚定地走自家的"育儿之路"

家庭培育工作不是讲虚理的，是润物细无声的实在活儿。

家庭培育工作没有任何捷径可行，只能一步一步地向前"爬"。

为了孩子，也为了自己，家长就要不比不馁，坚定地走自家的育儿之路！